百年中学生物教科书
价值取向研究

周丽威◎著

**BAINIAN ZHONGXUE SHENGWU JIAOKESHU
JIAZHI QUXIANG YANJIU**

中国纺织出版社有限公司

图书在版编目（CIP）数据

百年中学生物教科书价值取向研究/周丽威著．——北京：中国纺织出版社有限公司，2022.11
ISBN 978-7-5180-9916-0

Ⅰ．①百… Ⅱ．①周… Ⅲ．①生物课—教材—研究—中学 Ⅳ．①G633.912

中国版本图书馆 CIP 数据核字（2022）第 181956 号

责任编辑：毕仕林　国　帅　　责任校对：王花妮
责任印制：王艳丽

中国纺织出版社有限公司出版发行
地址：北京市朝阳区百子湾东里 A407 号楼　邮政编码：100124
销售电话：010—67004422　传真：010—87155801
http://www.c-textilep.com
中国纺织出版社天猫旗舰店
官方微博 http://weibo.com/2119887771
三河市宏盛印务有限公司印刷　各地新华书店经销
2022 年 11 月第 1 版第 1 次印刷
开本：787×1092　1/16　印张：15.5
字数：300 千字　定价：98.00 元

凡购本书，如有缺页、倒页、脱页，由本社图书营销中心调换

前　言

　　教科书建设是育人育才的重要依托，小课本大启蒙已经成为教科书研究领域的共识。教科书不仅是知识载体，更是价值载体。教科书是国家事权。当前新时代教科书建设面临大众化、全球化等诸多困境，教科书建设必须积极回应时代挑战，为培养德、智、体、美、劳全面发展的中国特色社会主义建设者和接班人提供坚实基础。因此，如何将习近平新时代中国特色社会主义思想有机地融入教科书建设，如何保持我国教科书建设方向的正确性等重要问题亟需各学科加强教科书价值取向方面的研究。目前，语文、政治等科目的中小学教科书的价值溯源工作取得了一定的进展，而中学生物教科书价值取向嬗变研究尚处于缺位状态。

　　本书主要以文献法、内容分析法、历史比较法为研究方法。通过文献法，对百年中学生物教科书出版概况进行梳理，提炼不同时期教科书出版总体特征。通过内容分析法，依据构建的生物教科书价值取向分析框架，从教科书内容、教科书呈现方式、课程标准、教科书编写主体四个维度，探寻不同时期教科书的价值取向。运用历史比较法，对百年中学生物教科书的发展历程做纵向梳理和横向比较，概括其嬗变特点和存在问题。

　　百年中学生物教科书价值取向经历了偏重结构主义取向的教科书、侧重实用主义取向的教科书和走向多元取向的教科书三个阶段。我国现代意义上的中学生物教科书，始于清朝末年，是西学东渐的产物。在急于求成的应用心理下，教科书被赋予了"救世"的价值。这一时期国人主要将西方教科书的结构"舶来"，呈现出"依葫芦画瓢"的结构主义取向；之后，生物学经历了短暂的学科大发展，特别是实用主义在我国大行其道的时期，生物教科书的体验性、实用性理念被提出；自新中国成立到新课改前夕，生物教科书发展历经波折，从参考苏联的一元取向到兼收并蓄各方文化，生物教科书也进行了一纲多本式的形态学和知识论的改变。

　　纵观我国百年中学生物教科书价值取向变迁历程，呈现出典型的从本质到多元的发展特点：在课程目标取向上，从知识取向到素养取向；在生物教科书内容取向上，从博物到生物学；在生物教科书编写主体取向上，专业性、学术性日益凸显；在教科书呈现方式取向上，由教材取向转向学材取向；在坚持的宏观理念上，政治取向贯穿始终。从目标、内容、编写者取向、呈现方式以及理念上均体现出了本质到多元的路向。通过文本分析，发现百年中学生物教科书价值取向主要有以下问题：本质主义视阈下对结构的过度强调；反本质层面过于强调科学的浪漫精神。在二者融合的视角下看，本质和反本质的均质化造成取向的平均主义。

　　厘清百年中学生物教科书价值取向嬗变的历程、特征及问题，不仅需要一种历史学视角的经验总结，更需要一种本体意义上的透视，从价值取向的视角进行一种哲学审思既能助益我国教科书理论的丰富和发展，也能为生物教科书价值取向理论的完善注入新的活力。

著者
2022 年 10 月

目 录

绪 论 ·· 1
　一、研究缘起 ·· 1
　二、研究目的与意义 ·· 6
　三、概念界定 ·· 7
　四、研究设计 ·· 16
　五、创新之处 ·· 20

第一章 教科书研究现状 ·· 21
　一、研究现状 ·· 21
　二、生物教科书研究现状 ·· 26
　三、研究现状反思 ··· 32

第二章 偏重结构主义取向的生物教科书（1902—1911年） ········· 34
　一、结构主义及结构主义取向的内涵 ······································ 34
　二、结构主义取向生物教科书的表征 ······································ 38
　三、本时期生物教科书出版概况及总体特征 ····························· 49
　四、对结构主义取向生物教科书的总结 ··································· 56

第三章 侧重实用主义取向的生物教科书（1912—1949年） ········· 57
　一、实用主义及实用主义取向的内涵 ······································ 57
　二、实用主义取向生物教科书的表征 ······································ 60
　三、本时期生物教科书出版概况及总体特征 ····························· 79
　四、对实用主义取向生物教科书的总结 ··································· 90

第四章　走向多元取向的生物教科书（1949—2019 年） 92
　　一、多元取向的总体特征 92
　　二、多元取向生物教科书的表征 95
　　三、本时期生物教科书出版概况及总体特征 115
　　四、对多元取向生物教科书的总结 124

第五章　百年中学生物教科书价值取向的有机哲学审视 125
　　一、价值取向嬗变的特点：从本质到多元 125
　　二、价值取向的问题：基于本质主义与反本质主义的一种考察 142

第六章　生物教科书价值取向的编写旨趣 149
　　一、有机哲学价值取向的生物教科书应凸显命运共同体 149
　　二、有机哲学价值取向的生物教科书要重视关系性力量 152
　　三、有机哲学价值取向的生物教科书需融合逻辑理解和审美理解 154
　　四、有机哲学价值取向的生物教科书要回归五彩缤纷的生活 156

参考文献 159

附　录 183
　　附录 1　清末中学生物教科书出版概况 183
　　附录 2　民国时期生物教科书编著者的学科背景/职业 186
　　附录 3　民国时期中学生物教科书出版概况 193
　　附录 4　民国时期教科书作者及其出版教科书的统计 218
　　附录 5　1949 年以来人教版生物教科书知识内容框架梳理 226
　　附录 6　1949 年以来人教版生物教科书梳理表 232
　　附录 7　义务教育初中《生物》教科书出版概况 235
　　附录 8　教科书文本汇总表 235

绪　论

一、研究缘起
（一）事关国家事权的教科书建设需要加强价值取向方面的研究

首先，教科书建设事关国家事权，确定什么样的教科书价值取向事关重大。2016年12月，习近平总书记在全国高校思想政治工作会议上指出："教材建设是育人育才的重要依托。建设什么样的教材体系，核心教材传授什么内容、倡导什么价值，体现国家意志，是国家事权。"教科书是教材的组成部分，对于它"传授什么内容、倡导什么价值"要清楚、要明确。教科书是学生发展的精神食粮，承载着为国家培养人才，为下一代传承知识、培养能力和形成价值观的使命，是实现人才培养目标的重要载体，关系着培养什么人的问题。正如我国教科书研究专家石鸥所言：一定程度上可以说，有什么样的教科书，就会有什么样的年轻一代，就会有什么样的国家和未来❶。所以，教科书内容的选择、组织的价值取向至关重要，正是在这个意义上，需要加强教科书价值取向方面的研究。

其次，党和国家高度重视教材建设，有关教材政策的制定与落实呼唤对教科书价值取向的研究。教科书事关国家利益❷，体现国家意志，是树立社会主义核心价值观、落实立德树人根本任务的重要载体❸，在国家人才强国战略中具有举足轻重的地位和作用❹。2017年，国务院成立国家教材委员会，教育部成立了教材局和课程教材研究所。之后教育部又遴选了首批国家级教材建设重点研究基地，这些都为国家教材政策决策和教材建设、管理提供专业支撑❺。《全国大中小学教材建设规划（2019—2022年）》首次对各学段、各学科领域各教材建设进行系统设计。《中小学教材管理办法》《职业院校教材管理办法》《普通高等学校教材管理办法》《学校选用境外教材管理办法》等教材管理办法文件的出台，明确了各级各类教材谁来管、管什么、怎么管的问题，具有划时代的重要意义❻。2020年5月11日，教育部

---

❶ 石鸥，张文. 改革开放40年我国中小学教材建设的成就、问题与应对 [J]. 课程·教材·教法，2018，38（2）：18-24.
❷ 郝志军. 教材建设作为国家事权的政策意蕴 [J]. 教育研究，2020，41（3）：22-25.
❸ 中华人民共和国教育部. 普通高中生物学课程标准（2017年版）[S]. 北京：人民教育出版社，2018：2.
❹ 刘学智，张振. 教育治理视角下教材一体化建设的理论建构 [J]. 教育研究，2018，39（6）：139-145.
❺ 申继亮. 新时代教材建设面临的挑战、问题和趋势 [J]. 课程·教材·教法，2019，39（9）：7-9.
❻ 郑富芝. 尺寸教材　悠悠国事——全面落实教材建设国家事权 [J]. 人民教育，2020（Z1）：6-9.

发布了关于印发普通高中课程方案和语文等学科课程标准（2017年版2020年修订），其中《普通高中生物学课程标准（2017年版2020年修订）》中，对教材编写的基本原则、教材内容的选择、教材内容的组织和呈现方式提出了明确的建议。毋庸置疑，这些教材方面的政策，体现着教材建设的价值取向，反之，如何理解教材建设的价值取向也影响着政策的落实与完善。众所周知，中国特色社会主义走进新时代，围绕教材建设，特别是教科书建设会不断有相应政策出台。政策的制定需要课程与教学理论的指导，从这种意义上说，教材建设方面的政策制定呼唤对教科书价值取向的研究。我们在这方面的研究还存在诸多不足，譬如，人们对生物教科书的价值取向就少有研究。

最后，教科书建设面临的困境呼唤各学科理论自觉。第一，新时代教科书建设面临较多挑战。全球化、大众化和信息化的时代背景，对教科书建设提出了更高的要求。教科书建设必须应对时代挑战，为培养中国特色社会主义建设者和接班人提供坚实基础。因此，如何将习近平新时代中国特色社会主义思想有机地融入教材建设，如何始终保持我国教材建设方向的正确性成为我国新时代的教材建设的重要问题❶。第二，我国教科书理论建设还比较薄弱。我国教科书研究21世纪初才成为研究热点，教科书建设基本理论还不够深入，而教科书理论研究的薄弱会导致教材建设前瞻性弱化。由此，对教科书进行理论研究就尤为必要。第三，在国家宏观调控和顶层设计世情下，各学科课程需要加强课程自觉，加强理论价值层面反思。学科要进行自觉溯源，贴合国家政策，贡献智慧，以丰富我国教科书理论建设。生物教科书作为学科课程的重要组成部分，更多的研究指向实践操作领域，而价值层面反思较少，这也成为本研究的立足点之一。

（二）生物教科书价值取向研究有助于某些社会及教育问题的解决

生物教科书价值取向研究不仅能够促进生物教科书本身的发展，而且能够促进一些边缘问题的解决，社会及教育中的某些问题都能于这一研究中找到答案。这一研究的迫切性主要体现在以下两个方面。

首先，社会及教育问题折射出生态意识薄弱等问题。在社会方面，随着科技的发展，人类的物质文化生活日益丰富，同时也带来了食品安全、环境恶化、空气污染等众多影响人类生存质量的问题。如"三鹿奶粉"事件、"假疫苗"事件、皮鞋入药、农药残留（这里主要指在蔬菜销售过程中为避免腐烂，或者保证蔬菜形状而进行的药物操作）等关乎人类生存的安全事件屡屡发生。每每听到都会让人不寒而栗，担心人类未来能走多远。而深入思考我们会发现，随着时代的变迁，世界上恶的根源也在发生变化。如果说以前的人作恶是因为学识不够，知识能力有欠缺，那

---

❶ 靳玉乐，张善超．教材建设40年：知识变革的检讨与展望[J]．课程·教材·教法，2018（6）：9-13．

么今天的假烟、假酒,甚至疫苗、毒品等则恰恰相反,是对科学知识的"有效甚至高效"利用,是科学负面力量的显露,人类比以往任何时刻都更深刻地认识到科学是一把双刃剑。此外,研究者发现社会价值观日益体现功利化和物质化趋向,人们对科学精神的向往和追求热情下降,科学精神赖以生存的大环境和土壤恶化,这是造成科学精神危机的首要原因❶。在教育层面,2020年新冠肺炎疫情将食用野生动物事件引入公众视野。据《新京报》报道,某出版社出版的《动物小百科》存在可以吃野味的不当表述:"果子狸全身都是宝……"这在一定程度上体现了教育文本呈现存在认知偏差。可见,无论社会问题还是教育问题都呈现出生态意识薄弱、欠缺的问题。而生态意识的养成与生物教科书价值取向密切相关。由此,对生物教科书隐含的价值因素的探讨十分必要。

其次,社会责任是生物学核心素养的重要内容,所以对教科书的研究有助于这一教育旨趣的实现。党的十八大报告尤其强调生态文明观念的树立,把生态文明建设放在突出地位,融入经济建设、政治建设、文化建设、社会建设各方面和全过程❷。而生态文明观的形成、人与自然关系的认识等都与生物学课程紧密相关。2020年5月,教育部发布的《普通高中生物学课程标准》中明确了生物学学科核心素养主要包括生命观念、科学思维、科学探究和社会责任。其中,社会责任包括树立和践行"绿水青山就是金山银山"的理念,形成生态意识,参与环境保护实践;主动向他人宣传关爱生命的观念和知识,崇尚健康文明的生活方式,成为健康中国的促进者和实践者❸。可见,社会责任素养既是中学生发展核心素养的内容,体现社会主义核心价值观和中华优秀传统文化,也是高中各学科课程的共同指向,还是生物学的学科核心素养。其中包含传播生物进化思想和科学的自然观,认同生态文明思想,健康中国理念等❹。

生物教科书价值取向审视可以为问题解决寻找原因。教育内容在学校中的具体表现形式是课程标准和教科书❺。教科书不仅是知识的载体,还承载着一定的社会规范和价值,蕴含着认识世界的特殊模式❻。教育内容是学校结合一定社会的生产力和科学文化技术发展水平,向学生传授的知识和技能、灌输的思想和观点、培养的习惯和行为的总和。总之,生物教科书的研究有助于教育与社会问题的解决。

---

❶ 熊润频,曹健.拿什么拯救科学精神危机[J].半月谈,2009(24):38-40.
❷ 俞吾金.穿越问题域:科学发展观重大理论问题探要[M].重庆:重庆出版社,2014:98.
❸ 中华人民共和国教育部.普通高中生物学课程标准(2017年版2020年修订)[S].北京:人民教育出版社,2020:5.
❹ 王颖.高中生物学教材中社会责任素养的内涵与体现[J].课程·教材·教法,2020,40(2):125-131.
❺ 柳海民.现代教育原理[M].北京:中央广播电视大学出版社,2002:23.
❻ Fuchs, E., Bock, A. The Palgrave Handbook of Textbook Studies [M]. New York: Palgrave Macmillan, 2018: 1.

(三) 百年中学生物教科书价值取向嬗变的研究缺位

百年中学生物教科书价值取向研究对于生物教科书的回顾、发展具有历史性与现实性的意义。目前，对生物教科书价值取向嬗变的研究相对较少，主要表现在以下两个方面。

首先，百年中学生物教科书价值取向研究较薄弱。其一，在教科书价值取向的研究中，对生物教科书价值取向的研究相较薄弱。21世纪以来，研究者关注语文、历史等人文学科的价值取向研究相对较多，理科研究较少，生物教科书的价值取向研究更少。人文学科能更为直接地通过语词传达价值取向，被研究者所关注，而对更为理性化的生物教科书价值取向的研究则相对薄弱。其二，在对生物教科书的研究中，对生物教科书价值取向的研究相对较少。对生物教科书的相关研究主要集中在生物教科书的历史研究、生物教科书的比较研究、编写研究以及价值取向研究四个方面。其中，对生物教科书的历史性研究、比较研究与编写研究占比较大，对生物教科书的价值取向研究相对较少，对我国生物教科书的百年历史与价值取向相结合的研究更为稀少。其三，在对生物教科书价值取向的研究中，较少关注百年生物教科书价值取向的研究。生物教科书价值取向的研究更多地关注某一套、某一版、某一阶段的生物教科书或生物教科书的某一部分中的价值取向研究，对生物教科书价值取向进行历史性考察的相对较少。

其次，百年中学生物教科书价值取向研究的历史回溯与反思有其必要性。一方面，在生物教科书的历史性研究中，从生物教科书的文本解读、生物教科书具体的实施现状、生物教科书的比较研究，以及生物教科书的知识性内容的历史演变研究相对较多，而对生物教科书价值取向历史性考察的研究相对较少。历史性的研究与历时态的考察对生物教科书的回顾与发展能够提供一种经验性的总结与说明。生物教科书价值取向的历史呈现，能够在一定程度上透视生物教科书内在的价值发展逻辑，对于生物教科书自身的长足发展以及新时代背景下人的全面发展具有重要意义。另一方面，我国生物教科书价值取向研究中存在着片面性、局部化、阶段化的现象，在一定程度上忽视了对百年生物教科书价值取向的历时态考察。反思与借鉴我国历史上生物教科书价值取向发展演变的历史经验与教训，厘清生物教科书价值取向发展演变的历程，有利于把握当前我国生物教科书价值取向的历史根基，通过探究其历史变迁的内在机制，在一定程度上能够为我国新时代的生物教科书建设提供方法和思路。

到目前为止，学术界对生物教科书价值取向一直缺乏专门、系统的研究。本研究正是以百年间的生物教科书作为文本支持，致力于百年生物教科书价值取向嬗变的研究，以期丰富生物教科书价值取向的研究。

(四) 有机哲学价值论能为生物教科书价值审视提供一种新视阈

2016年5月17日，习近平总书记在北京主持召开哲学社会科学工作座谈会时

绪 论

的讲话中强调，"要加快构建中国特色哲学社会科学，按照立足中国、供鉴国外、挖掘历史、把握当代、关怀人类、面向未来的思路，着力构建中国特色哲学社会科学"。❶ 一种教育理解往往渗透着一种理论视角的诱导，正是理论使得研究具有倾向性。同理，有机哲学也能为生物教科书的价值审视提供一种特定的视角。

首先，价值取向问题与哲学密切相关。无论是"虐猫"还是"果子狸"事件都渗透出对生命价值的漠视甚至扭曲，这些事件背后都折射出价值取向的问题。尽管在教育教学过程中反复强调人与自然和谐相处，可持续发展等理念也早已耳熟能详，但现实问题仍无法有效解决。究其原因，我们会发现诸多现实问题背后折射的都是哲学的问题。近代以来，关于价值论的研究大多以"事实与价值"二分预设为前提，采用主体与客体对立起来的思维方式研究价值问题，把价值视为客体所具有的满足主体需要的属性，将主体性仅限于人类。例如，现代西方经济学理论通常将满足人类的需要当作唯一目标，任何他物的价值都是人类需要支付的价格，对待动物就像对待蔬菜或矿物一样❷。这都体现了主客二元对立的实体思维，从而导致人类中心主义、科学至上等问题。传统科学可以描述各种能够毁灭我们自己的方式，但它却不能提供如何避免这些毁灭的指导❸。生物教科书中蕴含着丰富的生态学、伦理学思想，对人与自然、人与社会的关系养成都承担着较为重要的责任。当前，生物学核心素养的重要组成部分之一就是社会责任，如何更好地发挥教科书在社会责任达成方面的功能，有机哲学价值论恰好提供了一种新的视角。

其次，有机哲学价值理论与生物学有一定的亲缘性，能够为生物学教科书价值取向审视提供指导。因为怀特海把数学、物理学、生物学知识升华为哲学知识，同时也能反过来指导生物学科，这是一个否定之否定的过程。其中，进化论对怀特海的影响是深刻的，怀特海把生物学的因素引进了物理学，他主张机体组成世界。机体是有一定规律的有序结构体，这样一来，纯粹物理学和纯粹生物学没有了，科学变成了对机体的研究。由此，一种整体论视角对生物学教科书价值取向的审视更具有借鉴意义。

最后，有机哲学所倡导的有机包容、重视边缘和弱小、生态平衡等价值追求符合崇尚二元调和的世情，符合热爱和谐的国情，符合促进教科书多元价值的学情。有机哲学价值论提供了一种整体的、融合的视角。有机哲学包括宇宙论、认识论、价值论、教育哲学等，价值论是怀特海有机哲学的重要组成部分，是怀特海解决他的科学哲学中一系列难题的钥匙，是怀特海构筑他的形而上学大厦的入门导引和中

---

❶ 习近平在哲学社会科学工作座谈会上的讲话［EB/OL］. http：//cpc.people.com.cn/nl/2016/0519/c64094-28361550.html
❷ 杰伊·麦克丹尼尔. 怀特海过程哲学研究［M］. 杨富斌，译. 北京：中国人民大学出版社，2018：377.
❸ Havel Vaclav. The Ene of The Modern Era［N］. New York：Times，1992-03-01 (4).

心论纲,既是他哲学转折的动力,也是他来连接分析哲学与欧陆哲学两大派的桥梁。价值论就是其本体论核心❶。陈奎德认为过程价值论既有伦理学与美学的含义,也具有本体论和认识论的地位。这一独特的视角有助于人们从一种新的视角对教科书梳理与编写提供理论智慧。

二、研究目的与意义
(一) 研究目的
本研究的主要目的有二:一是旨在探讨百年中学生物教科书价值取向的嬗变历程、特点及存在的问题,希望对我国基础教育课程改革中生物教科书价值取向的进一步完善有借鉴或启示作用。教科书建设事关国家事权,确定什么样的教科书价值取向事关重大,怎样更好地确定基础教育课程改革中生物教科书的价值取向,尽可能少些失误,充分发挥教科书在教学中对教师和学生的引领作用,这是我们生物课程改革必须回答的问题。本研究通过对从1902年至2003年百年间我国中学生物教科书价值取向的嬗变历程、特点及存在问题的探讨,从中汲取经验与教训,更好地确定中国特色社会主义新时代基础教育课程改革中生物教科书的价值取向。二是结合生物学科特质,百年来不同时期生物教科书在价值取向。

(二) 研究意义
1. 理论意义
本研究的理论意义表现在以下两个方面。

首先有助于发展、完善中国教科书理论。我国学界关于教科书的研究较为零散,系统性不强,更谈不上教科书理论的建构。教科书理论研究是近几年走入学者视野的。在此方面最值得关注的莫过于石鸥教授及其团队的研究成果。近年来,他们先后推出一系列教科书研究丛书,如《百年中国教科书图说》《中国近现代教科书史》《新中国中小学教科书图文史》等。2019年,石鸥教授主编的《中国教科书理论研究丛书》(第一辑)出版,共5本:《教科书概论》《教科书研究方法论》《教科书语言学》《教科书美学》《教科书生态学》。这些著作的出版标志着中国教科书理论正在形成和发展中。但从已检索到的文献看,相较其他学科而言,我国教育学界对中学生物教科书的研究相对薄弱,对生物教科书价值取向研究更少。教科书理论关注的是一般性的结论,自然应是建立在各学科教科书研究基础之上,正是在这个意义上说,百年中学生物教科书价值取向研究有助于发展、完善中国教科书理论。

其次为生物教科书价值取向理论的完善注入新的活力。近年来教科书价值取向

---

❶ 陈奎德. 怀特海 [M]. 台北:东大图书公司,1994:10-11.

的研究逐渐被研究者关注。但对生物教科书的研究大多集中在历史研究、比较研究、编写研究等，对我国生物教科书价值取向的理论少有研究。本研究既有历史梳理也有理论审视，梳理的目的并不仅是一种历史学视角的既定经验的总结，还是一种本体意义上的透视，从价值取向的视角进行一种有机哲学式的审思，既能有助于我们对百年生物教科书的理念进行现象学的审视，也能为生物教科书价值取向理论的完善注入新的活力。

2. 现实意义

本研究的现实意义包括以下两个方面。

首先对于厘清生物教科书发展理路有着重大的现实意义。本研究对百年中学生物教科书出版概况进行梳理，整理出较为完整的生物教科书目录，可以对百年中学生物教科书有整体概观，尽可能厘清百年生物教科书发展脉络，有助于研究者借鉴参考。在此基础上，分析不同时期中学生物教科书出版的总体特征，为开展进一步研究奠定基础。

其次对于生物教科书的编写具有重大的现实意义。本研究广泛综述大量的生物教科书，并做了价值取向层面的解读，系统地梳理百年生物教科书价值取向，有助于我们真正了解百年中学生物教科书的发展脉络及其背后的发生学逻辑。反思和借鉴我国生物教科书价值取向发展演变的历史经验与教训，厘清生物教科书价值取向发展演变的历程，在一定程度上能够为我国新时代的生物教科书编写提供参考。

三、概念界定

金观涛通过以关键词例句为中心的数据库方法来研究观念史，发现历史积淀于词汇。换言之，关键词的语义变化或许可以使我们抓住思想变化的痕迹[1]。可见，概念或词汇的产生、发展、内涵的变迁是隐含着诸多值得挖掘的内容的。对研究进行深入探讨前，对一些基本的概念进行廓清是十分必要的。因此，本研究对教科书、生物教科书、教科书价值取向，以及中学等概念进行分析、阐释及说明。

（一）教科书与生物教科书

教科书是本课题研究的一个重要概念，清晰界定教科书概念的内涵无疑是本研究得以进一步开展的必要前提。然而，对教科书概念的分析并不是一件容易的事。为了更全面地认识教科书这一概念，这里主要从教科书名称词源考、教科书概念的界定等方面进行探讨。

1. 教科书名称词源考

中国的教育渊源甚早，与之相匹配的教材早在商周时期就出现了。《四书》

---

[1] 金观涛，刘青峰. 观念史研究：中国现代重要政治术语的形成 [M]. 北京：法律出版社，2009：序.

《五经》《三字经》《百家姓》《千字文》《千家诗》都是传统社会有代表性的教材。然而"教科书"这一名词却不是同中国教育同时发源的。教科书一词从何时诞生的？关于这个问题多名学者进行过探讨，概括来说"教科书"一词的来源有源自西方传教士、源自日本、源自中国三种说法。例如，张伟、代钦认为日本使用教科书一词早于中国，也早于西方传教士引入中国的时间❶。吴小鸥认为：1866年，德国传教士罗存德在《英华字典》中首次将"text-book"引入中国，但未对译为"教科书"。汉语"教科书"一词出现在日本明治维新时期❷。毕苑则排除了"教科书"一词来自日本的观点。有观点认为源于西方传教士，认为"教科书"一词始于1877年成立"学堂教科书委员会"，同时有学者提出反对观点。综合以上观点可以发现，教科书词源考察虽观点不一，难以考证清楚哪本书籍最早冠以"教科书"之名，但众多学者都认同现代意义的教科书产生于1900年左右。毕苑将"教科书"一词在中国的出现和使用分为三个阶段。第一阶段是1900年之前的民间使用阶段。在此时期，"教科书"一词开始被民间学者所使用，但在清政府官方文牍中还未见使用该词。第二阶段是从1901—1911年的混用阶段。该时期主要为清末新政时期。这一阶段"教科书"一词在官方文牍中出现，使用频率呈现增加趋势，但仍与其他近义词相混用。如罗振玉等在《教世界》杂志中表示"所译各学教科书，多采自日本"，重点放在"小学级和中学级二者"❸。第三阶段是教科书概念得到普遍认同阶段。在民国以后，随着民国各种各样政府文件的统一使用，民间也逐渐接受其为正式用语，作为通用词被中国社会所接受，成为官私文本中最经常使用的名词❹。以上我们可以看出，教科书词源及教科书名称成为正式用语的大致历程。

2. 教科书概念的界定

关于教科书的概念，学者对"教科书"的解释也各不相同。在美国的大百科全书中，教科书是用简化方法通过编制加工介绍主要知识的书❺；在英国，教科书是权威的著作，是对科学或学术的任何分支的阐述文稿❻；日本的教科书被学者定义为根据学科进行组织排列的作为学校的主要教材供教学之用的学生用书❼。

在我国，有学者认为教科书与教学大纲（课程标准）紧密相关，是教学内容的

---

❶ 张伟，代钦．"教科书"词探源［J］．内蒙古师范大学学报（教育科学版），2011（2）：87-89．
❷ 吴小鸥．"教科书"考释［J］．华东师范大学学报（教育科学版），2020，38（5）：117-126．
❸ 朱有瓛．中国近代学制史料（第一辑上册）［M］．上海：华东师范大学出版社，1983：20．
❹ 毕苑．建造常识：教科书与近代中国文化转型［M］．福州：福建教育出版社，2010：3-8．
❺ 曾天山．教材论［M］．南昌：江西教育出版社，1997：8．
❻ COULSON J S. The Oxford Illustrated Dictionary［M］. London：Oxford University Press，1962：879．
❼ 钟启泉．现代课程论［M］．上海：上海教育出版社，1989：736．

系统反映。教科书是教学的主要依据,是实现教育目的的重要工具,是师生教与学的主要材料,也是考核教学成绩的重要标准❶。《教育大辞典》中这样界定:教科书是教材的主体,是师生教学的主要材料,考核教学成绩的主要依据,学生课外扩大知识领域的重要基础❷。《中国大百科全书·教育》将教科书称为课本❸,钟启泉❹等也对教科书进行过阐述。可以看出,这些定义中强调的重点稍有不同。有的强调了教科书与课程标准或教学大纲之间的关系;有的对教科书的基本内涵,教科书与教材、课本之间的关系做了一定说明;有的从教学媒体的角度对教科书作出说明。2006年修订的《中华人民共和国义务教育法》中对教科书的描述为:"教科书根据国家教育方针和课程标准编写,内容力求精简,精选必备的基础知识、基本技能,经济实用,保证质量❺。"可见,这是对教科书编写进行了规定。学界关于教科书概念讨论纷繁复杂,但已经取得了一定的共识。比如,教科书的编写要有依据、课程标准(或者教学大纲)等。

概括来说,学界对教科书的界定都是现代意义教科书概念。现代教科书是与现代学制相对应,伴随新式学校的兴起和教育的分科化而产生的。现代意义教科书应该符合三个标准:第一,根据学制,依学年学期编写出版;第二,有与学制配套的依据课程标准(教学大纲)编写的教授书或教学参考书;第三,依据教学计划规定的学科分门别类地编写和出版❻。

3. 相关词汇辨析

上面给出了教科书的概念,在此基础上我们要界定生物教科书概念。生物教科书的概念随着时代的变化在不断地变化和拓展。诸多学者对生物教科书也进行了相关界定,如生物教科书是生物学教师进行教育和教学的主要依据,是学生学习生物科学与技能的重要材料❼。有学者认为生物教科书即通常意义上的生物课本。生物教科书体现了生物学教学大纲或生物学课程标准所规定的教学内容,是生物学教学中最主要、最基本和最常用的教材❽。它是中学教学活动中教师进行教学的重要媒介,是学生学习生物知识和技能的工具。

本研究的生物教科书是现代意义教科书的概念,即依据课程标准(教学大纲)

---

❶ 中国大百科全书编辑委员会.中国大百科全书·教育[M].北京:中国大百科全书出版社,1985:145.
❷ 顾明远.教育大词典(第1卷)[Z].上海:上海教育出版社,1990:283.
❸ 陈桂生.常用教育概念辨析[M].上海:华东师范出版社,2008:132.
❹ 钟启泉.现代课程论[M].上海:上海教育出版社,2006:377.
❺ 《义务教育法释义》编写组.中华人民共和国义务教育法释义[M].北京:中国法制出版社,2006:148.
❻ 石鸥.最不应该忽视的研究——关于教科书研究的几点思考[J].湖南师范大学教育科学学报,2007(5):5-9.
❼ 张汉光,周淑美.生物学教学论[M].南宁:广西教育出版社,2001:57.
❽ 赵锡鑫.生物学教学论[M].北京:高等教育出版社,1988:22.

编写出版的供学生使用的生物教科书。具体包括以下两点说明：一是现代意义的教科书概念，即有年级之分，有课程标准为编写依据，有学科之分；二是生物教科书在不同时期名称不同。生物学课程是伴随我国学制的颁布而进入学校课程体系的教学科目，我国近代设立中学并在中学开设生物学课程是清朝光绪年间开始的。历经百年其课程名称有诸多变化，如表1所示。

表1 我国中学生物学课程设置的历史沿革❶

时间	课程设置	年级	周课时数	总课时数
1902年	植物学、动物学、生理卫生			240
1912—1922年	植物、动物、矿物、人身生理卫生、实验			240
1922—1935年	植物学 动物学、生理卫生 生物学	初一 初二 高一	2 1或2 3	288~300
1935—1949年	植物学 动物学 生理卫生 生物学	初一 初二 初三 高一	2 2 2 2	288~300
1950年（中学暂行教学计划）	自然（植物、动物、达尔文学说基础） 生物			
1952年 [教育部颁发 《中学暂行规程》 （草案）]	植物 动物 生理卫生 达尔文理论基础	初一 初二 初三 高中		108 108 72 72
1949—1958年 [1953年中学 教学计划 （修订草案）]	植物学 植物学 动物学 动物学 人体解剖生理学 达尔文主义基础	初一 初二上 初二下 初三 高一 高二	2 3 3 2 2 2	396

---

❶ 陆建身. 生物教育展望 [M]. 上海：华东师范大学出版社，2001：76-77.

续表

时间	课程设置	年级	周课时数	总课时数
1958—1960年	农业基础知识		2	256
1963—1966年	植物学 动物学 生理卫生 生物学	初一 初二上 初二下 高二	2 3 3 2	252
1966—1978年	农业基础知识 医疗卫生 生物学		1或2	
1978—1981年	生物 生理卫生 高中生物	初一 初二 高二	2 2 2	
1981—1992年	植物学 动物学 生理卫生 高中生物学	初一 初二 初三 高二或高三		
1993年	生物第一册 生物第二册 高中生物学（全一册）	初一 初二 高二		
2000年	生物第一册 生物第二册 高中生物学（必修本） 高中生物学（选修本）	初一 初二 高二 高三		
2003年	生物 生物 生物必修三册 生物选修三册	初一 初二 高一 高二		

可见，我国的生物学课程进入学校课程体系之后历经百年时间，课程设置名称几经更迭，与课程相对应的教科书也有各种名称，如博物、动物、植物、生理卫生、人体解剖生理学、生物学等，本研究的中学生物教科书涵盖所有依据学制体系设置的生物学相关内容的教科书。研究过程中主要以教师教学、学生学习使用的教学用书为主，较少涉及教学参考书、习题册等教学辅助资源。

(二) 价值取向

1. 价值

"价值"一词最初来自梵文的 wer（掩盖、保护）和 wal（掩盖、加固），拉丁文的 vallo（用堤护住、加固）、valeo（成为有力量的、坚固的、健康的）和 valus（堤），取其"对人有掩护、保护、维持作用"的意思，后演化成"可珍惜、令人重视、可尊重"的词意❶。

苏格拉底是最早提出"价值"概念的哲学家，并在此基础上论及了价值、公道、平等、自由等问题。大卫·休谟（David Hume）则最早区分了"价值"和"事实"，他将人们关于世界的认识划分为两大领域，分别为"事实的认识"和"价值的认识"，首次在认识论上确立了价值理论的地位。法国哲学家笛卡儿也曾提到，要按照正义的标准去评价善恶及有利与不利。以后，伊曼努尔·康德（Immanuel Kant）和黑格尔也对价值问题地研究做出了贡献，前者提升了"道德主体"的地位，对个体精神自由的价值给予了很高的评价❷；后者则设计了宇宙主体的构架，提出了"凡是合理的东西都是现实的；凡是现实的东西都是合理的❸"这一著名论断。马克思主义认为"价值"属于关系范畴，它是以人为主体用以表示事物具体满足主体需要的属性、作用和意义的概念，革命导师还具体指出："'价值'是人们对待满足他们需要的外界物的关系中产生的❹。"近代哲学家的这些贡献为现代价值哲学的产生准备了条件。

总体来说，"主体—客体"的逻辑关系是学界界说"价值"的重要方式❺。具体来说，其包括三个方面：一是强调价值的"客观性"；二是强调价值的"主观性"；三是强调价值的"关系性"。虽然有些学者强调了价值的主观性或客观性，但学界在总体上都强调价值成立于主体与客体的统一。根据已有的价值定义，可以将价值的定义整理为主体说、客体说和关系说三种。概观三种价值定义的界定都是基于主客二分，二元对立的。怀特海的有机哲学以价值为中心，旨在为17世纪以来的科学唯物论和自然二分法所造成的现代文化之苦痛找一出路。虽然怀特海未曾直接写过价值理论，也未曾写过一些主要有关常见于价值理论之讨论的特殊理论问题之一的研究。但罗荷（W. H. Leue）说：怀德海确实重视价值，这就是价值研究，就是价值理论。怀特海认为价值即事物的内在实在性，也就是强调事物间的内在联

---

❶ 李德顺. 价值学大词典 [M]. 北京：中国人民大学出版社，1995：261.
❷ 龚孝华. 教育评价主题：促进人的发展 [J]. 教育理论与实践，2003（18）：5-8.
❸ 黑格尔. 法哲学原理 [M]. 范扬，等，译. 上海：商务印书馆，1961：11.
❹ 中共中央马克思恩格斯列宁斯大林著作编译局，译. 马克思恩格斯全集（第19卷）[M]. 北京：人民出版社，1963：406.
❺ 张敏. 科学教育：人性迷失与理性遍寻 [D]. 长春：东北师范大学，2004.

系。怀氏强调主客一体，主体与客体可以相互转换，事实与价值同一。事件代表现实世界；永恒客体代表价值世界。现实世界和价值世界的往来构成了生生不息的机体宇宙的图景。事件具有现实性、具体性、特殊性和延续性；永恒客体具有抽象性、普遍性、可能性、原子性和断离性。在宇宙创化中，事件与永恒客体相即相入，在现实世界中"形影不离"。永恒客体包括概念、观念和价值，一切事物的种、属、风貌、格调、节奏、模式、颜色、味道、声音之类，它们是自然所需求的但不是从自然中涌现的。它重复出现，但历久不变❶。价值研究一直是哲学、伦理学、心理学等社会科学的研究重点，在教育学中的深化程度有待提高。

2. 价值取向

价值取向作为价值哲学的重要范畴，大致包含三种类型。一是倾向说。李德顺在其《价值学大辞典》中指出价值取向是主体在价值选择和决策过程中的一定的倾向性。可见，价值取向一方面体现主体的价值追求；另一方面也表现了该主体所信奉的影响其行为的价值标准。价值取向归根到底受主体的社会存在和根本利益所决定，因此对一个确定的主体来说，它的价值取向有一定的必然性和一贯性❷。《价值学引论》中指出，价值取向就是人们在一定场合以一定方式采取一定行动的价值倾向❸。二是价值标准说。《社会科学新辞典》指出，价值取向是指某一个人所信奉的，而且对其行为有影响的价值标准❹。三是行动取向。价值取向是在价值选择过程中决定采取的方向❺。价值取向指人们按自行的价值观念对不同价值目标所作出的行为方向的选择❻。

三者都认为价值取向和价值观念与决定选择的方向有一定的关系。换言之，价值取向是在价值选择的过程中，主体根据信奉的价值标准，对行为方向作出有意识地选择❼。由此反推，我们可以知道一定事物的选择和生成必然体现一定的价值取向。教科书是从一定社会文化里选择出来的材料，是经过特殊筛选，加以定式化、组织化的社会共同经验。教科书是根据一定的价值标准进行精心选择的一种文本表达，所选择的文本都具有特定的意义和价值特征。在选择和组织的过程中必然会融进编纂者的价值观、情感、思想等❽。作为教育过程中的重要媒介和载体，教科书

---

❶ 王立志. 怀特海摄入概念研究 [D]. 北京：北京师范大学，2010：61-62.
❷ 李德顺. 价值学大辞典 [M]. 北京：中国人民大学出版社，1995：28.
❸ 袁贵仁. 价值学引论 [M]. 北京：北京师范大学出版社，1991：350.
❹ 汝信. 社会科学新辞典 [M]. 重庆：重庆出版社，1988：401.
❺ 马志政. 哲学价值论纲要 [M]. 杭州：杭州大学出版社，1991：339.
❻ 毛信德. 当代中国词库 [M]. 北京：航空工业出版社，1993.
❼ 何文胜. 人民教育出版社初中语文教科书的价值取向研究 [J]. 陕西师范大学学报（哲学社会科学版），2008，37（S1）：156-162.
❽ 吴晓鸥. 中国近代教科书的启蒙价值 [M]. 福州：福建教育出版社，2011.

在内容选择及版式确立等方方面面都涉及选择、斟酌、评价等，生物教科书文本资料分析的倒推，便是本研究的立足之处。本研究的价值取向主要源于李德顺的价值概念，即价值取向是主体在价值选择和决策过程中的一定的倾向性。在此基础上，本研究对百年中学生物教科书文本、课程标准等文本材料进行分析和解读。

3. 教科书价值取向

教科书按照年龄和发展水平，以适当的方式阐述人所必需的知识和技能，是价值观和预设加以符号化的表现，这些价值观和预设关系到民族及世界，也关系到个人的角色和地位❶。教科书是教育的重要载体，是重要的教学资源。由于各种主客观因素，教科书所传递的或明或暗的信息与统治阶级所倡导的价值、教科书编写者的意图总有某些偏差❷。因此，透视课程内容意识形态和价值取向的有效途径是教科书的分析❸。由此，20世纪60年代以来，各国学者展开了对教科书价值取向的研究。1965年，美国的谢弗（Vincent Schaefer）对93本美国教科书的内容进行了研究。结果发现，美国学校使用的教科书努力向学生灌输某些抽象的政治准则（如平等、民主、自由和宽容等），特别强调爱国主义、国家至上的政治观念。英国的麦克·F. D. 扬（Michael F. D. Young）在1971年出版的《知识与控制》一书中讨了知识与价值、知识与控制之间的关系。我国台湾学者欧用生分析了我国台湾地区社会科教科书的价值取向。吴永军分析了我国建国以来的三套初中历史教科书隐含的价值取向。此外，还有很多学者对不同学科教科书价值取向进行了相关研究。例如，何文胜认为语文教科书的价值取向是从特定的背景和立场出发，选择或倾向于某一方案或意向，以实现学科所追求和向往的价值理念和目标❹。有学者认为教科书价值取向是基于对我国自有学制以来基础教育中学段的教科书中所持有的价值立场、态度和倾向的一种研究❺。结合已有学者的研究和生物学学科特点，生物教科书价值取向是指教科书编写主体，在依照国家制定颁发的课程标准（教学大纲）基础上，选择，组织，呈现教科书文本时所体现的基本价值立场、态度和倾向。

(三) 中学

中学指实施中等教育的学校❻。"中等教育"（secondary education）是以三级学制模式为基础而形成的概念，它是指位于初等和高等教育之间的中等程度的教育❼。

---

❶ 莱维，等. 教育大百科全书·课程［M］. 丛立新，等，译. 重庆：西南师范大学出版社，2011：11.

❷ 吴永军. 课程社会学［M］. 南京：南京师范大学出版社，1999：171-172.

❸ 吴永军. 当代教育社会学研究趋向透视［J］. 上海教育科研，1996（6）：13-17.

❹ 何文胜. 人民教育出版社初中语文教科书的价值取向研究［J］. 陕西师范大学学报（哲学社会科学版），2008，37（S1）：156-162.

❺ 陶芳铭. 初中德育教科书价值取向研究［D］. 杭州：浙江大学，2017：15.

❻ 周德昌. 简明教育辞典［M］. 广州：广东高等教育出版社，1992：95.

❼ 王伦信. 清末民国时期中学教育研究［M］. 上海：华东师范大学出版社，2002：1.

绪　论

中等教育并无一个统一的严格的概念。从培养对象上讲，其主要明确中等教育对象年龄等，如中等教育是对 12~17 岁青少年所特别设计的教育阶段❶；从实施场所上界定，如英国《国际教育词典》界定为：在中等学校（secondary schools）所提供的教育❷；从教育内容和程度上界定，如介于初等和高等教育之间的教育❸；从受教育性质讲，中等教育既包括技术、职业教育，也包括普通教育。

目前学界就"中学"一词使用而言，通常有两种含义，其一是特指普通中学；其二是泛指全体中等学校❹。由于本课题研究时间跨越百年，中学课程又随着学制的变迁有诸多变化，故而需要作以说明。中学是仅指普通中学，同等的师范学校、实业学校等不在研究之列。

国外运用中学称呼较早，古希腊雅典已有中小学的分别。雅典最初设立的学校为小学校，后来文化逐渐进步，社会渐趋复杂，因此有哲学学校和修辞学校或文法学校的组织。至罗马时代，学校制度受希腊影响较大，文法学校是罗马中学的主体位。文艺复兴时期，拉丁中学校成立，中等教育日益普遍。我国尧舜时期学校分作"上庠""下庠"，夏朝改称为"东序""西序"，商朝又名为"左学""右学"，周则分为"大学""小学"。秦汉唐宋以来，名称虽然有变更，然没有中学的名字。至清同治年间，学堂设立了多所，但大都是一段制❺。光绪二十一年，盛宣怀奏办北洋学校，分头等、二等，头等为大学，二等为小学，为两段制，每段各四年。光绪二十三年盛宣怀创办上海南洋公学，开始有三段的组织。1898年京师大学堂章程，也分为三段，有大学堂、中学堂、小学堂三个阶段，这是我国中学名称的来源。

随着中国近代学制的产生与发展，中学的年限等也有诸多变化。中国近代的中学学制始于1902年公布的《钦定中学堂章程》。《章程》规定，中学堂修业四年，但此学制并未实行。1904年重订的《奏定中学堂章程》，修业年限由四年增加为五年。1912年，中学修业年限由五年被缩短为四年，注重普通陶冶，取消文实分科。这一时期中学为一段的，不分初级、高级。1922年11月中华民国北洋政府公布的《学校系统改革案》，在关于中学的说明中指出："中学修业年限六年，分为初高两级，初级三年，高级三年。"根据1951年《政务院关于改革学制的决定》，修业年限为六年，分高、初两级，各三年❻。

本研究的中学概念主要依据各时期相对应的学制系统，具体包含三个方面：一是

---

❶ GOOD C V. Dictionary of Education，2nd ed [M]. New York：McGraw-Hillook Company，1959：491.
❷ THOMAS J B. International Dictionary of Education London [M]. New York：Nichols publishing Company，1978：305.
❸ COULSON J S. The New Oxford Illustrated Dictionary [M]. Tokyo：Oxford University，1978：1536.
❹ 王伦信. 清末民国时期中学教育研究 [M]. 上海：华东师范大学出版社，2002：2.
❺ 廖世承. 中学教育 [M]. 上海：商务印书馆，1924：52.
❻ 杨学为. 中国考试大辞典 [M]. 上海：上海辞书出版社，2006.

在 1904—1912 年的"癸卯学制"（包括五年的中学堂）和 1912—1922 年的"壬子癸丑学制"（包括四年的中等教育）中，初高中尚未分离的中等教育；二是 1922—1949 年实行的"壬戌学制"主要采取"六·三·三制"，初中和高中分离的中学教育；三是中华人民共和国成立后，中学修业年限有六年，分初、高两级。其后学制系统虽也有实行五年制（分段）或实行五年一贯制（不分段），但总体以六年为主。

四、研究设计

（一）时间范围

本研究中的百年特指 1902—2003 年，即起始时间界定为 1902 年，截止时间界定为 2003 年。1902 年清政府颁布了我国第一个规定学制系统的文件，虽未施行，但其仍具有划时代的意义，为中国近代新式教育的发展奠定了基础，博物课程进入学校课程体系，与之匹配的生物教科书应运而生。进入 21 世纪，国家大力推行课程改革，2001 年和 2003 年教育部先后颁布了初中和高中的生物课程标准，与之匹配的教材也陆续使用。因此，考虑研究时间范围的相对完整性和中学阶段的一贯性以 2003 年作为研究终点。

（二）研究思路

本研究针对当前生物教科书中出现的现实困境和理论薄弱的尴尬，以怀特海的有机哲学价值论为理论基础，以生物教科书价值取向为切入点，试图在阐述百年生物教科书出版概况及总体特征的基础上，阐明生物教科书价值取向变迁的历程、特征及问题，并在此基础上进行有机哲学视角的展望。具体如图 1 所示。

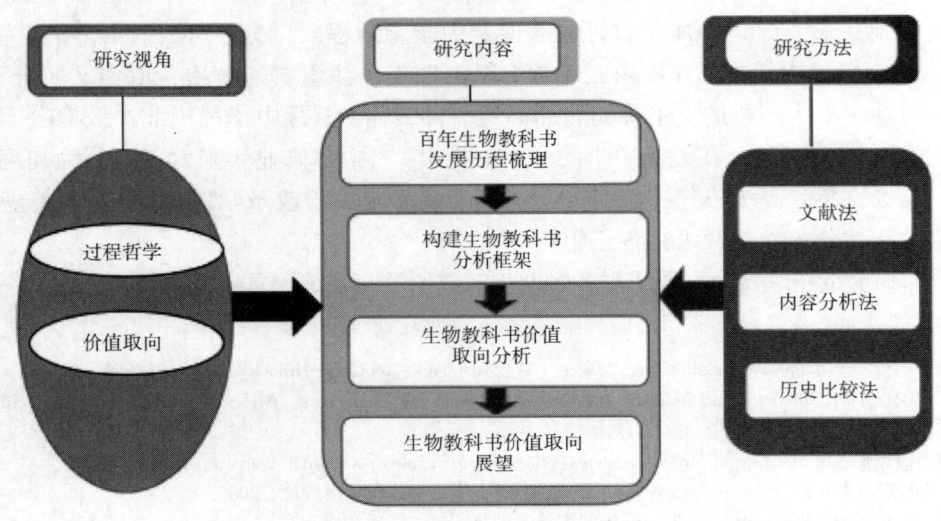

图 1　生物教科书价值取向研究思路

(三) 研究方法

1. 文献法

文献法主要是指对有机哲学、生物教科书文本、课程标准等文献资料进行研读。在搜集，整理和分析相关制度文本、图书等一手资料，以及专家学者的专著、论文等研究成果的基础上，选择具有典型性、代表性的文献资料进行分析研究。文献法研究主要集中在四个方面。一是要对百年以来生物教科书方面的文献进行搜集、研读和分析。文献主要包括著作和论文。著作如对《中国近代科学教育史》（孙宏安）、《中国近现代教科书史论》（吴洪成等）、《简明中国教科书史》（石鸥）、《中国近代教科书发展研究》（王建军）、《生物学课程与教学论》《生物学课程论》等图书进行分析，以及结合相关期刊论文的研读梳理生物教科书发展的大致历程。二是结合《中国近代中小学教科书总目》、人教社教科书资源图像库、《北京师范大学图书馆馆藏师范学校及中小学教科书目》和《民国时期教科书目（1911—1949）中小学教材》等文献的阅读，尝试整理百年中学生物教科书的出版概况及总体特征。三是对怀特海的相关著作，如《过程与实在》《观念的冒险》《思维方式》《科学与近代世界》《教育的目的》《教育与科学理性的功能》《怀特海文录》《怀特海对话录》《怀特海传》等文献研读，旨在梳理概括他的有机哲学价值理论以及与本研究密切相关的怀特海教育思想。四是对手头中学生物教科书及相关论文的分析与解读，挖掘百年生物教科书的价值取向嬗变特点。

2. 内容分析法

内容分析法就是通过对生物教科书文本的研读、分析，从文本知识内容、呈现方式、课程标准及编著者四个层面进行整体研析，从而发现和把握文本的深层意义与额外信息❶。本研究中主要运用内容分析的方法对中学生物教科书、课程标准、文件、期刊等资料进行分析，以内容选择、文本呈现、频度分析等定量和定性结合的方法，深入解读不同时期生物教科书的特色及价值取向表征。

3. 历史比较法

比较研究分为共时性比较和历时性比较。共时性比较主要比较同一时期不同版本、不同作者、不同出版机构的生物教科书文本，发现同一时期教科书的总体特点及不同版本教科书优缺点。历时性比较主要比较不同时期生物教科书，通过比较，发现生物教科书内容和形式的演变过程，分析演变的原因及产生的影响，梳理教科书发展的脉络与轨迹。经过共时性比较和历时性比较，可以全面了解百年中学生物教科书的全貌、发现其价值取向变迁的特点及问题等。

---

❶ 童清艳. 受众研究 [M]. 上海：上海交通大学出版社，2013：126.

（四）分析框架

众所周知，宇宙观和方法论相伴而行。有机哲学较为明确地坚持有机的、联系的、动态的宇宙观，因此在方法论上也提出了过程-关系的方法论。即以过程分析法取代形态分析法，以关系分析法取代要素分析法，以思辨方法超越实证方法，以哲学概括法超越科学概括法❶。对生物教科书价值取向的分析，不仅要进行文本的考察，也要注重与文本密切相关的其他要素的考察，这样有助于解决实体哲学仅仅从形态学角度进行分析的问题。本书对生物教科书价值取向的研究主要包括两个维度：第一，以教科书内容选择和教科书内容的呈现为主，重点对教科书文本进行系统分析；第二，以课程标准和教科书编写主体为辅，重点依据课程标准等文件和教科书编写者的学科背景等进行考量。尽管不同时期课程标准与教科书的一致性存在差异，但它们都可以从整体维度体现生物教科书价值取向的时代性特征。此外，还要考虑外部社会环境的复杂关系，如不同时代的教育背景等。生物教科书价值取向分析框架，如图2所示。

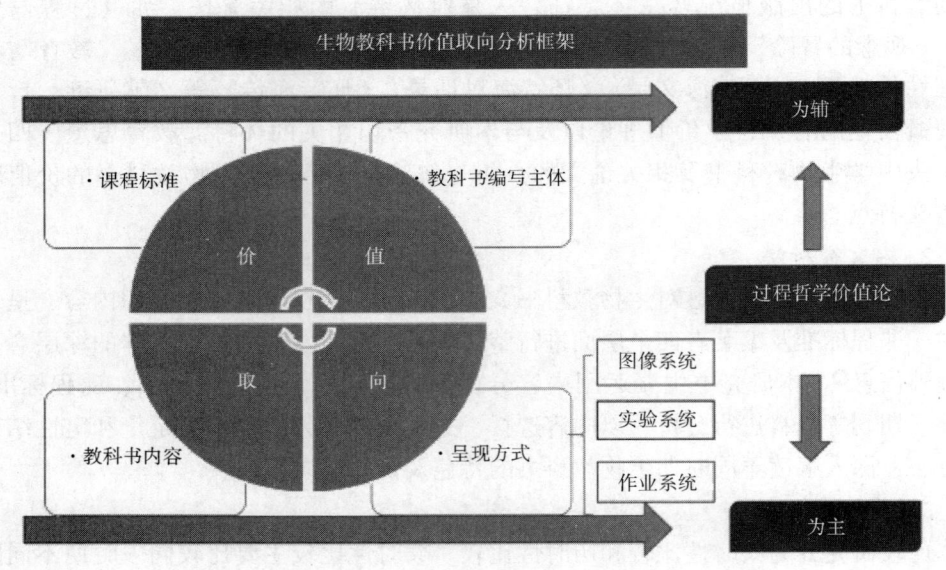

图2　生物教科书价值取向分析框架

首先，教科书文本是呈现生物教科书价值取向的重要内容。具体来说，教科书文本分析包括两个方面。一是内容的选择与组织。教科书的内容选择需要考量其学科特性、社会性，教科书课程目标的设计及其落实的可行性、有效性和完备性，以

---

❶ 麦克丹尼尔．怀特海过程哲学研究［M］．杨富斌，译．北京：中国人民大学出版社，2018：377．

及教科书资源的丰富性、聚焦性和完备性等❶。生物教科书内容选择,是具有一定的标准与要求的,诸如符合学生年龄的特征、符合规定学习内容的课时数等。因此,教科书编者在考虑选择什么样的知识作为教科书内容时,头脑中已经有一个预设的框架或标准,这个知识框架外在表现为教学目标或教育目的,内在隐含的是编者对知识的意义理解和价值取向❷。在一定意义上,生物教科书是价值选择的结果,选择什么与舍弃什么本身就折射出不同的价值取向,在教育情境中经过选择和重组被合法化的知识,就是基本的教学内容。二是教科书文本的呈现方式。教科书有众多属性,如教育性、教学性、思想性、文化性等。在这些众多属性中,教学性是教科书的根本属性,教科书的教学性主要从可教性、易学性、增效性、合宜性等方面体现❸。而这些特性主要体现在教科书的呈现方式之中。教科书的呈现方式是教科书的总体形象,而形象的背后又隐含着编者的课程观与教材观。它是教科书编者和读者之间对话的重要途径和载体,因此它必须符合教科书的功能定位和要求,为实现教科书的编写理念而服务❹。

生物教科书所选择的生物学知识,其文本表述所采用的文字符号系统,本身就是一种思想,承载并反映着教育理念、社会价值和民族精神。对于同一史实,站在不同的立场上,采用不同的观念,在文本的表述中就折射出不同的价值取向,所叙述的史实在概念、内容、作用上是有差别的❺。就呈现层次来讲,教材的呈现方式可以有两个层面的理解:从表层来讲,它包括教科书的版式设计、栏目设置、插图设计等方面;从深层来讲,它包括由教科书的行文风格所反映出来的编者的文化底蕴,对课堂教学方式的影响等❻。可以说,教科书设计编排的体例、风格等,是课程教材观的物化和具体体现❼。结合生物学学科特点,这里主要从两个方面探讨生物教科书的呈现方式:一是从教科书编写体例的维度,主要包括封面、绪论、目录、单元章节;二是从教科书辅助系统上进行阐释,具体包括图片系统、实验系统、习题系统。

其次,从关系视角审视教科书生成过程中的诸多要素,其中较为核心的两大要素为课程标准和教科书编写主体。我国中小学课程从清朝末年至今,经历了近百年

---

❶ 孔凡哲. 教科书质量研究方法的探索——以义务教育数学课程标准实验教科书为例 [M]. 北京:人民教育出版社,2008:56.
❷ 陈倩. 试论民国历史教科书的价值取向 [J]. 中学历史教学参考,2015 (9):33-35.
❸ 李新,石鸥. 教学性作为教科书的根本属性及实践路径 [J]. 课程·教材·教法,2016,36 (8):25-29.
❹ 卜庆刚. 基于情感主义的小学德育校本教材编写 [M]. 长春:吉林大学出版社,2015:120.
❺ 同❷.
❻ 张颖. 新课程高中物理教科书呈现方式的研究 [J]. 课程·教材·教法,2011,31 (5):76-81.
❼ 同❶.

的发展过程。历史上各个时期的课程目标、课程设置、内容和要求主要反映在课程标准或教学大纲里，课程标准在不同时期名称有所变化，但始终是教科书编写、教学、评估的重要纲领性文件，具有明确的价值引领作用。编写者在依据课程标准进行文本解读的过程中，也难免受个人学识、教育思潮和时代境遇的综合影响，体现一定的价值倾向。尤其不同时代选择的编写者整体状况也会有所不同。课程内容是体现学科基础性和价值的直接载体，选取了什么内容，去除了什么内容都是值得深思的问题。呈现方式是教育理论再现过程，不同的教育理论在教科书中的反映方式各不相同，同样地，对教科书呈现方式的具体分析也自然而然地要折射出教科书的价值取向。

五、创新之处

课题主要研究的是百年中学生物教科书价值取向变迁历程，创新之处主要体现在以下两个方面。第一，研究内容的创新之处。本书对百年中学生物学教科书出版概况进行梳理，研究材料主要选择1902年颁布学制以来中学生物教科书文本、课程标准等第一手材料作为写作基础。对《建造常识：教科书与近代中国文化转型》（毕苑，2010）、《民国时期总数目（中小学教材卷）》（北京图书馆，1995）、王有朋的《中国近代中小学教科书总目》（2009）、人民教育出版社的中国中小学教科书图像库，以及其他著作和文章中均对生物教科书信息进行了统计，但存在信息不全面、不对等问题。因此，通过对百年生物教科书信息进行梳理、校对，在前期资料的搜集整理过程中，全面梳理1902—2003年中学生物教科书出版状况等相关信息，整理出一份相对完整的教科书信息统计表，为有关研究提供教科书信息参考。第二，研究视阈的创新之处。中国教育学界鲜有对百年来生物教科书价值取向的研究。本研究主要是基于怀特海的价值理论审视百年来生物教科书价值取向的演变。与现有的文献相比，本研究创新主要表现在：对生物教科书价值取向的演变、特点等问题进行理论的深入探讨，并尝试从有机哲学价值理论的视角对生物教科书的发展进行前瞻，具有一定的现实意义。

第一章 教科书研究现状

本研究对百年中学生物教科书价值取向进行研究，有必要对教科书研究理论进行综述。教科书研究主要是对生物教科书研究进行阐述，是研究对象方面的综述。

一、研究现状

1. 教科书研究日益受到学者关注

近年来，研究教科书的文献呈现上升趋势，通过检索 CNKI 中国知网中的"title=教科书"，可大致了解教科书研究的情况，如图 1-1 所示。

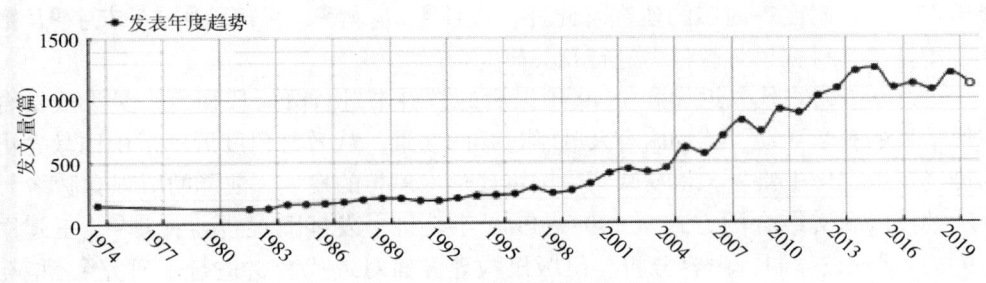

图 1-1　教科书年发文量统计图

分析上图，我们可以看到教科书研究文献发表数量总体呈现明显的上升趋势。我们以几个关键节点明确一下就可以更清晰地呈现。具体来说，1989 年发文量首次突破 200 篇，历时 11 年文献量翻倍，2001 年发文量增至 409 篇，2005 年发文量增至 613 篇，2008 年发文量为 824 篇，2014 年发文量为 1228 篇。可见，教科书研究在新世纪以后逐渐走入学者的研究视野，逐渐成为教育领域研究的热点。其中，华东师大、人教社、首都师大和湖南师大在教材研究领域发挥了开拓性作用。在 21 世纪初，南京师大和华东师大对教材的研究占据优势，而首都师大在近十年中成了教材研究的重要阵地❶。

2. 教科书研究概况

进一步研读相关文献，从教科书的研究主题、研究视角、研究方式三个方面对

---

❶ 张铭凯，靳玉乐. 我国教科书研究的新世纪图景——基于 CiteSpace 知识图谱的分析 [J]. 全球教育展望，2017，46（3）：54-66.

教科书研究概况进行综述。

首先，依据教科书研究侧重的主题不同，可以分为教科书演进历史研究和教科书分学科研究两个方面。

第一，教科书演进历史相关研究。从纵向历史角度对教科书进行研究的成果颇丰。有时间跨度较大的，比如，吴洪成论述了中国古代学校历史演变的基本过程和阶段特征[1]。在此基础上，研究自鸦片战争爆发到改革开放以后教科书演变发展的历史进程、阶段特点等多个方面[2]。石鸥教授的《简明教科书史》[3]《百年中国教科书忆》等都对中小学教科书进行了研究。吴小鸥等将19世纪60年代作为现代教科书的开端，并以1949年为界划分为上[4]、下[5]两册，系统地研究了我国100多年来的中小学教材。人教社受国家哲学社会科学规划领导小组委托，承担"中国百年教科书整理与研究"课题，系统收集了我国近百年教材的书目和珍稀图片，用科学的编写方法完成了中国百年中小学教科书综合目录，形成较为完整的百年教科书资料库[6]。有学者对百年中国乡土教材进行研究[7]。我国台湾学者以论文集的形式收纳了台湾地区学者对教科书的发展历程、政策制度等内容的研究。此外，魏佳[8]、陈婷[9]、崔珂琰[10]、蒋宏宇[11]从数学、体育等学科视角对教科书进行相关研究。

也有学者对古代、近代和1949年以后的教科书进行分时段研究。吴洪成结合古代学校的教学活动、课程内容及教学过程的场景，从教材角度展示了中国教育史的传统资源和历史素材，也反映了中国古代学术思想的发生、演绎的历程和脉络[12]。石鸥教授以图文结合的方式对1897—1949年教科书发展概况进行梳理[13]。王建军（1996）从编校体制、内容分析、出版机构等方面对近代教材进行了研究[14]。毕苑（2004）以我国近代教材为中心，从知识角度探讨了近代中国的文化转型[15]。另外，

---

[1] 吴洪成. 中国学校教材史 [M]. 重庆：西南师范大学出版社，1998：1.
[2] 吴洪成，田谧，李晨，等. 中国近现代教科书史论 [M]. 北京：知识产权出版社，2017.
[3] 石鸥，吴小鸥. 简明中国教科书史 [M]. 北京：知识产权出版社，2015.
[4] 石鸥，吴小鸥. 中国近现代教科书史（上）[M]. 长沙：湖南教育出版社，2012.
[5] 石鸥，方成智. 中国近现代教科书史（下）[M]. 长沙：湖南教育出版社，2012.
[6] 徐岩. 中国百年教科书史 [M]. 北京：人民教育出版社，2020.
[7] 李新. 百年中国乡土教材研究 [M]. 北京：知识产权出版社，2015.
[8] 魏佳. 20世纪中国小学数学教科书内容的改革与发展研究 [D]. 重庆：西南大学，2009.
[9] 陈婷. 20世纪我国初中几何教科书编写的沿革与发展 [D]. 重庆：西南大学，2008.
[10] 崔珂琰. 中国百年少数民族教科书政策研究 [D]. 长沙：湖南师范大学，2015.
[11] 蒋宏宇. 我国近现代中小学体育教科书历史变迁研究 [D]. 北京：北京体育大学，2014.
[12] 吴洪成. 中国古代学校教材史论 [M]. 保定：河北大学出版社，2016：前言.
[13] 石鸥. 百年中国教科书图说（1897—1949）[M]. 长沙：湖南教育出版社，2009.
[14] 王建军. 中国近代教科书发展研究 [M]. 广州：广东教育出版社，1996.
[15] 毕苑. 建造常识：教科书与近代中国文化转型 [M]. 福州：福建教育出版社，2010.

吴洪成等人也论述了我国近代中小学教科书的发展状况❶。赵明辉❷、李文田❸等改革开放以来一直在进行教材改革的研究。

第二，教科书的分学科研究。研究人从教科书之间的比较、内容、教科书的调查和统计分析，以及教科书实验研究等领域进行了分学科的研究。教科书的比较研究集中在对课本或教科书体系进行比较，主要是根据时间和空间的不同进行研究。例如，针对不同来源课本、不同版本教科书等进行比较研究。

有学者从不同角度对中美、中日、中韩、中国和新加坡❹、中法等国家不同版本的教科书进行比较研究❺。例如，对中国和美国高中生物教材科学特征进行研究❻，对不同国家科学教材难度的比较研究❼；还有对中国和日本两国在美术教育方面的研究❽；对中国、法国和美国数学教材中体现的文化知识进行研究❾。有研究者基于中外九版初中数学教科书的纵向与横向比较，对教科书中存在的现实问题进行研究❿。不同地域的教科书比较研究则主要集中在我国内地与港澳、大陆与台湾地区的教科书比较研究，如两岸初中美术教科书比较研究⓫；两岸不同版本历史教科书的比较研究⓬等。还有学者对我国清末以来一个时期不同版本教材选文文化进行比较分析⓭。

总体而言，学者对不同国家和地区、不同来源版本的教科书进行了较多的比较研究，但对中国和美国、中国和日本教材的比较研究比例明显高于其他国家，对语文等学科的横向比较明显多于纵深的历史比较研究。

---

❶ 吴小鸥．近年来中国近代中小学教科书研究综述［J］．湖南师范大学教育科学学报，2008（3）：49-52．
❷ 赵明辉．改革开放四十年高中思想政治教科书内容变革研究［D］．长春：东北师范大学，2018．
❸ 李文田．改革开放30年我国中学地理教科书变革研究［D］．武汉：华中师范大学，2011．
❹ LIANG H F，ZHU Y．Representation of problem-solving procedures：A comparative look at China，Singapore，and US mathematics textbooks．［J］Educational Studies in Mathematics，2007，66（1）：61-75．
❺ CHEN X N. A comparative study of visual representations in conventional, digitized and interactive high school science textbooks［J］.Journal of Visual Literacy，2017，36（2）：104-122．
❻ 牛波．中美高中生物学教科书科学本质表征的比较研究［D］．上海：华东师范大学，2015．
❼ 崔鸿．初中科学教材难度国际比较研究［D］．武汉：华中师范大学，2013．
❽ 饶丹．中日美术教育的比较研究［D］．上海：华东师范大学，2018．
❾ 王建磐，汪晓勤，洪燕君．中、法、美高中数学教科书中的数学文化比较研究［J］．教育发展研究，2015，35（20）：28-32，55．
❿ 李健．初中数学教科书中现实问题情境设置的实证研究［D］．天津：天津师范大学，2019．
⓫ 黄培蓉．两岸初中美术教科书比较研究——以大陆人教版、湘美版和台湾康轩版为例［J］．课程·教材·教法，2018，38（11）：139-143．
⓬ 张彩霞．两岸高中历史教科书中的"美国"形象比较——以"南一版"和"人教版"为例［J］．台湾研究集刊，2014（5）：85-94．
⓭ 吴婷婷．百年语文教科书选文文化分析——基于清末、民国时期、现代三套语文教科书选文的比较［J］．课程·教材·教法，2018，38（7）：119-126．

分学科的教科书内容分析也是学者研究的热点问题之一,如对教科书特色分析❶、对教科书中训练内容设计❷等。研究者的研究基本覆盖所有基础教育学科课程,其中数学、语文等学科研究数量较多❸。

此外,一些学者进行了教科书的实证研究,将实证调查、统计分析的方法引入教科书研究之中。孔凡哲从影响课程难度的视角对我国数学教科书进行了深入探讨。有研究者从不同维度开展教科书研究,如关于教科书使用情况的调查❹、关于教师使用教科书的现状调查❺、关于教科书认可度的调查❻、关于教师与教科书相互作用现状的调查❼、关于教科书管理现状的调查研究❽等。总体来说,对语文和历史教科书的研究较多,且成果也很丰富,而物理、化学、生物等学科的教科书研究成果较匮乏。

其次,依据研究视角对教科书进行梳理,可以发现学者从教育学、社会学、文化学等视角出发对教科书进行了研究。

教育学视阈下,有诸多学者进行了研究。石鸥分析了教科书的基本特征,并指出教科书建设要关注的问题❾;钟启泉就教科书的概念和功能以及教材组织进行了阐述❿;李芒觉得电子教科书不应取代纸质教科书,而所有教科书都应以教育为基础⓫;陈月茹⓬也进行了相关研究。一些学者总结了国际上对有关文本理解方面的新发展,并以对文本可接受性的评估为基础,根据功能和结构分析,制订教科书评价标准。此外,黄甫全⓭、陈玉琨⓮等也对教材评价进行了相关研究。有些人认为教学是教

---

❶ 郭震. 近代中国化学教科书的出版与内容特点分析[J]. 课程·教材·教法, 2014, 34(2): 99-105.
❷ 包春莹. 高中生物教科书中关于批判性思维训练内容的设计[J]. 教育理论与实践, 2016, 36(14): 44-46.
❸ WANG Y Q. Understanding Linear Function: A Comparison of Selected Textbooks from England and Shanghai [J]. International Journal of Science and Mathematics Education. 2017, 15(1): 131-153.
❹ 王磊, 唐劲军, 张荣慧, 等. 高中化学新课程教科书使用情况及影响因素调查研究[J]. 教育学报, 2015, 11(4): 77-86.
❺ 严丽丽, 孔凡哲. 东北地区"教师使用教科书"的现状调查[J]. 上海教育科研, 2013(5): 53-55.
❻ 刘云, 杨慧娟, 朱维宗. 教师对新课标高中数学教科书的认可情况调查——新旧教科书对比的视角 [J]. 数学教育学报, 2014, 23(3): 87-91.
❼ 张倩, 黄毅英, 石鸥. 教科书的使用: 教师与教科书的互动关系研究——基于中国内地、香港和台湾数学教科书的调查与分析[J]. 华东师范大学学报(教育科学版), 2018, 36(1): 77-84; 162-163.
❽ 杨德军, 黄晓玲, 张瑞海, 等. 北京市中小学教科书管理现状调查[J]. 教育研究, 2005(12): 49-55, 71.
❾ 石鸥, 石玉. 论教科书的基本特征[J]. 教育研究, 2012, 33(4): 92-97.
❿ 钟启泉. 现代课程论[M]. 上海: 上海教育出版社, 2006: 378.
⓫ 李芒, 孙立会. 关于电子教科书基本问题的探讨[J]. 教育研究, 2014, 35(5): 100-106.
⓬ 陈月茹. 教科书内容属性改革研究[D]. 上海: 华东师范大学, 2005.
⓭ 黄甫全. 现代课程与教学论[M]. 北京: 人民教育出版社, 2014: 467.
⓮ 陈玉琨. 教育评价学[M]. 北京: 人民教育出版社, 2014: 187.

科书的基本特征，学校教科书的教学性质包括可教、易学、适宜等基本特征❶。国外对教材的研究可追溯到19世纪末，1880年在美国进行了一项关于技术类教材阅读理解的研究❷。研究人员提供了一个基本的分析框架，分析如何从科学上评估教科书的质量，确定教科书的价值、适用性及范围和对象，以便就其传播、选择和使用作出科学决定❸。

从社会学的角度来看，国内外研究人员从社会学的角度分析教科书体系和教科书的意识形态、性别平等、多元文化、阶级压迫、种族等问题，研究教科书内容和知识的选择、指导教科书设计的理念等。英国学者伯恩斯坦（Bernstein）等人创立了"课程社会学"，而美国学者阿普尔和吉卢则研究了教材知识选择与传授、文化与权力之间的关系，隐含的思想意识等问题。国内教科书的研究较晚，1980年之后，我国台湾地区的研究者欧用生等人与大陆学者吴康宁❹等人从不同视角研究教材内容的价值取向与思想定位的关系。

国内外研究人员对教科书文化学方面的研究，主要从知识结构和教科书内容选择的英国学者劳顿·梅提出了"文化分析"课程理论，而美国学者玛格丽特·米德（Margaret Mead）将人类文化分为三类：前体文化、同义文化和后体文化，塔帕里克·班克斯则介绍了多元文化课程理论。毕苑❺、孔云❻等从文化视野出发对教科书进行了研究。在教科书研究方式包括研究类型、研究的程序、研究中的具体方法三个方面。关于教科书的类型，国内外研究人员从不同的角度对教科书的类型进行了区分。魏伯纳（Weibrenner）认为教科书研究有三类，约翰森（Johnsen）也认为有三类，分别是文本内容、教学应用和出版开发。霍秉坤❼等都进行过相关研究。有关教科书研究的基本程序，国内外研究人员在三个不同的领域进行了研究：国际理解、教师教学和质量评估。高凌飚认为分析教材的程序包括对教科书的了解和一般介绍、收集静态和动态信息及数据、对教科书进行定性分析，以及对教材进行综合评估❽。在教科书研究中的具体方法方面，杰森·尼科尔斯（Jason nicholls）认为教科书研究方法需要进一步深入研究，还指出，传记分析、结构分析、符号分析

---

❶ 李新，石鸥.教学性作为教科书的根本属性及实践路径[J].课程·教材·教法，2016，36（8）：25-29.
❷ FUCHS E，BOCK A. The Palgrave Handbook of Textbook Studies[M]. New York：Palgrave macmillan，2018：27.
❸ 钟启泉，崔允漷，张华，等.为了中华民族的复兴为了每位学生的发展《基础教育课程改革纲要试行》解读[M].上海：华东师范大学出版社，2001：331-344.
❹ 吴康宁，程晓樵，吴永军，等.课堂教学的社会学研究[J].教育研究，1997（2）：64-71.
❺ 毕苑.建造常识：教科书与近代中国文化转型[M].福州：福建教育出版社，2010.
❻ 孔云.文化视野中的地理教科书研究[D].上海：华东师范大学，2008.
❼ 黄显华，霍秉坤.寻找课程论和教科书设计的理论基础[M].北京：人民教育出版社，2002.
❽ 高凌飚.基础教育教材评价：理论与工具[M].北京：人民教育出版社，2002.

等方法可以用于教科书的定性研究。

孔凡哲创造了"课程难度模型"和"教师使用教科书的水平模型"[1]。欧用生研究了教科书研究中所使用的内容分析法。而有些学者根据教科书研究范围、类型、方法选择和教科书设计四个层次建立了教科书研究方法体系[2]。王攀峰从学科视角对内容分析方法在教科书研究的应用与发展进行了研究[3]，并指出理论研究、体系构建、范式整合和合理转化必然是未来研究教科书发展的基础[4]。

从文化学角度来看，有学者对教科书研究的文化逻辑进行了阐述[5]。综上所述，可见教科书研究逐渐走进学者视野，并逐步成为研究热点。关于教科书研究方法，其理论梳理仍处于发展阶段，尚没有能被普遍接受的基本体系和分类框架。

此外，有关教科书发展历史的研究明显不足，研判历史，才能更好地挖掘历史经验推进教科书向前发展。

二、生物教科书研究现状

通过对教科书研究主题进行总结，可以发现生物教科书相关的研究主要包括四类主题：一是历史研究，二是比较研究，三是编写研究，四是价值取向研究。

1. 生物教科书历史研究

生物教科书在不同时期的研究中，只在一些综合性的近代教科书研究著作及报告中，偶尔会提到晚清和民国时期中学生物教科书发展史的相关内容，主要从社会文化变迁的角度进行研究。

有学者系统介绍了清末到1949年科学教育的发展过程[6]。有学者分析教科书产生的社会背景，提及进化思想传播对教科书的影响[7]，吴小鸥[8]、毕苑[9]等也都进行过相关研究。

从教科书发展史角度进行的研究较少，主要介绍不同历史时期生物教科书的特点。例如，谭永平对进化论内容在中学博物教科书中的演变进行了分析，还阐述了

---

[1] 孔凡哲，张怡，等. 教科书研究方法质量保障研究［M］. 长春：东北师范大学出版社，2007.
[2] 张倩，黄毅英. 教科书研究之方法论建构［J］. 课程·教材·教法，2016，36（8）：41-47.
[3] 王攀峰. 教科书内容分析的类型学研究［J］. 教育科学，2020，36（1）：15-21.
[4] 王攀峰. 教科书研究方法的现状、问题与建议［J］. 课程·教材·教法，2017，37（1）：34-41.
[5] 辛继湘. 教科书研究的文化逻辑［J］. 教育科学，2020，36（4）：10-15.
[6] 王伦信等. 中国近代中小学科学教育史［M］. 北京：科学普及出版社，2007：1.
[7] 汪家熔. 民族魂. 教科书变迁［M］. 北京：商务印书馆，2008.
[8] 吴小鸥. 浸润与激荡——清末民国教科书对社会变革之影响［J］. 湖南师范大学教育科学学报，2007（5）：19-24.
[9] 毕苑. 建造常识：教科书与近代中国文化转型［M］. 福州：福建教育出版社，2010.

进化论进入中学博物教科书的过程和启示❶。刘恩山、张海和对 1949 年以来中学生物课程做了简要回顾❷。课程与教材研究所编写的《新中国中小学教科书建设史研究丛书（1949—2000）》回顾了我国现代生物学课程设置与变迁的历史，包括编写依据，教材内容目录与评价等内容。叶佩珉还对人教社编印的 20 套生物学教材的演变过程进行了研究❸。

此外，在一些生物学教学法、生物学教学论的著作中也对教科书的发展历程有所提及。刘丽群、吴雪燕❹、郑小毛❺、王颖❻、付雷❼、刘玲、姜宇对生物教科书中的生物学内容变迁进行了评价和研究。

2. 生物教科书比较研究

比较研究主要包括我国生物教科书的比较和中外教科书的比较两方面。分析相关文献可知：第一，发表相关文章的刊物主要有《生物学教学》《生物学通报》《中学生物教学》《外国中小学教育》《教育理论与实践》《课程·教材·教法》等刊物。第二，我国生物教科书的比较研究主要集中在不同版本教材的比较、不同地域生物教科书的比较研究和不同历史时期教科书内容比较研究。不同地域的比较主要有对我国台湾教科书进行分析❽，对我国内地和我国香港❾、我国大陆和我国台湾教科书❿的比较研究。对不同出版机构出版的版本进行比较研究，如对高中生物学教材中物种的定义⓫、实验内容⓬、同一内容专题⓭、不同版本的绪论⓮等进行比较，以此发现不同教材的特

---

❶ 谭永平. 清末中学博物教科书中进化论内容的演变及其社会影响 [J]. 课程·教材·教法，2012，32（2）：76-80.

❷ 刘恩山，张海和. 建国以来我国中学生物学课程简要历史回顾 [J]. 生物学通报，2007（10）：37-41.

❸ 叶佩珉. 生物学课程教材改革探索 [M]. 北京：人民教育出版社，2002.

❹ 刘丽群，吴雪燕. 新中国生物教科书 60 年之演进 [J]. 湖南师范大学教育科学学报，2011，10（2）：19-22；47.

❺ 郑小毛. 中学生物教育百年兴衰史 [J]. 中学生物教学，2004（5）：4-5.

❻ 王颖. 我国中学生物教科书微生物学内容的百年变迁 [J]. 课程·教材·教法，2015，35（6）：103-108.

❼ 付雷. 中国近代中学生物学教科书的知识体系评价 [J]. 生物学教学，2018，43（1）：8-11.

❽ 刘晶婷. 台湾康轩版国中《自然与生活科技》教科书分析 [D]. 上海：上海师范大学，2019.

❾ 韩梦. 大陆与香港高中生物教科书实验部分的比较研究 [D]. 曲阜：曲阜师范大学，2018.

❿ 秦媛. 人教版与台湾康熙版高中生物教材的比较研究 [D]. 兰州：西北师范大学，2017.

⓫ 王鹤颖，张敏，韩娜，等. 对高中生物学教材中物种定义的比较及评述 [J]. 生物学教学，2019，44（10）：64-65.

⓬ 廖涌权. 初中生物学六种教材中"光合作用"实验的比较 [J]. 生物学教学，2018，43（8）：52-54.

⓭ 洪振，滕丽冲. 不同版本高中生物教材中实验内容的比较分析 [J]. 教学与管理，2017（22）：57-59.

⓮ 龚大洁，杨国锋. 对 5 种版本高中生物教材"绪论"的比较分析 [J]. 中学生物教学，2012（11）：38-40.

色，促进教学理念的落实，为教科书的进一步修订提供参考。张迎春、崔鸿❶、剡晓婷❷等都进行过相关研究。第三，中外生物教科书的比较研究主要集中在中国与美国、日本、英国等几个国家生物学教材的比较研究。例如，研究人员对中国和英国高中生物学教材结构进行分析比较❸、对中国和日本生物学教材中探究活动的设计进行比较❹、对中国和美国科学教科书中科学史内容进行比较❺等。总体来说，中外生物教科书比较研究主要集中在课程标准、教学内容及呈现方式的比较，以此开阔研究视野，为教科书研究提供新的国际化视野，为我国生物教科书的发展提供借鉴。

3. 生物教科书编写研究

生物教材编写研究是生物教材的一个重要课题研究。这一主题包括四个方面：编写生物教科书的原则、内容选择的组织、具体材料的编写和修订。在编写教科书时，学者依据的是以核心素养为基础编写教材的基本原则，并综合融入了学科核心素养的策略❻。有学者对人教版高中生物课标教材的"问题探讨"栏目进行重新设计❼；有学者从教材的价值定位、内容选择、组织原则等方面探讨了中学生物教材编写的基本理论问题❽；有学者对开始使用新版教材修订情况进行介绍❾，对教科书图文整体设计进行思考❿。可见，对教科书编写维度的研究主要以人教社为主，人教社在中华人民共和国成立后一直从事基础教育教科书的编写和发行工作，积累了诸多的经验和编写理论。

4. 生物教科书价值取向研究

西方研究者对教科书价值取向的研究比较多样。谢弗（Vincent Schaefer）运用频度统计和内容分析法对美国教科书进行了研究和分析，麦克·F. D. 扬（Michael F. D. Young）等人提出了创建"课程社会学"，运用社会学理论和视角分析课程和

---

❶ 何瑜，张宏涛，崔鸿. 人教版与浙科版高中《分子与细胞》教材栏目设置的比较分析 [J]. 生物学教学，2011，36（12）：17-18.

❷ 剡晓婷，杨淑萍，马伟琴. 人教版、苏教版高中生物教材比较分析 [J]. 教学与管理，2016（7）：52-55.

❸ 张群喜，张松. 基于ISM法的中英高中生物学教材结构的分析与比较——以"变异与育种"内容为例 [J]. 生物学教学，2020，45（1）：9-13.

❹ 林青. 中日高中生物教材"探究活动"设计的比较研究 [J]. 教育理论与实践，2018，38（8）：37-40.

❺ 王健，张前进. 中美科学教科书中科学史内容的比较研究——以高中"分子与细胞"主题为例 [J]. 湖南师范大学教育科学学报，2016，15（2）：45-50.

❻ 孟媛. 基于学科核心素养的高中生物教材编写探索与实践 [D]. 上海：上海师范大学，2017.

❼ 郑兆炯，王永胜. 人教版高中生物课标教材"问题探讨"栏目的优化设计研究 [J]. 课程·教材·教法，2015，35（5）：103-108.

❽ 赵占良. 中学生物学教材编制的基本理论问题刍议 [J]. 课程·教材·教法，2011，31（1）：55-63.

❾ 谭永平. 人教版《普通高中教科书生物学》修订情况简介 [J]. 生物学教学，2019，44（10）：10-14.

❿ 包春莹. 关于高中生物教科书图文整体设计的思考 [J]. 课程·教材·教法，2017，37（10）：110-114.

教材，可以说是开创了教科书价值分析的先河。从教科书价值取向研究来看，迈克尔 W. 阿普尔（Michael W. Apple）是最重视教科书思想分析的人物。此外，安杨（J. Anyon）、弗兰兹等多位学者都有基于教科书价值的分析框架和研究成果❶。在国内，较早对教科书价值取向开展研究的是台湾学者，詹栋梁、陈伯璋、欧用生、黄政杰等学者的文章都不同程度地对教科书价值取向进行了分析。大陆学者吴康宁、吴永军、曾天山、刘云彬、朱晓斌等对教科书的价值取向进行了研究。其中吴康宁提出了课程的价值认同和课程的价值赋予的概念，并进一步提出让教科书成为课程的价值赋予（即观念载体）的方式为数量差异和形象塑造❷。吴永军在其著作《课程社会学》中，列出了一个教科书分析的类型表，至今被很多学者使用❸。近几年教科书价值取向研究逐渐成为一个研究热点。分析已有文献可知，首先，大多研究集中在人文学科，比如语文教科书价值取向、历史教科书价值取向，而对于理科教科书价值取向研究很少。就学科角度而言，这是不利于理科教科书研究纵深发展的。因此，有必要对生物教科书价值取向透视一番。其次，教科书价值取向的研究主要集中于某一套教科书或教科书的一部分，如选文分析、习题价值取向研究等，缺乏系统的回顾与审思。最后，生物教科书价值取向研究很少被涉及。只有较少硕士论文对生物教学中人文精神或人文素质进行了相关研究，所以，对生物教科书价值取向进行系统的回顾与分析，对生物教科书的发展与改进是十分必要的。

关于生物教科书价值的研究主要包括三个方面。

首先，教科书价值取向研究。教科书既是知识、技能的载体，也是观念的载体。所以，教科书不可能保持价值中立，而必然蕴含一定的价值取向。概括来说，相关研究主要集中于语文学科，占总数的一半以上。对教科书价值取向的研究主要集中于某一时期语文教科书或教科书的一部分，如选文分析、习题价值取向研究等。此外，部分研究集中于教科书价值取向的比较研究，历史教科书、地理教科书、思想品德教科书等也有价值取向分析。

其次，生物教科书价值取向研究。生物教科书价值取向研究很少涉及。杨守菊从人文教育实践的角度阐述了人文性是生物教育的灵魂，目标追求和主要内容之一❹。分析相关文献可以看出一些学者从生物学课程改革领域、课程实施、教科书等比较视角透射出一定的价值取向，如生本取向、实践取向、国际理解取向等。第一，生本取向的教科书编写。随着新课改的实行，人本主义越来越受到课程领域学者的关注。在生物学方面，特别是教科书的编写，人本主义价值取向越来越受到重

---

❶ 阿普尔. 教科书政治学 [M]. 侯定凯, 译. 上海: 华东师范大学出版社, 2005.
❷ 吴康宁. 教育社会学 [M]. 北京: 人民教育出版社, 2014: 332.
❸ 吴永军. 课程社会学 [M]. 南京: 南京师范大学出版社, 1999.
❹ 杨守菊. 生物教育人文论 [M]. 济南: 山东教育出版社, 2012.

视，如"走向生本"的"学材"论、教科书编写的"范例"论等❶。刘立群认为2001年教育部颁布的《全日制义务教育生物课程标准（实验稿）》中，人本主义价值取向在官方文件中得到了强调。第二，实践取向的教科书价值诉求。教科书终究是要落实到课堂中，终究要指向实践。不少关于教科书的研究，都关注到了实践问题。赵占良根据新课程标准的要求对新版教材进行了分析，他认为新版教材吸收了教师的意见和建议，继承和发扬了实验教材的特点和优势，进行了改革和创新。该教材由内容选择向呈现模式转变，呈现出重视概念教学、具有较好的适用性的新特点❷，并阐述了教材注意渗透中华优秀传统文化，落实建设"美丽中国""健康中国"的要求❸。吴志华认为，课程目标的实现与教材的编撰密切相关。新的生物课程目标包括知识目标、情感态度与价值目标、能力目标。这些目标可以推导出教学中具体操作的教学目标，应体现在教材中。生物教材结构体系包括微观层次和宏观层次。新教材的组成和组织符合新生物课程目标的内容和教学要求。

最后，国际理解价值取向的教科书。在国际理解教育以及世界的多元融合潮流趋势下各国的教科书都在寻求与其他国家的对话，一些学者认为，人教社出版的高中生物课程标准实验教科书与美国和英国具有代表性的高中生物教科书有许多相似之处，其他国家教材人性化的设计，也值得我们借鉴。此外，国际的教科书比较研究也不在少数。在比较中借鉴国外的教科书经验和智慧。孙仲平认为，人教社出版的高中生物教材（新课程标准教材）在教学资源的选编与编制上同美国和加拿大存在显著差异❹。这种差异不仅直接影响学生的学习内容和学习方法，而且可能影响学生的认知结构、思维方式和获取新知识的能力。深入研究和探索这一差异，对于推进基础教育课程和教材建设，深化基础教育改革具有深远的意义。

标题：（biology textbook），时间跨度：所有年份，数据库：WOS、CSCD、KJD、MEDLINE、RSCI、SCIELO，检索语言=自动，共计检索文献157篇。文献分析如图1-2所示。

从图1-2可以看出，有120篇集中于教育教学方面。研读相关文献可知，国际对生物教科书的研究大多集中于教科书比较、教科书分析等方面。有学者通过对五本高中生物教科书的考察，确定了科学本质的四个方面：科学是一种知识体；科学是一种调查方式；科学是一种思维方式；科学及其与技术和社会的相互作用。所分析的教科

---

❶ 谭永平. 关于教科书编写的若干论点辨析——以新课改中生物教科书为例 [J]. 课程·教材·教法, 2010, 30（5）: 72-77.

❷ 赵占良. 强化概念教学 提高教材适用性——人教版义务教育生物学教材（2012年版）简析 [J]. 课程·教材·教法, 2012, 32（8）: 40-45.

❸ 赵占良, 谭永平. 聚焦学科核心素养，彰显教材育人价值——普通高中生物学教材修订的总体思路 [J]. 课程·教材·教法, 2020, 40（1）: 82-89.

❹ 孙仲平, 唐晓燕. 中外高中生物教材资源选择与编制的比较 [J]. 教育科学研究, 2010（3）: 51-55.

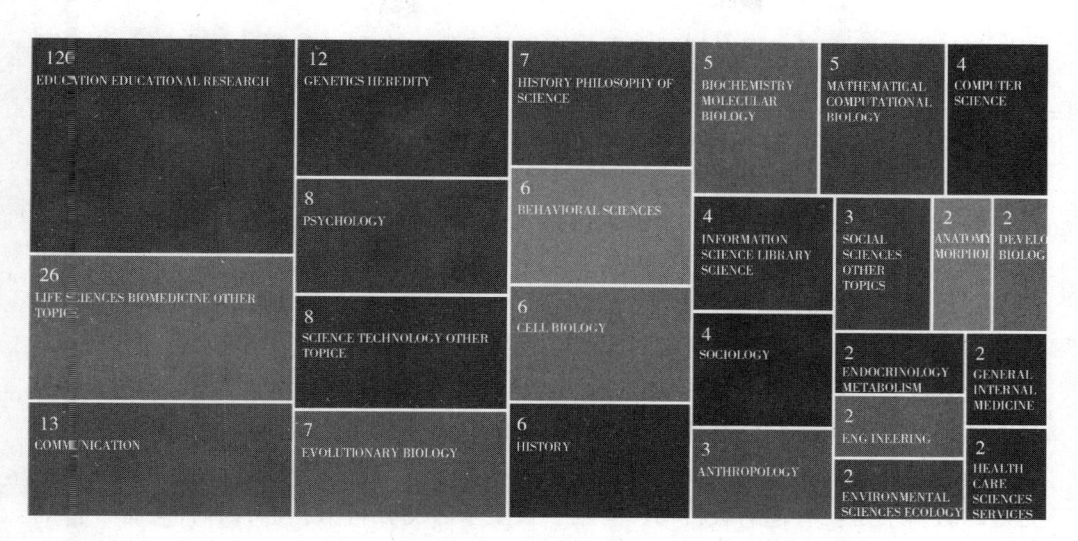

图 1-2 文献分析图

书有：生物理学学士——人类方法（Kendall/Hunt）、生物理学学士——生态方法（Kendall/Hunt）、生物生命动力学（Glencoe）、现代生物学（Holt）和 Prentice Hall 生物学（Prentice Hall Biology）。每本教科书都分析了同样的 6 个章节，分别是科学方法、细胞、遗传、DNA、进化和生态学。采用评分程序，结果在很大程度上与科恩（Cohen）的 kappa 值在 0.36~1.00 之间有良好的内在一致性。最近，在美国出版的五本生物教科书在呈现生物学与本研究中所使用的四个科学素养主题方面，比 15 年前分析的教科书有更好的平衡，特别是在投入更多的课文让学生去寻找答案、收集信息和学习科学家们如何的工作等方面。因此，这些生物教科书正在纳入国家科学教育改革指南，其中推荐了比 15 年前使用的类似教科书更真实的科学企业观❶。

俄罗斯学者奥科拉斯基，莉迪亚·亚历山德罗夫娜，介绍了社会科学和人文科学领域高中教材内容分析的结果。作者使用了施瓦茨（Schwartz）提出的价值类型学，它包括"两个价值轴-保护-开放改变"和"自我主张-关心人和自然-并描述了构成每个主题领域"的价值观，然后将这些价值观与俄罗斯价值观的大规模调查结果进行比较❷。

韩国学者杨京焕在考察价值维度对韩国近现代史和国家编著教科书积极取向的影响时，对 248 名韩国工人进行了有效、可靠的自我报告评价。首先，研究结果表

---

❶ CHIAPPETTA, EUGENE L, FILLMAN, et al. Analysis of five high school biology textbooks used in the united states for inclusion of the nature of science [J]. International Journal of Science Education, 2007, 29 (15)：1847-1868.

❷ OKOLSKAYA L. Value orientations in textbooks for high school [J]. Educational Studies, 2012, (1)：93-125.

明，集体主义和男子气概对韩国近现代史的积极取向有积极的影响；集体主义对国家自编教材产生了积极的影响。集体主义是影响韩国历史内容和认识的重要因素。此外，对韩国近现代史的积极取向也调解了集体主义与国家编写教科书之间的关系，讨论了其含义和局限性❶。朴恩珠、李准基在题为《探索职前生物教师对"好科学教科书"的价值取向——以模拟科学教科书评选委员会活动为中心》一文中，探讨职前生物教师对科学教科书的价值取向❷。具体而言，该文章关注的是科学教科书在科学课堂中的角色认知和"好的科学教科书"的价值取向。该研究以35位生物教育专业的职前教师为研究对象，在模拟科学教科书评选委员会的基础上，采用两个开放式问题，即"科学教科书"的作用和"好科学教科书"的作用，并通过不断地比较分析，对定性数据进行分析。研究结果表明，职前生物教师对科学教科书角色的认知主要分为三类角色：知识角色、课堂角色和学习者角色。参与者认为好的教科书是：有趣的教科书，有助于自主学习的教科书，包含各种教育评价的教科书，能很好地反映课程的教科书，有助于学生自我发展的教科书，设计简洁、有阅读能力的教科书。基于这些研究结果，本研究认为教师职前教育是发展教师对教科书的专业视野的需要，同时考虑到教师对教科书的价值取向和认知的多样性。

三、研究现状反思

1. 生物教科书研究的理论基础还有待挖掘

1949年以来，我国非常重视教材建设工作，取得了较多成果，但在教材研究上还缺乏经验。正如有些学者认为，关于教材原理性的思考和研究还鲜有报道❸。根据对文献的查阅以及分析，我们发现大部分的教科书研究还是流于经验之谈，如就教科书的问题而讨论教科书的问题，以及对我国与其他国家教科书的经验的比较。换句话说，教科书解读较多，教科书研究较少，而用哲学理论或其他社会学理论成系统解读生物教科书的研究则少之又少。就一些生物教科书的经验而言，没有理论的指导是很难从根本上被攻克的。因此，人们有必要对其进行理论的解读分析并提出对策。

2. 生物教科书价值取向研究迫在眉睫

价值取向对于教科书研究的重要性自不待言。现关于教科书价值取向的研究大

---

❶ YEO K. The Effect of Value Dimensions on Positive Orientation Toward Korean Modern and Contemporary History and State-authored Textbook [J]. The Journal of Humanities and Social science, 2018, 9 (2): 175-188.

❷ SEIN S, MINSU H. Exploring the Value Orientation of Pre-service Biology Teachers toward 'Good Science Textbooks' -Focusing on the Activities of the Mock Science Textbook Selection Committee [J]. Biology Education., 2018, 46 (4): 574-585.

❸ 高德胜."文化母乳"：基础教育教材的功能定位 [J]. 全球教育展望, 2019 (4)：92-104.

多集中在人文学科，比如语文教科书价值取向、历史教科书价值取向；而对理科教科书价值取向的研究很少。就学科角度而言，这是不利于理科教科书研究的纵深发展的。因此，有必要对生物教科书价值取向透视一番。

3. 对生物教科书的事实之思掩盖了价值之辨

以往的教科书研究，特别是理科教科书研究大多囿于史实梳理或总结，而对教科书史实后的价值挖掘不多，很难达到史论结合。因此，理科教科书理论价值层面的探讨就被史实的梳理遮蔽了。

4. 有机哲学对于生物教科书研究有着强烈的可借鉴性

有机哲学倡导生态、联系、整体思维，和生物学价值理念有着天然的亲缘性。再者，世界范围内都在倡导绿色生态文明，因此怀特海的有机哲学对我国当前教科书的价值取向具有引领作用。

第二章 偏重结构主义取向的生物教科书（1902—1911年）

根据对清末教科书的梳理，发现当时的教科书编写体例或指导思想都是呈结构主义式的。为了快速实现救亡图存的目的，虽想在教科书的取向上以中学为体，并进行了一定程度的本土化尝试，但不免走进了全盘西化的泥潭，体现出结构式地拿用日、德的知识体例的结构主义取向。本章包括三个部分：首先，阐述结构主义及结构主义取向的内涵；其次，阐述结构主义取向下中学生物教科书的价值表征；最后，梳理该时期生物教科书出版概况及其特点。

一、结构主义及结构主义取向的内涵
（一）结构主义

结构主义是19世纪末20世纪初兴起，到20世纪60年代后迅速发展起来的一种哲学思潮，涉及语言学、神话学、人类学、社会学、历史学、文学等多个领域，对现代西方哲学文化的发展产生了重要影响。主要代表人物有瑞士语言学家弗迪南·德·索绪尔（Ferdinand de Saussure）、法国人类学家克洛德·列维-施特劳斯（Claude Levi-Strauss）、精神分析学家雅克·拉康（Jaques Lacan）、文化思想家米歇尔·福柯（Michel Foucault）、文学理论家罗兰·巴尔特（Roland Barthes）、认识论哲学家J·皮亚杰（Jean Piaget）。这里有必要对结构和结构主义的概念进行必要的讨论。结构是结构主义的核心概念。在学术界，结构一词的概念至今也没有取得完全一致的看法。结构一词源于拉丁文"strucrura"，是各个要素按照一定的关系结合而成的整体。1870年之后，结构的概念由于变量分析及其后的拓扑学的发展而在数学科学中占据了中心地位。结构主义以应用语言学的方法论原则作为一种模式，去发现存在于现实中的规律系统，即到具体现象关系的背后寻找事物的本质结构。结构是处于永恒运动中的有机整体，结构的每个成分都有特定的功能因素[1]，而结构中的每个单位正是通过这种功能与整体连接在一起。结构的主要特征有功能性、层次性、转换性、整体性、自律性、系统性和稳定性[2]。

结构主义不仅是与许多专门科学有关的一种哲学观点，也是一种研究方法。不

---

[1] 杨丽茹. 建构主义教育理论与现代西方结构主义理论的比较研究[J]. 外国教育研究，2002（11）：27-32.

[2] 张传燧. 解读结构主义教育思想[M]. 广州：广东教育出版社，2007：3.

同领域和派别的结构主义都试图揭示对象的结构关系,并找到对象的功能规律。结构主义强调研究对象的完整性,认为该部分的意义取决于对象在整个网络中各元素的关系——结构。因此,结构主义的研究重点是对象的各种要素的关系,并不是要素自身。

(二) 结构主义取向的内涵

学术界公认的结构主义的理论体系是由克洛德·列维-施特劳斯(Claude Levi-Strauss)所确立的。但是,结构化的思考方式却早已出现。因为任何一种思想的发生发展总是要历经时间的洗礼与孕育。结构化的思考实际上就是在无序中寻找秩序,从而达到对真相与本质的认识❶。

结构主义不管是作为一种社会思潮或思维方式,还是作为一种哲学运动或研究方法都强调关系、模式、分合、层次、整体、客观。从实质上说,结构主义与其他哲学不同,它是一些社会科学家和人文科学家所共同具有的某种观点和方法——结构主义的观点和方法的总称❷。

结构主义在表层结构和深层结构中划分事物的结构。表层结构主要指事物的对外关系;深层结构是指事物的内部组织关系和本质,它支配和决定着事物的表层结构。人们只能通过形式化模式来理解它。只有抓住事物的深层结构,我们才能真正从根本上抓住事物。多数结构主义强调共时性研究方法,而忽视了历时性研究方法。一般来说,结构本身是能够自给自足和自我调整的。结构的转换规律制度是自行完成的,没有必要诉诸与结构无关的外部因素。因此,对结构的研究侧重于把握结构要素之间关系的共时性特征。大多数结构主义者还认为,结构主义是一种模拟活动,将目标符号化、公式化、模式化,用符号模式模拟目标的结构,最终掌握它。结构主义对符号模式的强调促进了现代符号学的应用和发展❸。

1. 结构的封闭性

不管是任何学科或理论的结构主义思想,都将相关领域的事物或思想的意义诉诸结构内指论。即组成结构个体的成分都相对制约,互为条件而不受任何外部因素的影响,这也造成相关领域对结构外部事物的漠视,从而体现结构的封闭性。比如,罗兰·巴尔特(Roland Barthes)指出,当作者完成写作之后便死去了。正如雅克·德里达(Jacques Derrida)的名言文本之外别无他物,文本意义只可在文本之内无限地延异。

在结构主义看来,自律性的封闭具有异常丰富的作用,并不是常识意义上的限

---

❶ 李克建. 结构主义、后结构主义与教育研究:方法论的视角 [D]. 上海:华东师范大学,2007:35.
❷ 吴民祥. 当代主要教育思潮 [M]. 重庆:重庆大学出版社,2013:23.
❸ 李德顺. 价值学大词典 [M]. 北京:中国人民大学出版社,1995:37.

制性的或枯竭的表现，而应视为具有丰富的作用❶。结构主义关注整体❷，认为整体大于要素与部分结构，整体对要素具有制约作用。正是从这个意义上，我们可以说"结构"作为整体处于永恒的运动之中，是一个有机的整体❸。

清末中学生物教科书具有一定的封闭性特征，原因在于：第一，课程仿照日本设置。第二，生物教科书内容序列的陈述是一种"自给自足"的表达方式，它依照一定的逻辑秩序完成形态学、解剖学、矿物学等不同知识的建构，很少借助外界因素辅之结构的生成。基于这样的结构思维，不同生物学内容在生成整体结构的过程中，呈现出自足的封闭性形式表达。

2. 先验性

结构主义呈现显著的先验性特征，使得人失去了中心地位，成为系统内的一个成分。结构主义均是从大处着眼，认为具体的部分无法形成应有的功能，只有所组成的结构才能揭示相关意义。且各部分不是相互割裂的，而是互相联系着的，如果离开整体，部分将不是部分。通过联系整体揭示个体，个体成为整体的附属物❹。结构主义预设模式、规律的存在，认为世界的结构性不是客观世界所固有的，具有先验性❺。可见，结构主义不赞同传统哲学中的主体中心论，它更强调，一个规则总体蕴藏在具体事物、事件和具体个人之上，即结构是更基本的存在。这样，"主体"的能动性消失了，主体幻灭了。因而，结构主义的主体观对现象学和存在主义造成了极大的冲击❻。

结构主义认为，人们认识的现象杂乱无章，必须运用"模式"以认识和把握事物的结构。而这个"模式"则是借助理智力量的结果，它或者有先提出的一个假定，或者从别的学科借用一个假定并由此得出认识的"模式"。在它看来，"事实"不会呈现"真貌"，只有借助理智的功能介入观察和说明，才能把混杂芜乱的万物整理得井然有序，掌握现象的结构。结构主义强调理智对认识事物、现象的作用，这体现了它的理性主义倾向。但它在强调理智"模式"的作用及在说明其来源时，却将它归结为理智的假定而完全排斥归纳的作用，使其"模式"与康德的"先天感性形式"和"先天知性范畴"有共通处，即先验性。这表明结构主义的理论又具有先验性。结构主义的理论特征具有下述色彩。

①就理论内容而言，是唯理主义与非理性主义兼具。一方面，结构主义关注自

---

❶ 钟启泉. 现代课程论 [M]. 上海：上海教育出版社，2006：141.
❷ 李幼蒸. 结构与意义：人文科学跨学科认识论研究 [M]. 北京：中国社会科学出版社，1996：150.
❸ 张传燧. 解读结构主义教育思想 [M]. 广州：广东教育出版社，2007：3.
❹ 钟启泉. 现代课程论 [M]. 上海：上海教育出版社，2006：140-141.
❺ 全国现代外国哲学研究会. 现代外国哲学论文集 [M]. 北京：商务印书馆，1982：252.
❻ 李克建. 结构主义、后结构主义与教育研究：方法论的视角 [D]. 上海：华东师范大学，2007：35.

然科学，运用自然科学的思维方式和认识方法考察和思考问题，其方法在很大程度上是借助现代自然科学重理性、重实证的研究方法的结果；另一方面，它又往往借助于一些明显具有非理性主义的观点来构造自己的方法论，如无意识的心灵投射，便是这种非理性特征的表现。

②就理论方法而言，是辩证法与非辩证观的合一。一方面，结构主义要求对事物、现象从关系的角度把握其结构，强调事物、现象的整体性意义，强调结构理论体系的表层与深层的联系，这些观点具有辩证性质，与唯物辩证法的整体观、系统观、结构观有相似性，并且在一定意义上深化了唯物辩证法的结构观。另一方面，结构主义片面强调结构的多元而否认其一元，强调结构的共时性而否认历时性，强调静态律而否认动态律，强调整体而否认要素，强调关系而否认构成成分，强调社会结构的"客观性"而否定人的主体性，以及它在认识论上强调理性否认感性，都表现出强烈的非辩证性特征❶。概括来说，结构主义认为事物、现象本身并无结构，结构是人心灵中无意识的结构能力投射于事物、现象中才形成的，因而结构是先验的、无意识的。

清末时期，中学生物教科书在课程设置、课程内容选择等方面都体现出先验性的特征。所谓先验性是一种不加辩驳、不加体验的形式，对国外生物学内容进行结构的引进，直接套用国外教科书模式，忽视我国教育基础和现实困境。

3. 结构的稳定性

结构主义都认为结构是固定的。由于先验的哲学旨趣，结构主义者都认为结构早已是确定无误的，有命定的色彩。正如高宣扬指出结构主义近乎固执地认为：如果各系列现象之间存在着相互关系的话，这个关系就应该是不变的、稳定的，如果它们是不稳定的、变动的，那就没有发现它们的必要。反过来，如果这些关系本身就是变动的、不稳定的，那么这些关系就失去普遍意义，也没有研究它们的可能性和必要性❷。结构主义优先考虑不变的东西。因而，结构主义极力否定具体事件和变化的重要性。而结构主义的最终目标就是发掘出决定事件和变化过程的非时间性的规则总体即"结构"❸。体现在教育领域，正如英国学者雷克斯·吉布森（R. Gibson）在其所著的《结构主义与教育》一书中把教育中的结构主义分为三类：传统结构主义、过程结构主义和伯恩斯坦的结构主义。不同的结构主义教育理论家受不同结构主义哲学思想的影响，在课程问题上存在不同的观点。结构主义教育思想颇为复杂，但具有以下共同点：首先，都将有关儿童认知结构发生、发展的认知心理学理论作为教育学理论的基础，以儿童认知结构的发生、发展为依据探讨

---

❶ 郑忆石. 阿尔都塞哲学研究 [M]. 桂林：广西师范大学出版社，2017：85-86.
❷ 高宣扬. 结构主义 [M]. 上海：上海交通大学出版社，2017：93.
❸ 李克建. 结构主义、后结构主义与教育研究：方法论的视角 [D]. 上海：华东师范大学，2007：55.

教育、教学问题。其次，都以课程、教材、教法的改革为核心或将之作为教育改革的突破口，主张教育应鼓励学生掌握学科的基本结构，促进迁移发生。最后，都十分重视儿童学习的自主性和积极性❶。

二、结构主义取向生物教科书的表征
（一）结构主义取向生物教科书特点分析

教科书作为特殊文本，其本质特征即为教诲性，因此在内容选择与设计等诸多方面具有一定特色。清末教科书知识选择与文本呈现具有何种特点，这里仅以手头的清末生物教科书为代表进行清末生物教科书特色的简要分析。

1. 家国情怀藏蕴于其中

清代，我国的科学技术发展比较迟缓，生物科学也不例外。随着中西文化交流的加强，西方近代生物学逐渐传入我国。鸦片战争以前，西方传入我国的生物学知识有限，影响较小。鸦片战争的失败，使国人深刻意识到自己的落后，不得不"师夷长技"而求自强，期望崇实学，借鉴西方通过学校教育培育人才。由此，中国近代的生物学教育和生物学课程逐渐走上舞台，拉开我国近代生物教科书的序幕。鸦片战争以后，我国被迫进一步开放，西方传入我国的生物学知识增多，内容也比以前更为广泛。生物学知识普及的重要途径是生物教科书的出版，综合分析当时的教科书，我们发现其中蕴藏着浓厚的家国情怀。教科书编写者大多怀着救亡图存的强国理想，期望通过教育途径得以实现。例如，亚泉学馆曾在其编撰的教科书绪言里写道："今吾辈之所希望于吾国者，无非欲使吾国与欧美各国列于对等之地位而已。然此希望果如何而可达乎。政治界、经济界、实业界繁博难言，吾姑就学界言之。学界之内科目繁多，吾姑就博物学科之植物学言之。东亚大陆处温带之下，大海拥其东南，大河横其东西。其中植物种类当以兆计。其已经古人之记载。今人之传述而为之名者不过千分之一，古人计之而其实物吾不知焉。今人述之而其学名吾不知焉。目所习见者，吾能呼之。能呼之矣，吾亦仅能呼之。其种属形态吾不能辨之。西国之植物字汇。可以汉名注之者寥寥焉。近世之植物学理，可以旧说证之者甚尠。英之人搜吾国之植物以为标本。置于大学，而吾无是。日之人取吾本草诸书之名目，以区别科属，而吾又不能。他国人之所知者，十百倍于吾之所自知者。夫人之为人，赖物而生。物不过三，而植物居其一。而吾于其物之生长如何，辨别如何，概付之茫然。由此观之，吾国植物学中，可谓黑暗已极矣。若吾辈欲将此黑暗者光明之。则当有千百之植物学家，散步各地，苦心搜寻，联合学会。罗列致书器，广费赀财，研旷时日，始能胜任，如此盛举，即使目今全国学者，皆注力于

---

❶ 徐辉. 课程改革论 [M]. 北京：人民教育出版社，2011：132.

此，犹恐不胜，以现在言，黑暗如是。以未来言，艰难如是。推而至于全学界，至于政治界，实业界，其黑暗与艰难，殆有甚于此者。吾不知悠久无极之时间中，有无可以副吾辈希望之一日。吾当设想至是。吾心急迫悚惧，不可言状。吾辈同志或亦闻此言而具同情。虽然，急迫悚惧，终亦无益。吾望吾辈，姑置其急迫悚惧，而以闲适快乐之情赴之，每当朝晚余暇，散步林野，品绿评红。偶得一枝逐步观察，别有会心，较之走马长安更饶乐趣。又于庭园隙地，培栽模式植物数十种，各有特别之机官。吾日夕晤对此种植物，一一依照吾所已知之学理而行，为吾作证，又时时告吾以未知之事。如吾师吾友，虽一苔一藻，一叶一梗，皆有极可爱赏之处……"❶。可见，由于时代的原因，生物学作为科学教育的重要分支，也深受实用主义影响。发展实业，富国强兵是当时科学教育的宗旨，但这都埋下了实用主义、功利主义教育的根子，深深影响了我国科学教育的发展。清末留学之风盛行，在日本者最多，美国次之，皆青年锐气之士也。诵习之余，常编辑书报，以灌输新思想新知识于国内为己任❷。

2. 教科书文本形式基本完备

教科书作为师生教学活动的主要媒介，有其文本的独特性。首都师范大学的张增田在第七届海峡两岸暨港澳地区教科书研讨会的主旨报告中探讨了教科书教学性。其指出教科书教学性包括三个方面：对话性、价值性和可操作性。这里所说清末生物教科书已经初步具备了教科书文本形式，主要是可操作性的维度。从下面整理商务印书馆出版的三本教科书、作新社出版的两本教科书、文明书局出版的三本教科书和普及书局出版的一本教科书的编辑体例和特点，或许我们可以对清末生物教科书的教科书文本的可操作性有大致了解，具体如表2-1所示。

表2-1 清末生物教科书编写体例及特点

序号	教科书名称	编译者	出版社	出版年	编辑体例及特点
1	最新中学教科书动物学	黄英	商务印书馆	1907	封面（中文页+英文）、原序、例言、总目、动物学总引、各章教学内容第一章等。书末附动物学中西名目表（8页）。竖版、章末有总论、实验要言和知识脉络图。170页，196图
2	最新中学教科书植物学	杜亚泉	商务印书馆	1906	封面（中文页+英文）、绪言、凡例、目录、内容，附录-植物记载法。竖版、章末有总论和知识脉络图。164页，265图

---

❶ 亚泉学馆. 最新中学教科书植物学 [M]. 上海：商务印书馆，1906.
❷ 戈公振. 民国丛书（第二编）文化·教育·体育类：中国报学史 [M]. 上海：上海书店，1990：165.

续表

序号	教科书名称	编译者	出版社	出版年	编辑体例及特点
3	最新中学教科书生理学	谢洪赉	商务印书馆	1907	封面（中文页+英文）、生理学绪、译例、教授要言、总目、内容、第十章附录：问题（包含各章习题）、中西名目表。竖版，270页，图64。每章首页附知识脉络图，章末附习问
4	新编植物学教科书	作新社	作新社	1903	封面、书名、版权页、例言、新编植物学教科书目录、共23章。竖版，共计70页，图63。每章后附"设问"
5	新编动物学教科书	作新社	作新社	1905	封面、新编动物学目次、19章、版权页。竖版，182页，91图
6	普通中学教科书	钱承驹	文明书局	1907	封面、例言、普通植物学教科书目次、内容、附录：植物记载法。竖版，136页，201图
7	最新初等动物教科书	华文祺	文明书局	1907	封面、例言、最新初等动物教科书目次、绪论、内容、版权页。竖版，80页，87图
8	最新植物学教科书	王葆真	文明书局	1906	封面、插图、序、原例（著者）、译例（编者）、目次、总论+编+章+附录：汉和植物名对表。竖版，植物学界之主要名词在书内设置了特别大字及顶栏内之字。章末附知识脉络图。157页，123图
9	普通教育植物学教科书	彭树滋	普及书局	1906	封面、凡例、普通教育植物学教科书目次、总论+四编+附录：实验之部。148页，133图

　　概括地说，教科书编写体例大致包括封面、版权页、绪言（凡例、序、例言等）、目录、各章和附录。教科书大多为竖版，文言体例，初步凸显教科书的教学属性。教科书的教学属性是指教科书编写者以课程标准为基本依据、通过学科知识的教学论转换，使其文本具有易教易学的特点❶。具体表现在以下几方面：首先，编写注重由浅入深，注重从学生身边实际出发，选取生活中常见的动植物，便于学生的学习和教师的教学。其次，教科书的凡例或序言中大多明确表明教科书编写的参考书目、教授意见、内容选取及特点等，以凸显生物教科书的教学操作性，有助

---

❶ 王攀峰，宋雅琴. 论教科书的内涵与属性 [J]. 当代教育科学，2018（1）：11.

第二章 偏重结构主义取向的生物教科书（1902—1911年）

于改善教师的教学实践。最后，细化教科书各种细节引领师生教学活动。教科书文本中的任何细节都蕴含着教科书编著者对教学的预期。例如，部分教科书设置了小字阅读部分供学生和教师课外或根据兴趣阅读。作新社编写的《新编植物学教科书》在每章后面附有"设问"，全书共计23章，设置"设问"23个，累计问题126道。如第一章总论章末尾有三个问题："植物为如何体质；动植两界之间，有判然区别否；生物界与矿物界之区别如何。"❶ 第二章种子之发芽章末附有设问："种子内有如何之；种皮之用如何；记牵牛花种子发芽之状态；记蚕豆种子发芽之状态；胚之营养物质贮蓄于何部分；何为双子叶植物；何为单子叶植物；何为显花植物。"❷ 上海理科书社出版的《博物学教科书》附有设问。如第一章末"何谓博物学；博物学可分为几学科；何谓生物学；生物学尚可分为几科；何谓无生物学；无生物学尚可分为几科；吾人人类属于何类；吾人人类称为万物之灵系何故。"❸ 设置问题以验证学生的学习效果，可以说是课后习题的前身。商务印书馆重要生物学词汇基本都有英文标注，并且书中注释均有引证之辞供教员查证。可见，清末生物教科书在文本设计方面渐趋细致。一些教科书设置相应的插图、顶栏设计和知识梳理图示，见图2-1和图2-2。

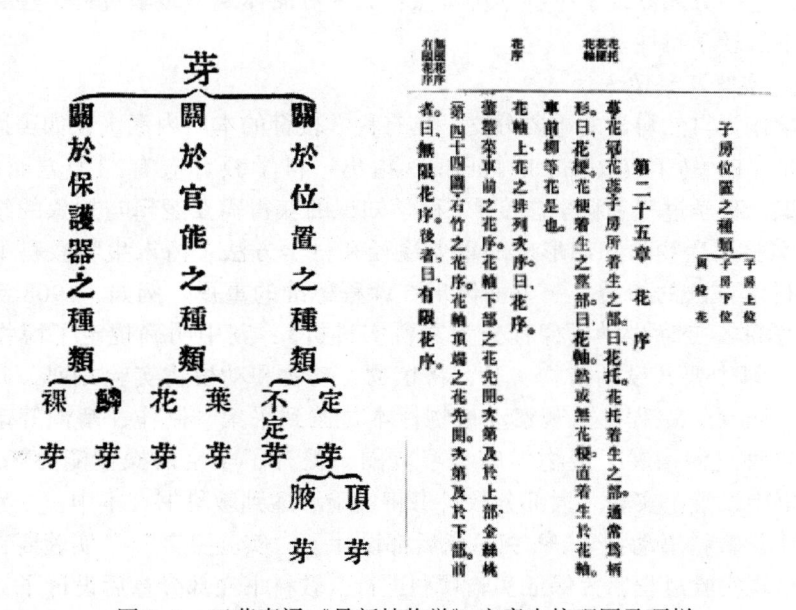

图2-1 王葆真译《最新植物学》之章末梳理图及顶栏

---

❶ 作新社. 新编植物学教科书［M］. 上海：作新社，1904：2.
❷ 作新社. 新编植物学教科书［M］. 上海：作新社，1904：5-6.
❸ 虞和寅. 博物教科书［M］. 上海：理科书社，1907：8.

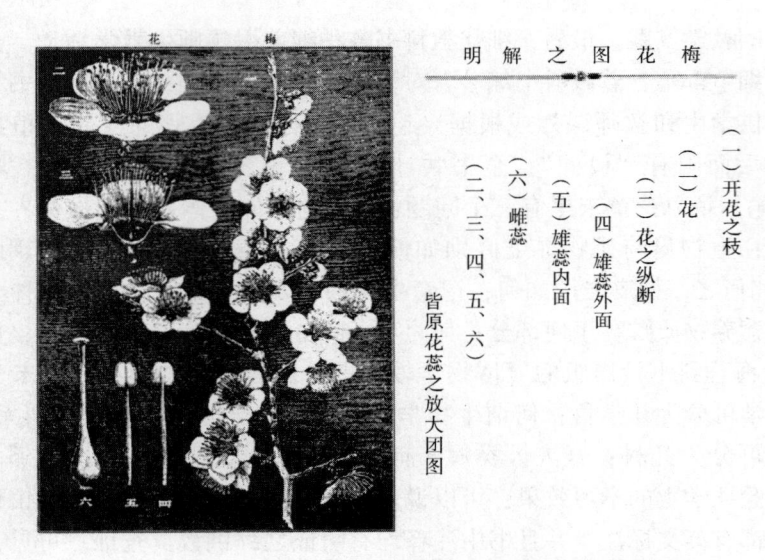

图 2-2　王葆真译《最新植物学》之插图及图解

可见，这一方面体现了生物学科特点；另一方面体现了教学过程中注重知识梳理和教科书的教学特性。

3. 重视实验及科学方法

生物学作为自然科学的重要分支，具有科学教育的本质内涵。正如美国科学教育家拉费尔·E. 马丁（Ralph E. Martin）指出：科学教育应有三个方面的内涵，即科学知识、科学过程和科学态度❶。科学知识的获得需要逻辑与想象的结合，需要证据。实验是生物学知识形成的重要途径和科学方法。清末生物教科书比较注重实验及科学方法的渗透。一方面体现在课程标准的重视。例如，1908年清政府颁布了《学部奏变通中学堂课程分为文科实科折》，其中明确规定了博物在"实科"即理工科中要开设动植物实验，将植物、动物和动植物实验并列，并设置每周6课时。可见，课程已从观察动植物标本过渡到采集、制作、解剖等动植物学实验了。这种过渡拓展了生物学的学习范围，提升了学生的操作能力❷。另一方面，教科书中设置了实验。大部分教科书将实验渗透到教科书文本中，个别教科书如《最新中学教科书动物学》❸ 在每章后都设计了"实验要言"。"实验要言"以简短的语言呈现实验过程，为保证实验顺利进行，教科书在部分章后设计了"实验要

---

❶ MARTIN,, RALPH E. Teaching Science for All Children [J]. ASIN：Allyn&Bacon, 1996: 149.
❷ 吴成军. 清末民国时期的生物学课程标准和教科书中的实验特点分析及启示 [J]. 课程·教材·教法, 2014, 34（9）: 108-109.
❸ 白纳. 最新中学教科书动物学 [M]. 黄英, 译. 上海：商务印书馆, 1907.

言", 如图 2-3 所示。

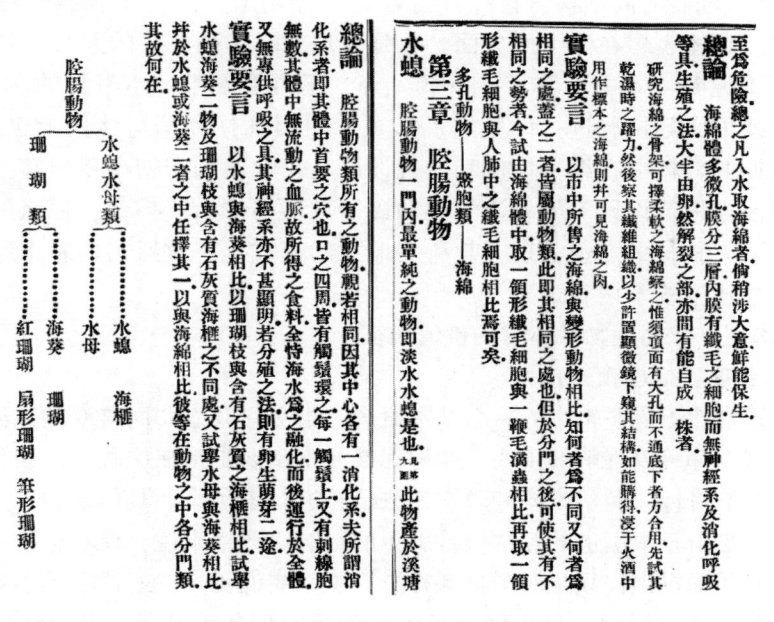

图 2-3 清末生物教科书之实验要言

可见，虽然实验的呈现方式较为单一，但在设计理念上已经突出了动手能力和科学方法等内容。

4. 借鉴与本土化尝试并行

壬寅、癸卯学制是在清政府困难当头时，为了维护自身的统治，以"强敌为师资"，学习日本教育的热潮产生的。其不可避免地存在两方面的问题：其一，是存在着严重的封建性；其二，有不少抄袭的痕迹。生物教科书的翻译也大多源自日本。清末教科书的发展无论是教科书编写者、资金注入，以及编译模本层面都折射出深深的借鉴痕迹。例如，在这一时期发展较快的商务印书馆，其扩大主要取决于四方面的原因：一是外资的注入，使商务的资本规模更加雄厚；二是日籍顾问带来了编辑教科书的经验，使得商务受益不少；三是印刷技术的进步，使商务的印刷质量明显提高；四是汇聚一批学有所长的知识分子参与，将编书、写书和出书作为影响世道人心的方式❶。可见，虽然清末生物教科书内容大多借鉴日本是有深刻的时代动因的。我们决不能因此而否定其贡献。从近代教育发展的历程来看，壬寅、癸卯学制所起到的作用确实是积极的，应该肯定。壬寅、癸卯

---

❶ 元青. 中国近代出版史稿 [M]. 天津：南开大学出版社，2011：138.

学制凝聚了当时中国许多有识者的智慧，奠定了中国近代学制的基础，具有里程碑的意义❶。随着时间推移，教科书编著者结合我国实际对生物教科书进行了本土化尝试。具体表现在以下两方面。一是表现在对多种书籍的融合。如在《生理学》中明确说到"本书借鉴了……书"等，不再局限于单本书籍的翻译和编辑，而是结合我国实际情况进行的重组。二是在内容选择和编写体例上也进行创新。例如，后期的教科书在编写体例和栏目设计上较学制颁布初期要丰富些，考虑到各种教学因素进行设计。如果说学制和最初教科书都始于模仿，那么经过近十年的发展，清末教科书逐渐实现了教科书形式的模式化，教科书的基本结构业已成型，侧重描述生物学内容。

（二）结构主义取向生物教科书的价值表征

1. 课程设置体现预设性

预设是自然语言逻辑中的一个基本概念，指交际双方共同接受的东西。预设是隐含的，双方都可以理解的东西。课程标准注重预设是指在课程标准制订之初，对于生物学教学目标、教学内容和教学方法已经进行了预设。具体来说，主要是借鉴日本学制并受由日本引进的赫尔巴特思想的影响。严格来说，课程标准一词在清末时期并没有明确提出，只是对博物课程进行了一些说明。在《钦定中学堂章程》中只明确了开设博物课程，规定博物从第一年到第四年都开设，其主要内容为博物（动物状）、博物（植物状）、博物（生理学）、博物（矿物学）。在《奏定中学堂章程》中，规定第1~2年开设植物、动物，第3~4年开设生理、卫生和矿物，每星期钟点均为2小时❷。此外，其还对博物的教法及教学内容进行了说明。例如：其植物当讲形体构造，生理分类功用；其动物当讲形体构造，生理习性特质，分类功用；其人身生理当讲身体内外之部位等。可见，在生物学开设之初，已经对生物学教学的内容进行了限定和预设。

2. 教科书内容选择以形态学为主

概览清末生物教科书相关内容，简要整理其核心内容，如表2-2所示。

表2-2 清末生物教科书概览

序号	教科书名称	编译者	出版社	出版年	主要内容
1	最新中学教科书动物学	黄英	商务印书馆	1907	八章，分别为原生动物、多孔动物、腔肠动物、棘皮动物、蠕形动物、软体动物、节足动物、脊椎动物

---

❶ 钱曼倩，金林祥. 中国近代学制比较研究［M］. 广州：广东教育出版社，1996：127.
❷ 金逸伦，夏如兵. 近代学制演变下中国生物学教育的发展［J］. 昆明学院学报，2020，42（3）：127-132.

续表

序号	教科书名称	编译者	出版社	出版年	主要内容
2	最新中学教科书植物学	杜亚泉	商务印书馆	1906	植物学总论和四篇。第一篇植物形态学、第二篇植物解剖学、第三篇植物生理学、第四篇植物分类学
3	最新中学教科书生理学	谢洪赉	商务印书馆	1907	绪言、十章。十章内容为：骨骼论；肌论；皮肤论；呼吸声音论；血脉循环论；消化与食物论；脑系论；五官论；健康与死亡论；附录
4	新编植物学教科书	作新社	作新社	1903	共二十章，内容分别为总论、种子之发芽、根、根其二、茎、茎其二、叶、叶其二、叶其三、叶其四、叶其五、花、花其二、花其三、花其四、花其五、花其六、果实、果实其二、果实其三、果实其四、隐花植物、隐花植物其二
5	新编动物学教科书	作新社	作新社	1905	十九章分别为：总论、动物分类之大意、脊椎动物总论、哺乳类、鸟类、爬虫类、两栖类、鱼类、节肢动物总论、昆虫类、多足类、蜘蛛类、甲壳类、软体动物、蠕形动物、棘皮动物、腔肠动物、原始动物、进化论之大意
6	普通中学教科书	钱承驹	文明书局	1907	绪论、四篇。第一篇植物形态学、第二篇植物解剖、第三篇植物生理学、第四篇植物分类学。
7	最新初等动物教科书	华文祺	文明书局	1907	绪论、十八章 第一章哺乳类；第二章鸟类，包括六节：鸡、燕雀、鹤鸭、啄木鸟、鸠、鸢、鸵鸟；第三章爬虫类龟；第四章两栖类蛙；第五章鱼类；第六章脊椎动物；第七章软体动物；第八章蠕形动物；第九章昆虫类；第十章蜘蛛；第十二章棘皮动物；第十三章腔肠动物；第十四章海绵动物；第十五章原生动物；第十六章动物之分类；第十七章动物体之诸机关；第十八章生物界之状态

续表

序号	教科书名称	编译者	出版社	出版年	主要内容
8	最新植物学教科书	王葆真	文明书局	1906	总论、第一编植物形态学，含二十六章。第二编植物造构学，含八章，细胞、细胞之特异含有物、导管、组织、上皮及维管束、根之组织、茎之构造、叶之构造。第三编植物生理学，包含八章，营养、同化、吸收、通发（蒸散）及呼吸、生长、运动及刺激感应、生殖、植物体诸生理作用等于动物体。第四编植物分类学，包括十一章，植物分类之二别及植物自然分类之大要、合瓣植物及离瓣植物、单子叶植物、裸子植物、蕨类植物、石松植物及木贼植物、植物及苔植物、菌植物、藻植物、植物与外界之关系、植物之分布
9	普通教育植物学教科书	彭树滋	普及书局	1906	绪论 第一编植物形态学，包括十三章。 第二编植物解剖学，含十三章，营养、吸收作用、蒸腾作用、同化作用、呼吸作用、成长、运动（其一）、运动（其二）、运动（其三）、生殖（其一）、生殖（其二）、生殖（其三）、结婚 第三编植物生理学。第四编植物分类学，包括十三章。附录实验之部：解剖学实验、生理学实验、分类学实验

概括起来，植物学内容主要包括植物形态学、植物解剖学、植物生理学和植物分类学。个别教科书介绍了植物构造学内容，王葆真的《最新植物学教科书》中加入了细胞等内容。动物学内容主要是以分类学为主，内容一般包括原生动物、多孔动物、腔肠动物、棘皮动物、蠕形动物、节肢动物、脊椎动物等。不同教科书的内容设计也不尽相同，有的包含总论和各篇，有的直接呈现章内容。知识内容的呈现有的是从低等到高等，有的从高等到低等。个别教科书中融入了达尔文进化论的相关内容。

整体来说，生物学内容以经典生物学内容为主，如形态学、分类学、解剖学、生理学等，这些教科书以植物、动物的类群、形态结构特征与功能、人体生理和卫生等基本知识为主。1907—1911年期间有10本中学博物学教科书出版，其中的5

第二章　偏重结构主义取向的生物教科书（1902—1911年）

本编写有独立的章节介绍进化理论❶。例如，1907年上海文明书局出版《动物教材》、1908年上海科学编译部出版《中等博物教科动物学》、上海文明书局出版《动物学纲要》、商务印书馆出版《新撰动物学教科书》（杜亚泉校订）、北平学部编译图书局出版《博物学·动物篇》。尽管进化论的内容所占篇幅不一，如编译部版《中等博物教科动物学》编写"进化论"有20多页的篇幅，而全书才190页❷；上海文明书局版《动物教材》"生物之进化"一章约有4页，而全书为80页❸；上海文明书局版《动物学纲要》仅在最后的"总论"对"动物之进化"进行阐述，内容仅125字，简明扼要叙述从猿猴到"放散虫"。虽然差距巨大，但它们都由共同祖先进化而来，由于演变速度不同致使差距巨大❹。但总体来说，生物进化思想进入了中学生物教科书中，对于提升学生对生命世界的理解，提高博物课的教育价值等具有一定作用。部分教材虽涉及了细胞、进化等内容，但都不够深入，但已经显露出实验生物学进入教科书的趋势。生物教科书内容的选择与学科发展紧密联系。

总体看来，清末中学生物教科书内容选择体现出明显的描述生物学取向，在内容选择过程中偏重形态学。限于当时生物科学本身的发展水平，教学内容主要以形态、结构和分类为主，但强调生理功能和生物知识的实际应用，并注意生物体之间的关系❺。教学方法则强调观察生物标本，并为教学配备实验室和标本室，但在实际运行中情况会有差异。对该时期动物学教科书进行分析可以发现，内容体系都由两部分组成，分别是"通论"（也称"总论"）以及"各论"（也称"本论"）组。

①利用通论或总论对动物学的理论进行论述，包含细胞、组织、器官系统、生殖、发生、动物与植物的异同、动物与外界的联系、生存竞争、动物的进化、动物的分布、动物与人类的关系等。

②中学阶段动物学的主要内容是以各论或本论方式介绍动物类群，在讲述动物类群时，基本上依据最高等的动物到较为低等的动物类群的顺序讲解，只有少量的教科书先从结构最简单、最原始的原生动物讲起❻。

如杜亚泉的《最新中学教科书植物学》的教学内容主要包括总论（1~4）、植物形态学（5~76）、植物解剖学（77~110）、植物生理学（111~138）和植物分类学（139~218）。可见，形态学和分类学比重较多。

---

❶ 谭永平．清末中学博物教科书中进化论内容的演变及其社会影响[J]．课程·教材·教法，2012，32(2)：76-80.
❷ 秦嗣宗．中等博物教科动物学[M]．上海：上海科学会编译部，1908.
❸ 糟谷美一．动物教材[M]．孙国光，译．上海：文明书局，1907.
❹ 钱承驹．理科纲要（第二册　动物学纲要）[M]．上海：文明书局，1908.
❺ 陈皓兮．中学生物学教学法[M]．北京：北京师范大学出版社，1987：11.
❻ 包春莹．百年中学生物教科书中的"动物们"[N]．中华读书报，2015-08-05(14).

3. 教科书图像系统以形态结构图为主

插图在教科书诞生之初就是教科书的必要组成部分，依据其不同的呈现方式和学科特点具有不同的功能。生物教科书中的插图主要是通过视觉图像来解释书中的内容，这对文本表达起到了补充作用。因此，其形象化"语言"力求准确、实用、直观。对生物教科书而言，插图所表现的准确度、清晰度和有效性是最为关键的。清末中学生物教科书基本都采取图文结合的方式。插图数量依教科书不同而不同：1903年作新社出版的《新编植物学教科书》❶ 70页，有63图；1906年商务印书馆的《最新植物学教科书》164页，有图265幅；1906年启文书局出版的《最新中学教科书植物学》179页，有图122幅；1907年商务印书馆的《最新中学教科书动物学》178页，有图196幅。图片大多为动植物形态结构图，少量模式图。插图位置均出现在课文系统中，插图类型较为单一，但突出整体性效果，如实物图和模式图结合的形式。值得一提的是，这一时期教科书插图以组图形式呈现较多，如图2-4所示。这样可以帮助学生从整体与局部认识生物学相关内容，从而体现插图的形象化功能。

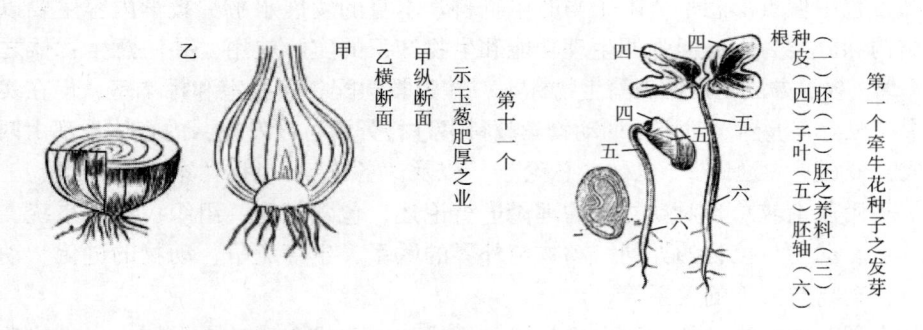

图2-4 作新社出版的新编植物学教科书插图示例

4. 教科书编著者思维范式秉持结构主义

清末生物教科书编译者主要有叶基桢、杜亚泉、华文祺、杜就田、钱承驹、王季烈、屈德泽（留日学农科）、王国维、何燏时（赴日留学）、秦嗣宗、陈用光、曾彦、岑彦、李天佐（留日）、张相瑞、虞和寅、谢骏德、胡宗楙、张修爵、王官寿、彭树滋、王葆真、凌昌焕、许家庆、廖世襄、谢洪赉、黄英、奚若、寿芝荪、王明怀、严保诚、陈学郢、姚昶绪、杨传福、侯鸿鉴、孙国光、丁福保、戴麒等。其中编辑出版较多的有华文祺、杜亚泉、杜就田、钱承驹、王季烈等。深入分析教科书编译者的学科领域可知，清末生物教科书编写者出现多元化的特征。多元化一

---

❶ 作新社. 新编植物学教科书 [M]. 上海：作新社, 1903.

方面表现为教科书编译者的职业背景较为复杂，有留学生、有教育家、有藏书家、翻译家，所学或擅长的专业也各不相同，有农学、医学、文学、哲学或兼而有之，在清末较有影响力的当属杜亚泉。作为近代著名的科普出版家、翻译家，杜亚泉在清末科学启蒙过程中所起到的作用十分重要。这不仅在于他编写了教科书，还在于其 1900 年创办中国近代首家私立科技大学——亚泉学馆，同时创办了中国最早的科学刊物——《亚泉杂志》半月刊❶，对我国近代西学东渐背景下的科学传播实践及其科学思想都有重要的现实意义。形成编辑作者多元化的原因是多方面的：第一，学制颁布初期教科书编写主要依靠民办出版机构；第二，教科书编辑者一般怀有教育情怀。但总体来看，这些编著者大多以翻译为主，在翻译过程中都注重生物学学科框架及知识体系的呈现，在一定程度上都体现出结构主义的倾向。

三、本时期生物教科书出版概况及总体特征
（一）本时期生物学课程设置概况
1. 近代生物教科书的萌芽

教科书的演进与时代背景、教育宗旨和学制息息相关，课程标准也具有规范课程发展和导引教科书内容设计的作用。因此，若想了解中学生物教科书的演进，有必要对清末学制的变迁及生物学课程设置概况进行阐述。

清代，我国的科学技术发展比较迟缓，生物科学也不例外、就反映生物学知识积累较集中的农书和医书本草著作而言，也只是到了中晚期才有一些相对出色的作品出现。赵学敏《本草纲目拾遗》和吴清任的《医林改错》等著作，都是体现我国当时动植物学知识和人体解剖学知识积累的杰作。最出色的生物学著作也许要数吴其治的《植物名实图考》，它充分显示出我国古代植物学发展的水平。《植物名实图考》是我国古典植物学发展的高峰，其插图除部分取自《救荒本草》外，基本上是根据实物绘制的，一般都比较准确可靠。欧美及本国的学者都对此书予以了高度的评价。在这之后，随着中西方文化交流的加强，西方近代生物学逐渐传入我国，下面简单地介绍一下其在我国传播的早期情况。

现代意义的教科书是伴随着学制颁布及学校应运而生的，为了增强本研究的体系性和完整性，有必要将学制颁布前的生物教科书的发展概况做一简要梳理和介绍，也有学者称该阶段为教科书的萌芽阶段。鸦片战争以前，我国实行科举制度，没有系统的科学教育。1840 年 6 月，英国向我国发动了第一次鸦片战争，这是中国近代史的开端，也是我国科学教育的开端❷。在当时开设的许多教会学校里，都设

---

❶ 王余光，徐雁. 中国阅读大辞典 [M]. 南京：南京大学出版社，2016：1127.
❷ 陈皓兮. 中学生物学教学法 [M]. 北京：北京师范大学出版社，1987：9.

有博物、生理学等生物学课程。1842年11月，英国传教士马礼逊（Robert Morrison）在澳门创办的"马礼逊学堂"（小学）由我国澳门迁到香港，在所设课程中就有生理学。北京最早的一所女校贝满女学堂成立于1864年，也设有生理学和生物学方面的课程。从1840—1900年，生物教育主要是在教会学校中进行的，教学内容带有浓厚的宗教色彩和神学观点。当时的教科书主要是从国外教材翻译而成。据考察，早在1843年，英国传教士麦都思（Walter Henry Medhurst）在上海成立墨海书馆，是外国人在华最早使用铅印设备的翻译出版机构。墨海书馆出版的与生物学相关的图书主要有《全体新论》和《博物新编》等。《博物新编》介绍了动物学等方面的自然科学知识；《全体新论》是我国第一部介绍西方生理学的著作。1858年出版的《植物学》以英国植物学家林德利（John Lindley）的《植物学基础》为底本编译而成，是西方植物学知识第一次系统传入中国❶。1880年，江南制造局翻译馆刊译了六部博物学。1889年，京师同文馆翻译的科技书籍，有的被采用为教科书，其中生物学方面的有《全体通考》（即人体解剖学）。到1887年，上海商务印书馆率先按学期编辑教科书❷。

2. 本时期生物学课程沿革的学制背景

（1）学制变迁

清末时期，随着西方传教士的涌入，国人自编教科书开始兴起，近代教科书出版市场也逐步形成。1902年颁布的《钦定学堂章程》，为我国历史上第一个学制。《章程》规定：中学堂修业四年，中学堂第3年、第4年得于本科设实业科，以教授欲就实业者，俟卒业后可入一切高等专门实业学堂。这是中国中学分科的先声。但此学制并未施行。1904年1月重订的《奏定中学堂章程》，史称"癸卯学制"，标志着中国教育真正步入了近代化轨道。修业年限由4年增加为5年，并取消实业科❸。1905年颁布上谕，废除科举制度，使得学堂教育愈受重视。1909年（宣统元年）3月，为适应学生爱好，学部《奏变通中学堂课程分为文科实科折》，实行文实分科❹。

（2）新式学校开设

新式学校在学制颁布之前就已经在各地开设。鸦片战争后，国人开始觉悟到学习西方科学技术知识的必要性。人们在各地创设新式学堂，聘请外国教习，教授各种外国语言及技术知识。但这些学堂及稍后成立的一些学堂主要教授外语、工业技术、军事，除京师同文馆于1862年添设了自然科学课程，其中包括生理学外，所

---

❶ 付雷. 中国近代中学生物学教科书研究 [D]. 北京：中国科学院大学，2015：17.
❷ 陈皓兮. 中学生物学教学法 [M]. 北京：北京师范大学出版社，1987：9.
❸ 刘英杰. 中国教育大事典：1840—1949 [M]. 杭州：浙江教育出版社，2001：156.
❹ 刘英杰. 中国教育大事典：1840—1949 [M]. 杭州：浙江教育出版社，2001：157.

授内容基本与生物学无关。1889年，广东创办西艺学堂，分为矿性、电学、化学、植物学、公法学5个专业，名额150人。张之洞认为，这5个专业足以满足自强而裨交涉。他还请出使英国大臣刘瑞芬招募五个专业的教师，聘请到葛路模（P. Groom）为植物学教授❶。光绪十九年（1893年），张之洞在湖北武昌创建了一所自强学堂，内有方言（外国语）、算学、格致、商务4个学科，其中格致学科包括物理、化学、动物、植物等课程。这是我国在学校内开设动、植物课，讲授生物科学知识的开端。

清末学制颁布前设立的学堂中与生物学教育有密切联系的，当属农务学堂。1897年5月成立的浙江杭州蚕学馆（后定名为蚕学馆），于次年开学，设正科、别科两种。正科修业2年，每年分前后两期，第一年前期有动物、蚕体生理等9门课程，后期有物理、化学等11门课程；第二年前期有栽桑、养蚕、制种、制丝等12门，后期有气象学等8门。别科修业4个月，分讲授与实习两段。随后各地纷纷设立农务学堂，如湖北农务学堂（1898年）、山西农林学堂（1902年）等。按现在的标准看，这些农务学堂均属于中等农业学校性质。而中国近代最早的官办中学则是1895年，盛宣怀奏办天津中西学堂。之后，1897年上海南洋中学之中院（二等学堂）等一些与中学堂相仿的学校，相继创办。1898年公布的《京师大学堂章程》规定，学堂分大学堂、中学堂、小学堂，"中学"名称由此而来❷。光绪二十七年（1901年），诏命全国各大小书院一律改为兼习中学、西学的学校，"各省所有书院于省城均改设大学堂，各府及直隶州均改设中学堂，各州、县均改设小学堂，并多设蒙养学堂。"❸；并明确规定"府治所设学堂为中学堂""各府必设一所中学，如能州县皆设一所最善"；还规定了中学的学制与课程。从此中学逐步发展，据学部统计，1909年全国中学达460所，其中香港部分由书院改办。随着新式学堂的发展，新式教科书的需求也日益凸显。

3. 本时期中学生物课程设置概况

我国近代设立中学并在中学开设有关生物学的课程，是从清初光绪年间开始的。1901年，《辛丑条约》签订后，面对我国人民的英勇反抗，西方资本主义改用"以华治华"的政策，表面温和而实际更加阴险。除加强教会学校外，其还鼓励清政府举办"新教育"❹。在1902年（光绪二十八年）和1903年，政府先后颁布了壬寅学制和癸卯学制，这是我国清末新学制的主要依据和在全国实际推行的学制。1902年（光绪二十八年），《钦定中学堂章程》规定中学学制四年，设置课程12

---

❶ 东元. 洋务运动史 [M]. 上海：华东师范大学出版社，1992：428.
❷ 刘英杰. 中国教育大事典：1840—1949 [M]. 杭州：浙江教育出版社，2001：156.
❸ 璩鑫圭，唐良炎. 学制演变 [M]. 上海：上海教育出版社，1991：6.
❹ 陈皓兮. 中学生物学教学法 [M]. 北京：北京师范大学出版社，1987：10.

门。该章程的推出，标志着我国近代教育制度的建立。科学课程设有3门，分别是博物、物理、化学，博物含动物、植物、生理、卫生、矿物。博物课程时间安排为第一学年讲授动物；第二学年讲授植物；第三学年讲授生理学；第四学年讲授矿物学。各学年每周都讲授2小时❶。1904年，政府颁布的《奏定中学堂章程》规定了中学堂开设的学习科目共12种，其中包括博物科。"博物"是一个综合性的名称，它的开设年级、授课范围和每周授课钟点，见表2-3。

表2-3 1904年博物科目的设置情况

开设年级	授课范围	每周授课钟点
第一年	植物　动物	2
第二年	植物　动物	2
第三年	生理　卫生　矿物	2
第四年	生理　卫生　矿物	2
第五年	无	无

博物一科的教学内容和教学方法，在《奏定中学堂章程》中也有具体规定。关于博物一科的教学内容，在这个章程中规定为："博物，其植物当讲形体构造，生理，分类功用；其动物当讲形体构造，生理习性特质，分类功用；其人身生理当讲体内外之部位，知觉运动之机关及卫生之重要事宜；其矿物当讲重要矿物之形象性质功用，现出法、鉴识法之要略。"

章程中对博物的教学方法也有相关规定。例如，凡教博物者，在据实物标本得真确之知识，可见其注重直观教学，尤其是实物的运用。或者提倡结合日常生计和各项实业进行教学，促使学生明确植物、动物与人生之关系。关于各科教科书的编辑出版，当时采用国定制和审定制并行的办法。

1909年（宣统元年），学部奏变通中学堂章程将课程分为文科、实科，其课程仍照奏定章程12门分门教授；惟12门之中就文科、实科之主要，权其轻重缓急，各分主课通习两类。文科以读经讲经、中国文学、外国语、历史、地理为主课，而以修身、算学、博物、理化、法制理财、图画、体操为通习；实科以外国语、算学、物理、化学、博物为主课，而以修身、读经讲经、中国文学、历史、地理、图画、手工、法制理财、体操为通习。中学堂的博物，第一学年讲授植物学；第二学年讲授动物学。每学年每周都讲授1小时。在实科，第一学年讲授植物、动物，以及做动植物实验；第二学年讲授矿物、生理卫生学，以及做矿物实验。每学年每周

---

❶ 刘英杰．中国教育大事典：1840—1949 [M]．杭州：浙江教育出版社，2001：310．

第二章 偏重结构主义取向的生物教科书（1902—1911年）

都讲授6小时❶。1911年（宣统二年）改订课程设置、博物的课时，文科为：第一学年每周讲授3小时；第二学年每周讲授2小时；第三学年每周讲授1.5小时。实科为：第一学年至第三学年每周讲授3小时；第五学年每周讲授2.5小时。

（二）本时期生物教科书出版总体特征

清末教科书概况统计主要基于《中国近代中小学教科书总目》、教科书资源图像库、《北京师范大学图书馆馆藏师范学校及中小学教科书书目》和《民国时期教科书目（1911—1949）中小学教材》中的关于清末1902—1911年的中学生物教科书进行了整理，如附录1所示。根据附录1的数据，分别对清末出版生物教科书的数量、出版机构和作者进行了统计分析，从中可以探析清末生物教科书出版的总体特征。

1. 出版数量较多

清末共出版63本与中学生物学内容相关的教科书，按教科书在不同时间的出版数量统计分析，如图2-5所示。

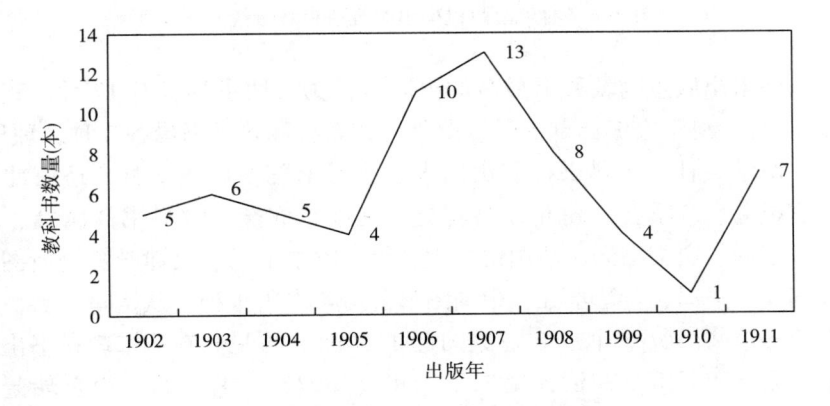

图2-5 清末生物教科书数量统计图

可见，清末生物教科书的出版情况，在1902—1905年，保持较为平稳的状态，平均每年出版5本，数量变化不大；在1905—1907年，近乎呈现直线上升态势，由1905年的4本增至1907年的13本；随后又呈现下降趋势，到1910年降至1本，1911年上升到7种。分析教科书出版的数据曲线情况，或许可以窥见清末两个学制的颁布或许对教科书的出版产生了一定影响。在一定意义上，教科书是学制颁布后的必然产物，壬寅学制颁布后教科书数量只是小幅增长，毕竟学制没有得到施行。而癸卯学制颁布之后教科书的数量实现了3倍有余的增加趋势。

---

❶ 吴履平. 20世纪中国中小学课程标准·教学大纲汇编：生物卷[M]. 北京：人民教育出版社，2001：3.

2. 出版机构众多

清末，出版生物教科书的出版机构共有 25 家，其中出版两本以上的出版社情况，如图 2-6 所示。

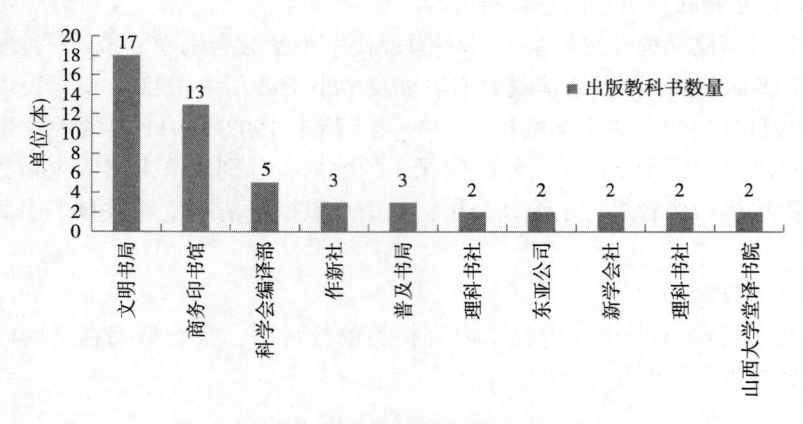

图 2-6　清末出版机构出版教科书数量统计图

可见，清末出版生物教科书最多的出版机构为文明书局，有 17 种，其次是商务印书馆 13 种，科学会编译部 5 种。此外，作新社和普及书局各 3 种，理科书社、东亚公司、新学会社、理科书社和山西大学堂译书院各出版 2 种，还有北京译学馆、北洋官报局、广学会、湖北译书官局、江南总农会、教科书译辑社、科学书局、南洋官书局、启文书局、清国留学生会馆、时中书局、天津学务公所图书课编辑、学部编译图书局、益智学社、中国图书公司各出版 1 种。从数量上看，文明书局和商务印书馆共出版 31 种，占总数的近 48.44%，可见其在清末教科书出版界的分量之重。商务印书馆是在清光绪二十三年（1897）二月十日，由夏瑞芳、高凤池、鲍咸恩、鲍咸康 4 人共同集资，在上海江西路德昌里三号创办和成立的。创办初期的商务印书馆，只是一个有几台印刷机器的印刷作坊。清光绪二十四年（1898），商务印书馆进行了出版教科书的最初尝试，他们特地聘请了谢洪赉将一套英国政府为印度殖民地编写的《印度读本》译成汉语，由商务印书馆分成上下两册出版，书名分别改为《华英初阶》和《华英进阶》，出版后大受欢迎，一周内售出 3000 本以上。又有杜亚泉编写的《文学初阶》出版后也销售良好，令夏瑞芳等大受鼓舞。商务印书馆在首批出版物获得成功后，即得以增加设备，扩大再生产。清光绪二十六年（1900），商务印书馆又吞并了一家日本印刷所——修文印刷局，并翻译和出版日本的教科书。夏瑞芳等商务印书馆经营者认为，单靠印书或译介日本教科书，不能使商务印书馆有更大的发展，如果要使商务印书馆做大做强，必须有自己出版的图书。商务印书馆于光绪二十九年（1903）成立了编译所，专事翻译外

第二章　偏重结构主义取向的生物教科书（1902—1911 年）

国书刊和筹集出版稿件、编撰教科书，并邀请张元济来主持编译所，出版了一系列译著和教科书，集聚了一批一流的编辑和作者❶。文明书局创办于清光绪二十八年（1902），创办人为无锡的俞复、廉南湖、丁宝书 3 人，初称为"文明编译印书局"，注册资本 5 万元。设立发行所于上海河南中路交通路（昭通路）口，在商务印书馆的西首❷。文明书局是晚清时期较大的印刷和出版机构，是近代较早涉入教科书出版发行的民办出版机构，在清末民初教科书的发展史上占有重要地位。作新社和教科书译辑社都是日本留学生组织的出版机构。教科书译辑社是译书汇编社的姊妹团体，主要翻译和刊行教科书。吴汝纶也曾到日本访问，视察教育，获日本上下欢迎。

3. 大多翻译自日本

清末出版的 63 本生物教科书中有 32 本原著作者来自日本，3 本教科书为翻译美国科学教科书，其他我国学者编撰的教科书虽未明确标注原著作者，但大多在教科书例言中说明了教科书编辑的梗概，大多也是在借鉴了国外教科书的基础上进行编撰的。例如，1906 年商务印书馆出版的亚泉学馆编译的《最新中学教科书植物学》的"凡例"中写道："此书系日本理学博士三好氏原著译述之中等教育植物学教科书、植物中教科书及高桥丹波柴田诸氏合译之普通植物学，白井光太郎所著之中等植物教科书互相比较其间序次，详略互异之处斟酌而从其宜。故译本与原书不同之处约百之三四。然皆有所折中非敢妄自窃易。"❸ 概括起来，清末生物教科书受日本影响较大。其原因主要是清末重视选派留日学生，学习日本先进经验。戊戌变法之后，清政府迫于形势，继续选派留学生。1899 年，清政府派往各国的留学生共 64 人；到 1900 年，留学生数量迅速增加；1900—1906 年，前后派往日本的多达数万人❹。这在一定程度上促进了我国近代科学教育的发展和社会的进步。很多留日学生参与了生物教科书的编译工作，科学会译部就是留日学生为主的编辑出版机构，这也从另一方面印证 1906 年和 1907 年生物教科书数量明显增多的原因。

4. 教科书名称不一

从教科书名称上看，博物 10 本（记录过程中，如博物动物学，计算为动物学中），动物教科书 18 本，植物教科书 20 本，生理卫生教科书 16 本。其原因主要是，清末颁布的两个学制规定的中学生物课程名称为博物，并规定博物包含植物、动物、生理卫生和矿物四类，规定了开设的学年和学时，但并未规定教科书的分科与整合。随着学制颁布之后，分科的教科书越来越多，说明科学课程在进入我国学

---

❶ 姚一鸣. 中国旧书局 [M]. 北京：金城出版社，2014：108.

❷ 同上，第 103 页.

❸ 亚泉学馆编译. 最新中学教科书植物学 [M]. 上海：商务印书馆，1906：2.

❹ 曲铁华，李娟. 中国近代科学教育史 [M]. 北京：人民教育出版社，2010：120-121.

制之后有了明确的地位。另外，出版社为了表示自己出版的图书更具有先进性和代表性，分别在教科书名称前缀"最新""新撰""新"等词。其中，以商务印书馆出版的"最新教科书"影响较大，开创了教科书编辑出版史上的众多"第一"；第一次依照学堂章程编辑，第一次按课程和年级分科编写，第一次附彩图等，为中国新式教育的迅猛发展做出了重要贡献❶。

四、对结构主义取向生物教科书的总结

清末，知识分子对西方近代生物学的认识体现出由浅及深、由表及里、由现象到本质的渐进过程。对近代生物学的认识从"技"上升到"学"，一方面有利于打破中国士绅和各阶层人士传统的中国中心观；另一方面有利于纠正国人长期以来对生物学的误解，有利于科学地传播和启迪。总体而言，清末生物教科书已经初步具备了教学文本的特征，生物学知识主要描述生物学内容，开启了生物学教育进入中学课程的新篇章。

清末民初依靠从日本间接学习生物学的方式，效果似乎不是很理想。原因是多方面的，学制建立之初的师资、基础设施和现实条件等多重因素都影响教学质量。但是，教师的知识不扎实，教育基础设施不足，不能将书本知识与实际联系起来，不能根据当地动植物等问题进行教学等问题比较突出❷。其整体呈现前期结构主义的特点。前期结构主义尤其关注结构的感知和描绘，把本质归为形式，追求并不存在的永恒的结构，试图通过建立客观事物的结构模式来表达对客体的理解，只涉及结构自身意义的生成及其结构之间的关系，忽略了事物的人文和社会因素，认为客观世界是真实的、可识别的，但是构成客观世界的事物的本质不在于事物本身，而在于事物之间的关系。从这个角度来看，早期结构主义研究缺乏历史感和现实感。

1904年，以"癸卯学制"为标志的近代学制形成后，仍存在小学教育年限过长、中学年限过短，以升学为主要目标但忽视职业技术教育，重统一性、灵活性不足等问题。同时，对日本和德国的模仿痕迹也较深，主要从结构的视角学习西方的课程编写框架，并没有从国内实际情况出发，课程设置、教学方法等等有着许多问题，而且已不能满足社会发展的需要，从而一场变革必然会发生。

---

❶ 石鸥，吴晓鸥. 简明中国教科书史 [M]. 北京：知识产权出版社，2015：34.
❷ 罗桂环. 中国近代生物学的发展 [M]. 北京：中国科学技术出版社，2014：48.

第三章 侧重实用主义取向的生物教科书（1912—1949 年）

近代中国社会异常复杂，致使民国时期思想领域也呈现出庞杂、散乱的特点。各种思想学说或多或少地波及教育活动，形成教育思潮。如科学教育思潮、职业教育思潮、实用主义思潮等，都对教育产生一定的影响。其中，实用主义哲学思想或思潮为民国教育从传统走向现代提供了助力，随着杜威实用主义在我国大行其道，当时的生物教科书呈现出典型的实用气质，教科书的实验与体验品性得到了提升。当时编著的教科书开始普遍体现出这种取向。

一、实用主义及实用主义取向的内涵
（一）实用主义

实用主义是典型的美国哲学，是美国思想对世界哲学的贡献。实用主义中最显赫的人物就是经典实用主义者查尔斯·皮尔斯（Charles Peirce）、威廉·詹姆斯（William James）、约翰·杜威（John Dewey）。作为一种社会思潮，实用主义在教育思想与实践活动中都得以体现。在教育领域影响较大的当属杜威的实用主义，也被称为"工具主义""实验主义"。正如实用主义、工具主义和实验主义的字面含义一样，杜威的教育哲学十分重视教育中知识的性质和作用。在构建其认识论的过程中，他深受达尔文进化论的影响。从亚里士多德到黑格尔，教育家们都把理性或理智看作是原初性的。因此，培养或训练理性本身就是目的。而根据查尔斯·达尔文（Charles Darwin）的理论假设，在自然界和人类社会中理智的出现相对较晚，人们将理智看作对变幻不定的环境进行有意识控制的一个手段。沿着这一路径，杜威提出了一种教育理论，即教会人们去思维。这不仅是因为思维本身是良好的，而且在变幻世界中它是解决具体问题的手段和工具。即教会人们思维，不是因为思维本身，而是因为它是解决变幻世界中具体问题的手段或工具[1]。

杜威曾于 1919—1921 年在华讲学和讲演，他的实用主义教育理论曾经在旧中国教育界盛行一时，对"五四运动"前后我国的教育改革产生了很大影响，形成一股强大的教育思潮。吴俊升在《增订杜威教授年谱》中也说：中国教育所受外国学者影响之广泛与深远，以杜威为第一人[2]。这种评议绝非纯属溢美与夸张之词，杜

---

[1] 布鲁巴克. 教育问题史 [M]. 单中惠, 王强, 译. 济南：山东教育出版社, 2012：138.
[2] 吴洪成. 中国近代教育思潮新论 [M]. 北京：知识产权出版社, 2016：165.

威来华讲学之事已过去近一个世纪,但是当我们回顾中国近现代教育改革及教育实验历程时,总是不能不提到杜威及其思想。

(二) 实用主义取向的内涵

1. 经验性

实用主义中心概念就是"经验"。实用主义者认为世界上最根本的东西是纯粹的经验,正如列宁所指出的"它宣扬经验而且仅仅宣扬经验……"。由此,对"经验"的概念加以辨识,是了解杜威哲学理论的必经之路❶。

杜威的经验观把人类经验的过程和经验的对象、把经验和自然统统包括到经验之中。也就是说,杜威的"经验"是包含人在内的有机体与环境及其相互作用的有机整体。这些观点主要通过对传统哲学的经验概念进行反思,批评传统哲学如古希腊哲学把经验与知识分离、近代二元论哲学把经验与自然分离的做法,试图弥合传统哲学的二元分离,意图在经验与自然之间、知识与行动之间建立起一座桥梁,从而为其所倡导的知行结合、关注日常的生活经验、重视科学实验的经验方法等奠定理论基础。概括地说,实用主义强调经验的连续性。所谓经验的连续性,是指人最初的经验来源于先天的能力,如做事、探究的本能与环境的相互作用。但人们不会停留于此,而是要在人的一生中不断经历、不断改变各种事物,在活动中获得新的经验,并将其增加到原有的经验上去以后,就会进而对儿童的经验进行改组、改造,使初步的、原始的、简单的经验改造不仅有可能性而且有必要性,这样才能获得经验。这种获得的经验对于儿童的成长同样非常重要,因为它是一种有教育意义和足以提高能力的经验,也具有开拓创新的意义。

根据经验连续性原则,杜威指出,教育不能无的放矢,而必须从心理学上探索儿童的能力、兴趣和习惯开始,使他们能够与环境产生互动。根据上述两大原则,并将其联系或运用到教育中来,杜威明确地指出:"教育就是经验的改造或改组。❷"把个人经验与社会经验结合起来,对于儿童的成长来说非常重要。在解决具体问题中,实用主义和实验主义方法是十分有效的。要检验一种观念或假设的真实性,人们必须进行实践:假设它是真实的,并在实践中观察这些观念和假设会产生哪些不同的结果。因此,这是一个新的教育活动理论。正如亚里士多德、托马斯·阿奎纳(Thomas Aquinas)和福禄培尔认为的那样,身体活动不仅是为了其本身的目的或实现内在能力的发展,而且因为在学习探究过程中主动活动能够发挥十分重要的独特功能。知识不再是教育的先决条件,而是教学的结果,在任何探究性活动中都是如此。

---

❶ 贾未舟,王明华. 哲学公开课:西方篇 [M]. 北京:新世界出版社,2018:97.
❷ 陈春莲. 杜威道德教育思想研究 [M]. 北京:中国社会出版社,2017:24-25.

体现在该时期生物教科书中,即重视科学方法和兴趣养成,在教学方法上注重实验、实习的作用,以及讨论法等教学方法,强调从人与自然的视角去阐述生物学知识,更多地关注对区域生物资源的有效利用等。

2. 人作为经验主体的评判标准

一是以功利价值为标准。实用主义哲学所倡导的价值观以有用性、实用性和满足人的需要为衡量一切的基准,而标准的评价体系主要以功利价值为基础。从内容上看,实用主义是"纯经验"的一部分,不认同目的和手段的价值区分,承认一切都是工具价值。实用主义者杜威认为,价值是事物与之间的关系,是在实践中达到目的的主要手段。同时,他认为价值完全或部分取决于人的经验。在"经验"的幌子下,价值与事实完全相同。实用主义从实践的视角理解真理、道德和价值的关联。实用主义认为,真理和道德并不反映现实生活的事实和规律。它们的真、善、恶,都是基于人们自身的意愿,以及它是否对人们有用。对于实用主义而言,其评价的唯一标准就是实用性。有用就是一切,一切取决于人们对结果是否满意。例如,杜威主张将生物生存和调节作为满足的标准。实用主义价值观是对美国资产阶级思维方式和生活方式的反映。

二是以实用性和实效性为基本价值尺度的价值观。经验和实际的效用是实用主义的价值论所强调的,由此人成为经验主体的评价标准,此外的一切就只是达到目的的手段和工具。实用主义价值哲学重行动、重功用、注意最直接的价值的倾向,隔断了价值与事实间的关系,很可能会走向狭隘的功利主义道路❶。实用主义价值论主张建立"科学伦理",反对价值与事实分离的情感主义观点。他们用"经验"的概念来等同价值与事实、心与物、主观与客观。他们认为道德价值也具有经验的性质,善与恶都是人类的经验。实用主义用价值的内容取代了存在问题和真理问题。詹姆士提出"有用即真理",将真理归于价值,否定了真理相对于价值的独立地位,主张只要对生活有益,这个概念就是"真",即"善"。在他们看来,真理和道德是根据人们自己的愿望和信仰而发明和创造的。

3. 不确定性

实用主义认为价值是价值活动、价值选择和价值评价,因此价值分析的中心环节是"情境"。他们指出,只有当人们处于困惑之中,不得不在几种不同的价值观间选择时,道德问题和其他价值观问题才会凸显。价值理论和评价体系仅能在每一次具体行为中产生和形成。任何价值观都是行为的目标和假设,是个体处理环境的工具和手段。价值论把个人的切身利益和需要作为价值选择的唯一依据。价值判断是对行为、事实和事件是否符合意愿、需要和利益的预测或"假设"。坚持价

---

❶ 文绍怀. 论价值研究[M]. 昆明:云南大学出版社,2017:21.

值相对主义，价值失去客观内容，评价缺乏客观标准，致使庸俗功利主义。实用主义价值论比其他任何价值论都更能反映资产阶级所追求的现实利益和需求，也体现了资产阶级注重实效的特点，在西方社会有着广泛的影响。20 世纪中叶以后，伴随着现代实用主义和功利主义的传统，出现了"情境伦理"价值理论。实用主义也传到了其他西方国家，如在英国出现以席勒（Schiller）为代表的实用主义运动。

价值的形成是个逐步生成、逐步发生的过程。传统的价值理论首先设置了一个固定的价值目标，并把对这一绝对价值的追求视为衡量个体行为是否为善的唯一标准❶。与预设相比，实用主义更重视生成。在杜威的教育哲学中所寻求的真理并不是常识意义上的普遍真理。在学校中，学生通过解决具体问题去寻求的真理是零碎的。杜威认为学习就是零碎的事情。因为世界变化莫测，致使教师无法事先就为学生安排好学习的内容，这就代替了真理是固有的普遍概念。变化和新颖的概念在杜威的教育哲学中起了作用，这种作用不同于它们在过去任何哲学体系中占据的地位❷。实用主义价值论渗透到教育领域则体现为不确定性，如生物教科书也呈现出某种不确定性特征，在实验的开设、课程资源发掘等方面具有一定的开放性。

二、实用主义取向生物教科书的表征

（一）实用主义取向生物教科书特点分析

教科书的内容是课程标准（教学大纲）的具体化，按一定的编写体系、学时的分配，既考虑教育的内容，又考虑教养的内容；注意开发学生的智力，重视培养学生的能力，分章、节恰当地进行以生物科学知识为核心的文字概括和编写。它包括生物学的基础理论、基本知识和基本技能❸。对民国时期中学生物教科书特色分析有助于从文本层面把握教科书价值取向。

1. 古典生物学内容和实验生物学内容的融合

第一，该时期生物学在课程的设计与组织实施上持综合课程观的立场。所谓综合课程观，就是将课程的科目、体系内容纳入融合轨道。这种融合强调学术科目与职业科目相结合，理论知识与实践操作相统一，儿童自由个性与社会责任相结合，从而使单一的传统课程转变为综合课程。这种课程强调社会生活环境对儿童自发地、无意识地学习的重要性，强调儿童的自然学习，强调必须根据儿童的需要和兴趣来制订课程计划。1923 年 6 月，由"新学制课程标准起草委员会"确定的《中

---

❶ 陈春莲. 杜威道德教育思想研究［M］. 北京：中国社会出版社，2017：27.
❷ 布鲁柏克. 教育问题史［M］. 吴元训，译. 合肥：安徽教育出版社，1991：135.
❸ 张汉光，周淑美. 生物学教学论［M］. 南宁：广西教育出版社，2001：5.

小学课程标准纲要》对"新学制"中有关课程改革有所落实并拓展。就其具体内容而言,受杜威的实用主义教育思潮影响很深,这在课程的规定中更为明显。如把初中课程分为六大门类,颇有"综合课程"的意味,体现了杜威"活动中心""儿童中心"的课程理论。例如,艺术课由图画、手工、音乐组成;自然课则包容了所有的理科知识。可见,课程改革体现了教育适应社会需要和儿童个性发展需要两个特点,在一定程度上映射了杜威实用主义教育学理论。这也体现出美国地方分权的教育制度的影响,即注重地方、学校和儿童的自主权。这次课程改革和当时流行于我国的各种新教学方法相互呼应,使实用主义教育理论的影响进一步渗透到教学的实践中去❶。

第二,知识内容上,增加了细胞、进化等内容,对民国时期的生物教科书内容进行大致梳理,如表 3-1 所示。

表 3-1 民国时期生物教科书内容

序号	教科书名称	出版年	教科书内容
1	中华动物教科书		第一章绪论;第二章哺乳类;第三章鸟类;第四章爬虫类 两栖类;第五章鱼类;第六章昆虫类 蜘蛛类 多足类;第七章甲壳类;第八章软体动物;第九章蠕形动物;第十章棘皮动物;第十一章腔肠动物;第十二章原始动物;第十三章动物之生活;第十四章动物之分布;第十五章进化论之大意;附录:实验及观察
2	新编植物学教科书	1913	目录;第一章樱桃;第二章问荆;第三章芸薹;第四章枸橘;第五章桑;第六章豌豆;第七章葱;第八章赤松;第九章小麦;第十章绩断;第十一章回回蒜;第十二章蒲公英;第十三章锦葵;第十四章植物之形态;第十五章果实及称子;第十六章溪荪;第十七章蕺菜;第十八章胡萝卜;第十九章马铃薯;第二十章胡瓜;第二十一章瞿麦;第二十二章大豆;第二十三章稻;第二十四章荞麦蓝;第二十五章大麻;第二十六章草绵;第二十七章食虫植物;第二十八章海州骨碎补;第二十九章香蕈;第三十章同化作用及呼吸作用;第三十一章土马鬃与地钱;第三十二章干苔裙带菜及石花菜;第三十三章石耳;第三十四章曲菌;第三十五章酵母菌;第三十六章裂殖菌;第三十七章植物之分类;第三十八章植物之应用;第三十九章植物与外界之关系;第四十章细胞;第四十一章组织及组织系;第四十二章茎之构造;第四十三章根之构造;第四十四章叶之构造;第四十五章根茎叶之生理作用;第四十六章营养生长及贮蓄;第四十七章生殖;第四十八章刺激感应及运动;第四十九章植物对于自然经济;第五十章植物之分布;附植物自然分类检查表

---

❶ 吴洪成. 中国近代教育思潮新论[M]. 北京:知识产权出版社,2016:209.

续表

序号	教科书名称	出版年	教科书内容
3	实用主义植物学教科书	1918	通论包括细胞学（1—10）、植物形态学及生理学（11—91）。各论包括植物分类学（92—407）。细胞学包括四节：细胞概论、细胞之内容、细胞膜、细胞团体。植物形态学及生理学包括四节：叶之形态及生理、根之形态及生理、花之形态及生理、果实及子实之形态及生理。各论包括植物分类学。各论分隐花植物、显花植物
4	实用主义动物学教科书		包括通论和各论。通论包括细胞及肌体、动物界之重要生活现象、动物之根本形状。各论，第一部全体自一单独细胞成者。第二部全体自所属细胞成者
5	共和国教科书植物学	1921	目录；绪论；植物形态学；植物解剖学；植物生态学；植物分类学；应用植物学
6	共和国教科书动物学		目录；绪论；第一篇动物分类学；第二篇动物形态学；第三篇动物组织学；第四篇动物生理学；第五篇运动生态学；第六篇应用动物学
7	新中学教科书植物学全一册	1923	绪论；第一编普通植物学；第二编植物通论
8	新中学教科书动物学		目次；第一编普通动物各论；第二编动物通论；第三编应用动物概论
9	现代初中教科书动物学		绪论；第一章动物各论；第二章动物通论；第三章应用植物概论
10	新撰初级中学教科书植物学	1928	绪论、编、章。第一编植物之示例；第二编物之形态；第三编植物之构造；第四编植物之生理；第五编植物之生态；第六编植物之应用
11	新中华生物学	1932	绪论；各章：生物界、细胞、组织器官、生物的营养作用、生物的感应作用、生殖、发生、遗传、生物与环境之关系、进化、人类
12	新学制初级中学教科书自然科学（1—4册）	1933（国难后第三版）	第一册内容包括总论（自然界；生物和无生物；动物植物和矿物。）；第一章植物的外观；第二章动物的外观；第六章植物的生长；第七章动物的生长。第二册中第八章为生物对于自然界的感应和适应。第四册生物学内容包括生物体的组成和生殖、生物的种类、生物界相互的关系、生物的进化四章内容

续表

序号	教科书名称	出版年	教科书内容
13	复兴初级中学教科书动物学上册	1934	目次；绪论；动物的繁殖；鸟类；爬虫类；两栖动物；鱼类
14	植物学		绪言和四章。第一章植物的形态；第二章植物的分类包括两个部；第三章植物的生理；第四章植物与人生
15	复兴初级中学教科书动物学下册	1935	第七章节肢动物；第八章节肢动物（续）；第九章软体动物；第十章棘皮动物；第十一章环形动物；第十二章圆形动物；第十三章扁形动物；第十四章腔肠动物；第十五章海绵动物；第十六章原生动物；第十七章结论
16	复兴初级中学教科书植物学	1937	上册：第一章绪论；第二章植物的基本构造，器官、组织、细胞；第三章根；第四章茎；第五章叶
17	复兴初级中学教科书植物学		下册：第六章花；第七章果实；第八章种子；第九章藻菌植物；第十章苔藓植物；第十一章蕨类植物；第十二章种子植物

从表3-1可知，生物学内容整体仍以分类学和生理学为主，但同时不同教科书增加了生态学内容、进化及细胞的内容，但内容主体以经典生物学为主体。可见，生物教科书的内容与生物学学科的发展紧密相关。

第三，在知识的组织形式上结合了学生的心理特点。例如，很多教科书都渗透了动物与人生的关系、植物与人生的关系，对于动物学和植物学的分类学内容在教科书中的先后顺序也本着从日常习见的顺序进行展开，即由日常熟悉的生物入手进行学习。

2. 选材本土化

尽管清末时期我们对国外教科书的引进体现出较明显的借鉴倾向，但同时也进行了本土的尝试。民国时期的生物教科书则在教科书选材本土化层面上体现得更为明显、深入。例如，在初级中学自然科暂行课程标准（混合的）的教材大纲里对教材内容进行了大概规定，以第一学年秋季第一学期为例，具体如下：学校园中之植物；蚊及其幼虫；本地之最好树木；蚋及幼虫；吾国主要之谷类；蝇；吾国主要蔬菜；蜂；吾国主要果品；昆虫生活史之研究；叶之蒸发；动物之呼吸；种子；坚果；池鱼；菌类植物；动物之蛰伏；红叶；市上之笼鸟；植物之纤维；动物之毛革；有块茎根茎之植物；鸟类之迁徙；落花生；植物标本采集保存法；甘蔗；冬日之针叶植物；本地之普通哺乳动物；衣服与纺织品；冬日落叶之乔木；用具及研究法。可见，课程标准在对生物学教科书内容进行规定时，有意识地凸显具有本国特色的生物学内容，同时渗透了学校资源的利用理念。这既有利于生物学教学中实验材料的获得，也更有利于培养学生的爱国情操。1932年，高级中学生物学课程标准的目标中也明确提到,使学生了解动植物界分门别类的概要及中国特产。可见,民国时期生物教科书强调选材的本土化和地域特质。根据前面分析可知,民国时期生物教科书在数量上有显著增加。而这也从另一个层面印证了民国时期生物教科书本土化的缩影,科学知识教育过程越来越贴近学生实际生活。如贾祖璋的《初中植物学教本》的编辑大意中明确指出:本书叙述时所用的例证,均采取有实用关系的、常见的和我国特产的植物,免蹈浮泛空疏之弊❶。杜亚泉的《新学制初级中学教科书自然科学(第一册)》的编辑大意表明,该书编写于三个标准:一是习见的事物、为吾人所当理解的;二是与个人生活关系密切的;三是对我们在思想和社会生活上有重要关系的——总以毕业后可供实际应用的为主❷。陈纶和华汝城编辑的《初中动物学》对于本国的特产动物,收集材料,尤不厌其详❸。《新中华自然教科书》内容中包括校园中的植物、我国的主要蔬菜、我国的主要果品、应用植物等内容❹。以上都体现了教科书内容选择和呈现的本土化倾向。

3. 重视实验教学

民国时期中学生物教科书知识内容由形态学、生理学及实用方面组成,并渗入细胞学说和进化论等相关内容。同时,生物教科书非常重视实验教学。主要体现在以下三方面。

第一,编辑大意中明确标示出实验的目的与功能。如贾祖璋的《初中生物学教本》的编辑大意中这样写道:"除绪论外,每章末端附有简单的实验,补充讲授的不足,并引起学者自动研究的兴趣。实验除室内实习外,又注重野外观察,以养成学者实地考察的习惯,并增加学者对自然界的认识。本书于每一实验中,又附有各种问题,使学者对实物产生疑问,以培养研究的能力,同时对于教本上所叙述的事实,与以复习。本书中的实验,该用五号字排印,教授时可按学校的设备和环境情形,酌量去取,不必一一举行。"❺ 其明确标示了期望通过实验弥补讲授的不足,从而引起学生研究兴趣的实验教学的目的。

第二,教科书中设置实验的数量有所增加。如《复兴初级中学教科书植物学》上下册有33个实验。此外,一些教科书将生物学研究方法单列一节进行阐述。如《新中华生物教科书》在绪论的第二节即为研究生物学的方法。用5页篇幅介绍了分类整理的方法、比较研究的方法、实验的方法、综合推理的方法❻。同时,出现

---

❶ 贾祖璋. 初中植物学教本 [M]. 上海:商务印书馆,1933:编辑大意.
❷ 杜亚泉. 新学制初级中学教科书自然科学(第一册)[M]. 上海:商务印书馆,1933:编辑大意.
❸ 陈纶,华汝城. 初中动物学(上册)[M]. 上海:中华书局,1937:初中动物学编例.
❹ 华文祺,华汝城. 新中华自然科学(第一册)[M]. 上海:中华书局,1939:初中动物学编例.
❺ 童致梭,周建人. 复兴初级中学教科书 [M]. 上海:商务印书馆,1932:目录.
❻ 陈兼善. 新中华生物学全一册 [M]. 上海:新国民图书社,1932:7-11.

了专门的实验法图书，如龚礼贤、陈震飞编的《高级中学教科书生物学实验法》以26 章篇幅，依据教育部颁布的课程标准编辑而成，期望实验和理论可以相辅而行。书中的实验材料多采取我国各地最普通之种类为代表❶。

第三，课文系统阐述中有所体现。实验出现在教科书文本的位置有所不同。如在马君武编译的实用主义植物学教科书中是这样阐释植物细胞的："以细水点置玻璃片上，再以小钳置水绵少许或他树叶之薄截片于其中，以显微镜检查之。则知一切植物费如玻璃铜铁，自同类物质构成，乃如一建筑物，以不同类之砖石木材建筑之。又如一蜜蜂窝，内具无数只蜂房，是为植物细胞❷。"以《复兴初级中学教科书植物学》为例，该书依照 1936 年教育部修正的初级中学课程标准植物学教材大纲编写，共分 12 章，前 8 章叙述高等植物的形态、生理、生态等，使学者对于植物的生活原理和繁殖方法充分地了解；后 4 章叙述植物界的大概情形，使学者对整个的植物界有相当的认识。此外，本书除绪论外，每章末端都附有简单的实验，以补充讲授的不足，并引起学者自动研究的兴趣。本书除文中附注各项专名外，并于书末另附汉英名词对照表，以供教员的参考。具体实验内容包括：显微镜的实用；细胞的构造；细胞的各种形式（材料和观察）；根的构造；渗透作用；扩散作用；根的种类和变态；根的屈地性屈水性和背光性；茎的形式（观察：到野外观察各种植物的茎。乔木和灌木怎样分别？乔木树干的形式，一共有几种？）；茎的外部形态；茎的内部构造水分的运输；食物的运输；变态的茎；叶的外形；叶的构造；日光和光合作用；光合作用的放氧；呼吸作用水分的蒸发；变态的叶。实验的内容大致包括三个部分：材料、方法、观察。个别实验只有其中的观察或材料和观察，如图 3-1 所示。

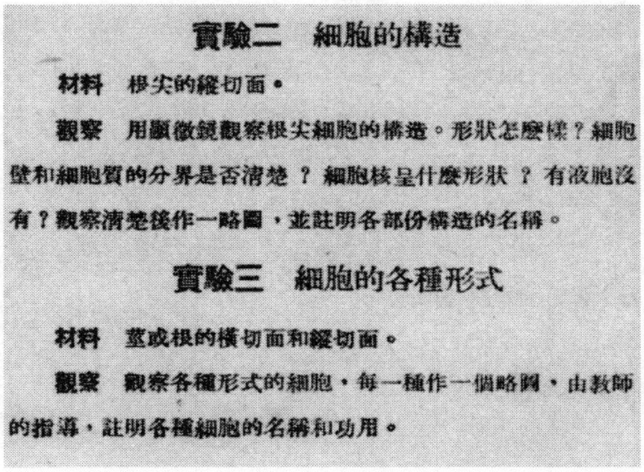

實驗二　細胞的構造

材料　根尖的縱切面。

觀察　用顯微鏡觀察根尖細胞的構造。形狀怎麼樣？細胞壁和細胞質的分界是否清楚？細胞核呈什麼形狀？有液胞沒有？觀察清楚後作一略圖，並註明各部份構造的名稱。

實驗三　細胞的各種形式

材料　莖或根的橫切面和縱切面。

觀察　觀察各種形式的細胞，每一種作一個略圖，由教師的指導，註明各種細胞的名稱和功用。

图 3-1　教科书实验插图

❶ 龚礼贤，陈震飞．高级中学教科书生物学实验法［M］．上海：商务印书馆，1934：编辑大意．

❷ 马君武．实用主义植物学教科书［M］．上海：商务印书馆，1918：1.

又如郭任远的《新主义自然科学教科书（第一册）》中指出注重实验而减少课室时间的三分之二，课室的讲解及评论的时间不能过三分之一（这部书须与实验指导书相辅而行）。实验的内容和课室里的讨论须与相互对照。

4. 注重归纳法

科学知识的表达除了概念、判断，还有推理。推理是判断之间的联系，使诸判断发生关系，最终形成结构化、条理化、层次化的认识成果。自然科学似乎并不是强调严格的逻辑推理与哲学论证，它来源于经验，经由实验加以验证，上升为定律、定理，定律、定理之间相互关联，形成科学知识体系。尽管科学判断相互联系，但它们并不存在明显的包含关系，每一判断都具有较强的独立性，可以通过观察、实验概括出来。因此，自然科学家总是忙着做实验，通过实验去证实某一理论，揭示自然的内在机制。自然科学似乎不做许多假设，重要的是关注自然的事实、发现自然的规律。牛顿曾说：我从不做假设。科学家仅仅尊重事实，借助观察与实验以发现事实背后的真相❶。民国时期中学生物教科书十分注重归纳法。如每章或每节后，将教授事项、作表汇列；随时示学生以归纳法，并引起学生对于系统地研究。全书在可能的范围内用归纳法，并引起学生对于系统地研究❷。在具体设计过程中，在章或节后设置提要，提要的功能主要是对本章或本节的内容进行脉络梳理，从而更好地促进学生对生物学知识的系统理解和记忆，如图 3-2 所示。

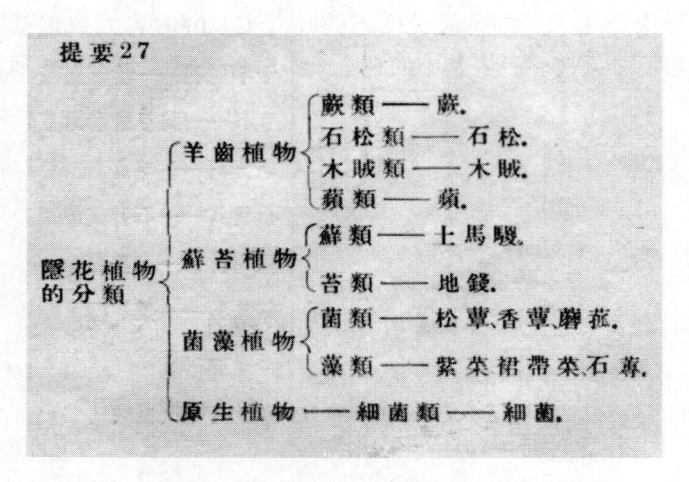

图 3-2 凌昌焕编辑的现代初中植物学教科书中的提要

---

❶ 潘洪建. 致知与致思：课程改革的知识论透视[M]. 济南：山东教育出版社，2015：128.
❷ 杜亚泉. 新学制初级中学教科书自然科学（第一册）[M]. 上海：商务印书馆，1933：编辑大意.

例如，动植物的分类、各种科学的名称、意义范围和各种原理原则等都不在开始时下定义，而于实验做完后，或于事实叙述完毕后才提出来。

（二）实用主义取向生物教科书的价值表征

1. 教科书编写人员大多受实用主义影响

经过短期地从日本移植生物学知识，进行初级的普及和初步形成一套生物学名词术语之后，国人开始准备直接向西方学习先进的生物学知识，以期生物学在我国扎根，并通过切实的研究得到发展。要引进西方生物学，建立自己有效的教育和科研体系，首先涉及人才的培养、优先发展的学科领域，以及采取的模式等方面的问题。当时从日本回来的留学生只能在教学方面发挥作用，基本上没有从事科研的。此前的钟观光、杜亚泉和黄以仁等乃至教会学校的教育工作也只能算一种铺垫，有如一首交响乐的序曲❶。依据民国时期生物教科书出版概况，对教科书编著者的学科背景及毕业院校进行查找，形成附录2。

可见，民国时期参与教科书工作的编著者众多，约有214位，按编著者来看，由高到低的前30位为薛德焴、华汝成、杜就田、杜亚泉、贾祖璋、糜赞治、凌昌焕、周建人、华文祺、陈兼善、朱隆勋、郑勉、李约、陆费执、曹非、程瀚章、龚昂云、王志清、陈雨苍、赵楷、楼培启、吴家煦、胡先骕、宋崇义、张起焕、张国璘、张珽、朱庭茂、王云五、王兼善。其中，出版图书较多的前几位著作者大多有相关的学术背景，薛德焴、费鸿年、周太玄、陈雨苍、洪式闾、王云五、郑贞文、杜亚泉和陈兼善有着与生物有关的专业背景，徐克敏有着化学方面的专业背景，顾寿白有着医学方面的专业背景。有14位教科书作者曾经出国留学过，分别是马君武、郑贞文、周昌寿、顾寿白、黎国昌、缪瑞生、洪式闾、华汝成、郑勉、陈雨苍、费鸿年、薛德焴、严济慈和周太玄。例如，薛德焴是动物学家，曾留学日本宏文学院，又以官费考入日本国立帝国大学动物系。华汝成，江苏无锡人，1924年毕业于日本东京国立文理科大学生物系，次年在日本京都帝国大学农学院研究植物学等。依据对编著者学术背景的分析，可以发现民国时期生物教科书编著者具有明显的学术取向，这也对生物教科书教学内容的科学性有了一定把握，为自编教材提供了可能。

20世纪初期，我国开始选派学生到西方学习生物学。其间有一个事件值得注意，就是西方"庚子赔款"的退回。1908年，美国利用退还庚子赔款开办赴美留学事业后，一些欧洲国家开始仿效，我国到西方留学的学生迅速增多。具体就生物学而言，美国的影响无疑是最大的❷。其中一个很重要的原因就是他们利用

---

❶ 罗桂环. 中国近代生物学的发展 [M]. 北京：中国科学技术出版社，2014：102.
❷ 费正清. 美国与中国 [M]. 北京：世界知识出版社，1999：313.

退还的赔款资助了大批青年学子到美国高校学习，这些青年在学习期间很容易对母校产生好感。学成回来后，根据美式的学术理念和价值观，仿照美国的模式或标准建设高校生物系和科研机构，并利用类似的研究手段和方法，同时与母校保持着密切的联系（包括合作）❶。如康奈尔大学的秉志是我国近代生物学主要奠基人，1920年回国。在美学习期间，他进一步认识到科学对于复兴国家的重要性。1915年，与同在康奈尔大学留学的周仁、赵元任和任鸿隽等同学共同组织"中国科学社"。目睹山河破碎，内忧外患，兵连祸结，他和同时代的不少学者一样，将科学视为救国的法宝。可以说，从他在康奈尔大学学习开始，就矢志不渝地推行"科学救国"理念，并起草了《新学制课程标准纲要》中的高级中学第二组必修的生物学课程纲要。此外，留学哥伦比亚大学、芝加哥大学、哈佛大学等的留学生也比较多，这些都对我国生物学教学和研究起到了促进作用。

1948年，中央研究院评定的生物组院士共有25名，加上当时位列数理化组的生物化学家吴宪，总共26人。其中18人是在美国留学归来的学者，超过总数的三分之二，他们是秉志、陈桢、张景钺、钱崇澍、胡先骕、戴芳澜、邓叔群、袁贻瑾、张孝骞、陈克恢、汪敬熙、汤佩松、殷宏章、李先闻、俞大绂、蔡翘、吴宪、王家楫❷。其中，秉志、胡先骕、王家楫等多位学者都参与过课程标准或教科书编写等相关工作。

2. 课程目标关注知识、能力和方法三个维度

清末的生物学课程标准中并没有体现课程目标的字样，概括民国时期课程目标的内容和呈现，可以发现其具有不断细化的特征。具体表现为两个方面。

第一，课程目标从无到有，从繁多到精炼。课程目标是通过教学所要完成任务的指标体系。确立课程目标，主要有以下三个方面的意义。首先，课程目标是学校培养目标在该科目中的体现，它反映了教学内容的方向和性质。其次，课程目标是制订该门课程的出发点。只有确立了课程的目标，该门课程才能以此为尺度选择相应的教学内容，构成一定的结构，编排成一定的顺序，不明确课程目标，便无法制订该门课程的具体内容。最后，课程目标是课程评价的依据。课程评价是对教学内容的评价，进行评价要有参考物，评价的参考物就是课程目标的指标体系。确定的教学内容如果与课程目标相吻合，就说明正确地确立了教学内容，否则，就需要加以修正，这就是课程目标对评价的意义。

第二，课程目标逐渐细化，包含知识、能力和方法三个维度。民国时期颁布的

---

❶ 竺可桢. 竺可桢全集：第三卷 [M]. 上海：上海科技教育出版社，2004：86-89.
❷ 罗桂环. 中国近代生物学的发展 [M]. 北京：中国科学技术出版社，2014：120.

生物相关的课程标准有 25 个。概括分析这些课程标准中的课程目标部分可以发现，其具有以下两方面特点。一方面课程目标从无到有。其中，1912 年的《中学校令施行规则》和 1913 年《中学校课程标准》中都没有明确地提出课程目标。在 1923 年《新学制课程标准纲要》初级中学自然课程纲要的第一部分为目的，在之后的课程标准中的第一部分由目的更改为目标。可以看出，课程目标的发展经历了从无到有的过程。另一方面课程目标关注维度增多。结合课程标准、教学大纲汇编生物卷整理民国时期课程目标，如表 3-2 所示。

表 3-2　民国时期课程目标

时间	课程标准学科	课程目标
1923	新学制课程标准纲要 初级中学自然课程纲要	使知自然界的现象及其相互关系，以培养基本的科学知识 使知自然界与人生的关系 使知主要的自然律 使知利用自然的方法 养成研究科学的兴趣
1929	初级中学自然科暂行 课程标准（混合的）	使知自然界与人生的关系 考察自然界的普遍现象和互相的关系，使有紧要的科学常识 使知自然界的简单法则及科学方法之利用 诱掖爱好自然的情感及接近自然的兴趣 养成观察、考察及实验的能力与习惯
	初级中学植物学 暂行课程标准 （分科的，其一）	使了解植物与人生、植物与动物、植物彼此间、植物与无生物之关系 使了解植物生活之方法及对于环境之适应 使认识本土的及习见的应用的植物 使获得采集及栽培植物之初步训练 培养采集及研究植物之兴趣 培养欣赏植物之嗜好 培养自动观察之能力与自动实验之精神
	初级中学动物学 暂行课程标准 （分科，其二）	使了解动物与人生之关系 使了解常见动物之形态及生态 使了解常见动物之生理作用 使有爱护有益动物及屏除有害动物之常识 使得采集及喂养动物之初步训练而培养其研究的兴趣及欣赏的嗜好 培养其自动的观察及推想事物之能力

续表

时间	课程标准学科	课程目标
1929	高级中学普通科学生物学暂行课程标准	使了解生命现象之基本原理及动植物营养、生长、知觉、生殖之原理 使了解遗产学、优生学、天演说之要旨 使了解分类学之要旨及动植物各大纲目之性质 使了解动植物与人类之关系及其应用
1932	初级中学植物学课程标准	使了解植物与人生之关系 使明了植物学之根本原理及事实 使认识本土的及习见的应用植物 引起培养采集及研究植物之志趣 使获得采集及栽培植物之初步训练 培养欣赏植物之嗜好 培养自动观察之能力
	初级中学动物学课程标准	使了解动物与人生之关系 使了解动物之形态构造及生理作用 使了解动物分门别类之概要及其对于环境之适应 使有爱护有益动物及驱除有害动物之常识 使得采集及饲养动物之初步训练，同时培养其研究的兴趣及欣赏的嗜好 培养其自动的观察及推想事物之能力
	高级中学卫生课程标准	使了解近代医学常识及公共卫生与民族健康之关系 养成学生解决生活上健康问题之能力
	高级中学生物学课程标准	使了解生命现象的基本原理 使了解动植物的形态构造及生活机能 使了解遗传学，天演论的要旨 使了解动植物界分门别类的概要及中国特产 使了解动植物与其环境的关系 使了解人类在自然界之地位
1936	初级中学植物学课程标准	使明了植物学之根本原理及事实 使认识应用植物，借以了解植物与国计民生之关系 培养学生欣赏植物及研究植物之志趣与能力

续表

时间	课程标准学科	课程目标
1936	初级中学动物学课程标准	使了解动物之形态、构造、类别及生活作用 使了解动物与国计民生之关系，并有爱护有益动物及驱除有害动物之常识 培养其采集、观察、实验、比较及推理事物之兴趣与能力
	高级中学生物学课程标准	使了解生物之基本组织及其生活作用 使了解生命现象之基本原理 使了解生物与国计民生之关系 使获得采集、观察、实验、比较及推理事物能力与兴趣
1941	初级中学博物课程标准	使了解动植物之种类、形态、构造及生活现象 使认识应用动植物，借以了解其与国计民生之关系 使明了矿物地质之大意及其与国防工业之关系 培养有采集、观察、实验及研究博物之兴趣与能力
	修订高级中学生物课程标准	使了解生物之基本组织及其生活作用 使了解生命现象与疾病的基本原理 使了解生物与民生、民族之关系及演进之现象 使获得采集、观察、实验、比较及推理事物之能力与兴趣
	六年制中学博物课程标准草案	使了解动植物之种类、形态、构造及生活现象 使认识应用动植物，藉以了解其与国计民生之关系 使明了矿物地质之大意及其与国防工业之关系 培养有采集、观察、实验及研究博物之兴趣与能力
1948	修订初级中学博物课程标准	认识人类所处之自然环境 了解动植物之生活现象、简要之形态构造及与人生之关系 了解地质、矿物等大意及与人生之关系 培养观察、采集、实验、制作之兴趣及能力
	修订初级中学生理及卫生课程标准	认识人体之构造和功能 了解人体各部器官及心理之保健方法 养成正确之卫生习惯
	修订高级中学生物课程标准	使了解生命的现象及有关生命现象的原理 使了解生物构造的基本方式 使了解生物与人生的关系 使训练运用观察实验等科学的求知法

分析表 3-2 中课程目标的内容可以发现，民国时期生物课程目标一直注重生物与人生的关系，课程目标由笼统走向细致。例如，在 1923 年《新学制课程标准纲要》初级中学自然课程纲要的第一部分目的中就包括了科学知识、自然界与人生的关系、主要的自然律、利用自然的方法和养成研究科学的兴趣五方面的内容。概括起来大致包括知识、方法和情感。1929 年，《初级中学植物学暂行课程标准》（分科的，其一）中将植物与人生的关系细化为四点：植物与人生之关系；植物与动物之关系；植物彼此间之关系；植物与无生物之关系。可见，对于目标的进一步细化更有利于教材的编写和教师的教学。另外，《初级中学自然科暂行课程标准》（混合的）中增加了观察，考察及实验的能力与习惯，可见完善了课程目标的能力维度。仔细分析各时期课程目标的内容，可以发现课程目标的维度有所增多，不仅仅关注科学知识，也有态度、方法等的关注。以"初级中学植物学"课程为例，1932 年颁行的植物学教学目标与 1936 年颁行的修正教学目标条目，在量的方面由七条改作三条，在质的方面，修正教学目标更醒目简洁。比如，将原第一条"使了解及植物与人之关系"和第三条"使认识本土的及习见的应用植物"，合并为"使学生认识应用植物，借以了解植物与国计民生的关系❶"。

总体分析民国时期初中植物学的课程目标可知，民国时期教学目标已经包含知识、态度、能力和习惯四个维度。在知识方面，研究植物的功用，即其对于环境的适应和人类的关系；在态度方面，要养成学生对于植物研究的兴趣和嗜好；在能力方面，使学生有采集和栽培植物的技能，并具有观察实验的能力，给予学生以科学方法之训练。至于使学生认识本土习见的应用植物，则属于良好习惯的养成，在教学目标上，更为重要❷。

此外，课程标准细化的过程中还强化了民族性。民族性主要体现在教科书内容本土化。例如，使认识本土的及习见的应用的植物，1941 年《初级中学博物课程标准》中使学生认识应用动植物，藉以了解其与国计民生之关系。使学生明了矿物地质之大意及其与国防工业之关系。1941 年《修正高级中学生物课程标准》中规定使学生了解生物与民生、民族之关系、演进之现象。

3. 教科书知识内容强调与人生的关系

第一，时代性的体现。任何事物都无法摆脱其时代，必然体现时代特征。民国初期，教育部重新公布了民国教育宗旨：注重道德教育，以实利教育、军国民教育辅之，更以美感教育完成其道德。这里的实利教育主要是指智育，实现智育的最主要的媒介和途径就是科学类课程，课程着重进行生产和知识技能的教育。而这也为

---

❶ 杨寅初. 中等学校生物学教学法 [M]. 上海：正中书局，1937：166-167.
❷ 课程教材研究所. 20 世纪中国中小学课程标准·教学大纲汇编：生物卷 [M]. 北京：人民教育出版社. 2001：28，49.

第三章 侧重实用主义取向的生物教科书（1912—1949年）

后来的实用主义取向奠定了基础。民国时期，蔡元培参考各国的教育经验，提出实利主义教育。1913年10月，黄炎培表达不仅要解决生计问题，发展实业教育，还应当传授切合实用的知识技能的主张。同期，《教育杂志》发表庄俞文章，指出教育正当之目的，须与以物质的精神的关于生活上的准备，使学生能直接或间接地"得生活上之实用"❶。如依据1936年教育部修正的《初中植物学课程标准》《初中植物教本》中，编辑方法按照先总论高等植物的形态和生态；其次依照植物进化的顺序，从下等的至高等的，分别叙述各种重要植物的形态和生态；最后以论述全植物界的生态现象作结。本书叙述时所用的例证，均采取有实用关系的，常见的和我国特产的植物，免蹈浮泛空疏之弊。本书于每节或每章之末附列作业要项，包括观察、实验、搜集、记载、绘图、推理等项，尤注意于综合的归纳和分析的比较，借以养成学习者研究的能力和兴趣。本书编各种插图，均正确新颖，可助文字说明的不足。本书关于重要术语和植物名称，另编中西名词对照表，附于卷末，以便检查。内容包括六章：第一章概论，第二章植物的基本构造，第三章根（根的形态、根的构造、根的生活机能、根与人生），第四章茎（茎的形态、芽、茎的构造、茎的生活机能、茎与人生），第五章叶（叶的形态、叶的排列、叶的构造、叶的生活机能、叶与人生），第六章花（花的形态、花序和花的开闭、传粉和受精、花与人生）❷。可见，教科书内容一方面切合了实利主义理念，体现了时代性特征。

第二，教科书内容选择实用化。实用性的凸显是民国时期中学生物教科书的特色之一。课程内容选择突出实用功能。大部分生物教科书注意生物学的实用性，发挥生物学在利用厚生方面的作用。生物学是科学的一个分支，而近代国人学习科学，主要还是从救亡图存、发展经济、改善民生的角度出发的。由此，就不难理解，很多植物学教科书在介绍各个科属的植物时，会提到其中的实用价值、药用价值或观赏价值。有些动物学教科书在介绍某些动物的时候，也会说动物的畜力、皮毛、肉质等对人类的价值。此外，对于生物学在保健、卫生、农业、林业等方面的意义，大多数教科书都有涉及。特别是到了抗战时期，更加强调生物学与战争、医药、农业、工业等国计民生的关系。在这方面最具特色的是王志稼的《公民生物学》，前文业已述及；吴元涤与王志清合编的《北新植物学》更是以实用为特色，全书共十章，除了概论等前后几章外，中间七章按照食用植物、工艺植物、有害植物、观赏植物、药用植物、嗜好料植物和森林分别介绍，其中，食用植物又分为禾谷类、果树类和蔬菜类。此外，还有一些教科书专门列出相关章节。例如，费鸿年的《新中华生物学》在"动植物与人生"一章中，列举了有害的植物、有用的动

---

❶ 熊明安. 中华民国教育史 [M]. 重庆：重庆出版社，1997：78.
❷ 贾祖璋. 初中植物教本 [M]. 上海：开明书店，1937：编辑大意.

植物和天然资源的保护。徐善祥的《共和国教科书动物学》的第六篇为应用动物学，包括五章，分别为食用动物、役使动物、益农动物、工艺动物、药用动物❶。杜就田的《现代初中教科书动物学》同样有单独一章论述应用动物，而且增加了一类"爱玩动物"（宠物）。杜亚泉的《共和国教科书植物学》增设了一章"应用植物学"一篇中，介绍了食用植物、工艺植物、材用植物、观赏植物、药用植物及有毒植物，占用了 30 页篇幅，占总页数的 12.98 %。韦琼莹的《新生活初中教科书·植物》尤其重视植物的栽培❷。民国时期综合科学教科书普遍强调自然科的实用性。高铦等人编写的教科书名称即为《实用自然科学》，将"自然界习见事物"和"日常生活必须智识"作为重要的选材标准，在讲述方式上也是从自然界常见事物入手，渐及应用方法和基本原理❸。贾祖璋编写的《初中植物教本》上中，也注重植物与人生的关系。在每一章的末尾都附有与人生的关系的内容，如根与人生、茎与人生、叶与人生、花与人生等。叶与人生中又包括食用药用和饲料用、工艺用和观赏用。茎与人生也分为食用和药用、工艺用、观赏用、森林的利益、造林等❹。陈纶和华汝城编辑的《初中动物学》也明确指出：各种动物对于环境的适应及与人生的利害关系，或与生产事业有关的事项，编辑时均极注意❺。

韦琼莹和李顺卿编辑的《植物学》更是以生产教育为主旨，不仅在教科书内容中增加了单独一章论述植物与人生的关系，而且在内容选择的过程中也注重实用性较强的材料。在其植物学编辑大意中这样写道："在分类一章，选择习见又切于实际应用的植物作示例，将其性质，形态，类别，用途，生产相熟，并将各科特征和同科的实用植物连带列举，作初步分类的基础，俾教者可随时采择教材，学生采集植物时，亦可自由应用。在各植物的生产一项，将产地、产额、栽培法列举，使注意植物在社会有所经济价值，对于国计民生有重大关系，引起研究植物兴趣，诱发爱国思想，做实际种植的实验，养成趋向农事生产救国的精神，扫除昔日不切实用的弊病，此为本书的特点❻。"另外，该书的创新之处还在于附有重要出产物地图，使知产物与地理的关系。关于栽培的方法，也摘要列入。在植物与人生一章中，不仅有衣食住行等物质方面的条件供给，还增加了精神方面审美德行的启发，均为增强研究植物的兴趣。

4. 教科书呈现方式生活化

有学者将教科书的结构划分为深层结构和表层结构。深层结构主要指学科知

---

❶ 徐善详. 共和国教科书动物学［M］. 上海：商务印书馆，1915.
❷ 付雷. 中国近代生物学教科书研究［D］. 北京：中国科学院大学，2015：132.
❸ 高铦，等. 实用自然科学教科书（第一册）［M］. 上海：商务印书馆，1924：编辑大意.
❹ 贾祖璋. 初中植物教本［M］. 上海：开明书店，1946：53-54.
❺ 陈纶，华汝城. 初中动物学（上册）［M］. 上海：中华书局，1937：初中动物学编例.
❻ 韦琼莹，李顺卿. 植物学［M］. 台北：大东书局，1935.

识体系及其组织逻辑，表层结构则主要指教科书内容的呈现方式。前者明确内容维度，后者侧重教学维度。而一线教师在具体教学过程中，在一定程度上依赖于教科书的呈现方式来领会课程理念，以引导教学过程。所以，呈现方式的作用不言而喻。它是教科书编写者和读者之间对话的重要途径和载体。因此，它必须符合教科书的功能定位和要求，为实现教科书的编写理念而服务❶。教科书的编写特色是制约教科书内在质量的第四个重要因素，甚至可以是教科书质量赖以存在的"灵魂"❷。

民国时期中学生物教科书呈现方式呈现生活化取向，分析其呈现方式的数据，如表3-3所示。

表3-3 民国时期中学生物教科书的编写体例

序号	教科书名称	出版年	编辑体例
1	新编植物学教科书	1913	本书共计112页 本书图片共计90幅
2	实用主义植物学教科书	1918	封面、序、目录、内容、分通论和各论。植物学教科书名词表论—章—节
3	实用主义动物学教科书		竖版，484页426图，彩图32 封面、序、目录、内容、分通论和各论。动物学教科书名词表。论—章—节
4	共和国教科书植物学	1921	横版，编辑体例包括：封面、编辑大意，篇章节，知识梳理图分布在正文各处，不仅在节末。231页，209图。标点符号在下方，只有句号
5	共和国教科书动物学		横版，编辑体例包括：封面、编辑大意、目次、篇、章（节）特点：核心词汇加粗并附英文，每节后附知识脉络梳理图。240页，172图。标点符号在下方，只有句号
6	新中学教科书植物学全一册	1923	书名、彩图、编辑大意
7	新中学教科书动物学		总页数：128 图片数：102

---

❶ 卜庆刚．基于情感主义的小学德育校本教材编写［M］．长春：吉林大学出版社，2015：120．
❷ 孔凡哲．教科书质量研究方法的探索：以义务教育数学课程标准实验教科书为例［M］．北京：人民教育出版社，2008：56．

续表

序号	教科书名称	出版年	编辑体例
8	现代初中教科书动物学	1923	横版，大学院审定
9	新撰初级中学教科书植物学	1928	竖版，142 页，114 图。7 个实验。页顶附知识点脉络图，帮助学生整理生物学知识脉络。重点词汇加粗，大学院审定
10	新中华生物学	1932	横版，编辑体例包括：封面、书名、版权页、编辑大意、目次、章节。特点：标点符号的使用。核心词汇加粗并附英文，人名下有下划线，章末附问题（深海动物何以不能捕取？共生与寄生之区别何在？）部分有注释
11	新学制初级中学教科书自然科学（1—4 册）	1933	第一册以动植物矿物为主，他科为辅；第二册以物质为主，他科为辅；第三册以化学为主；第四册以理化为主，他科为辅。皆依据第八届全国教育联合会所组织新学制课程标准起草委员会制订的《初级中学自然科课程纲要》编辑。第一册：附图 160，实验 31，提要 28，问题 134。第二册：附图 155，实验 99，提要 14，问题 139。第三册：附图 49，实验 91，提要 43，问题 211。第四册：附图 198，实验 45，提要 25，问题 232
12	复兴初级中学教科书动物学上册	1934 第 62 版	横版，编辑体例包括：封面、编辑大意、目次、章、章后附问题（观察猫吃食时情状；它如何取食，如何用舌舔取附骨的肉。观察猫的牙齿，和人比较，有什么不同。）。87 页 57 图，核心词汇加粗
13	复兴初级中学教科书动物学下册	1935 第 65 版	横版，编辑体例包括：封面、编辑。184 页 128 图。（上下册累计）
14	植物学	1935	封面、版权、植物学编辑大意、目录、内容
15	复兴初级中学教科书植物学	1937	1937 年教育部初审核定，1938 年教育部初审核定本第 24 版。共计 100 页，实验共 23，插图共 94。总页码横版，白话文语体，数字页码。（依据教育部 1936 年修正《初级中学课程标准》）封面、书名、版权、编辑大意、目录、内容
16	复兴初级中学教科书植物学		上下册共计 209 页。图 182 幅。实验共计总 33 个。（上册也包括在内。）封面、书名、版权、目录、内容、附录：汉英名词对照表

第三章 侧重实用主义取向的生物教科书（1912—1949 年）

由表 3-3 我们可以清晰地看到，民国时期中学生物教科书整体的编写体例具有以下三方面特点。首先，白话文形式居多。这是自然与"新文化运动"有着密切的关系，同时教科书横板样式基本固定。其次，教科书图像系统特点也较为突出。图像系统类型也由原来的单一的形态结构图发展为图解、梳理图等多种形式。最后，部分教科书有了较为完善的实验内容和作业系统。例如，《初中植物教本》的作业要项中包括三部分内容：绘图，观察，问题探讨。如绘下列二图：一枝完全的植物，注明六种器官的名称；一个模式的细胞，注明各部分的名称。作下列观察：观察显微镜的构造，并练习使用的方法；观察各种植物的纵横断面的切片，注意各种细胞的形状。作下列问题的探讨：说明植物的各种器官和它们的功用；列表说明植物的各种组织；列表说明细胞的构造和它的含有物[1]。

1923 年，我国学制和课程的改革，在相当大的程度上移植了美国的做法，在普通中学方面，表现得尤其明显。这是我国第一次以现代教育科学为理论依据的、体系较为严整的中小学各科课程标准。此后，1929 年的课程暂行标准，1932 年的正式课程标准，均以 1923 年的课程标准的框架为基础[2]。同时，受实用主义、设计教学法等影响，民国时期的一些教科书在内容选择和内容呈现上体现出一定的教育教学理论倾向，设计更显特色。例如，1929 年郭任远编著世界书局出版的《新主义教科书初中自然科学》具有两个较为明显的特点。一是以人生为中心编撰教材。所以论述动物、植物、天文、地理或理化的现象，处处都从人类的生活出发，从人类的生活结束。例如，讲动植物则从人类的衣、食、疾病等等为立足点。二是该书注重上下联络，前后衔接，使得教科书内容彼此联系，整体性强。教科书的体裁和小说类似，一气呵成读完是没有阻碍的。例如，叙述生理的时候，先讲全身的内外总形态，然后开始讲感觉和肌肉等的活动，活动须消耗能力，能力来自实物，因而叙述食物和消化。食物消化后要借血液及淋巴液以分布全身，于是遂引起血液循环的问题。食物须引起氧化作用后，才能产生能力，而氧气来自体外，因此就引起呼吸的问题。体内总活动常产生各种污废物。这一点就引导到排泄的问题[3]。这种注重思维的训练，由一个问题引导到其他现实情境的问题，可以说是本教科书编辑中尤为注重的一点。这种编法易于学生明白所叙述的现象和各种现象间的相互关系，应有相当的效力。

下面展示《初中自然科学》第二册部分教科书内容[4]，如图 3-3 所示。

---

[1] 贾祖璋. 初中植物学教本 [M]. 上海：开明书店, 1946：11.
[2] 叶佩珉. 生物学课程教材改革探索 [M]. 北京：人民教育出版社, 2002：10.
[3] 郭任远. 新主义自然科学教科书（第一册）[M]. 上海：世界书局, 1929：3.
[4] 郭任远. 新主义自然科学教科书（第二册）[M]. 上海：世界书局, 1929：1-15.

图 3-3　教科书文本设计示例

可见，该教科书的编写体例大致包括问题、核心知识点、研究与讨论三个部分。在教科书的编排体系与问题教学法相互切合，每章之末附研究和讨论，使学生得以做进一步的探讨。且这些问题当中有许多不是学生可以解决的。这样做的用意有二：第一，启发他们的思想，与研究工作的设计；第二，使他们读完这部书后，不敢自满而仍然觉得有再向上求进之必要。同时，这项"研究和讨论"又可作设计教学法的资料。

结合以上分析，概括起来说，民国时期教科书呈现方式包括三个方面。

第一，思考学科逻辑与学生心理的融洽，"近年来有人因为要改从前偏重逻辑的系统的弊病，遂把所编的书弄到一无系统，使读者自首至末，全书摸不到一条线索。这比偏重逻辑系统的人还要坏。其实逻辑的系统固要打破，心理的系统是不可不特别注意的。❶" 所以，强调教科书内容不但要人性化，还要适合学生的生活。此外，其他教科书也都有类似论述。如杜亚泉编的新学制初级中学教科书《自然科学（第一册）》中的编辑大意就提到"本书程度和高级小学用新法理科教科书相衔接。"可见，教科书编写注重了小学和初中的衔接，从整体的维度进行考量。"本书

---

❶ 郭任远. 新主义自然科学教科书（第一册）[M]. 上海：世界书局，1929：3.

前后互相联络贯穿；诸事项的提示，必以已经教授的或学生已知的事项为基础，循序渐进❶。"在教材的设计过程中，也考虑的学生的因素。此外，也为学生毕业后研究相关学科进行了相应的铺垫工作，在名词、术语、重要的附英文，以便毕业后研究英文书籍或在工商业上应用❷。

第二，结合问题教学法和设计教学法。自然科学最合于问题教学法和设计教学法，有些教科书编制也注重这两种方法。问题教学无疑是以问题为核心，注重思维启发与引导，是以提出问题和解决问题为核心的教学，其前提预设是课程内容要问题化，尤其是教科书呈现要有问题化形式，即将教学内容以问题的形式呈现给学生，让学生在解决问题的过程中拓展认知和获得情意体验。问题化的客体是教材和客观实体。教材是由语言文字符号组成的，呈现方式主要为文字和图像，其中文字多陈述为主，问题化就是将教材中的陈述形式的知识点转换成疑问句式的问题，然后以问题为先导组织教学；客观实体是学科研究的对象，问题化就是要通过观察和实验从自然界或人类社会中发现欲探寻的问题❸。这些方法在今天的生物学教学中都很有借鉴意义。

第三，语言文字生活化。文字是记录思想，交流信息的工具，是将语言书面化的图像或符号，文字的运用是否流畅，与一本教科书内容的难易程度密切相关。通过对《复兴生物教科书》内容的汇总发现，每本书中的名词都是黑色粗体的，可以让学生一眼便能抓住重点；每一个重点名词后都有相关的英文解释，并在每套书的书后将英文名词进行汇总，罗列出的英文名词后有其出现的页码，可与前文一一对应。这不但为学生查找资料提供了方便，更能帮助他们提高英文素养。为了让教科书内容通俗易懂，作者们更是在遣词造句上颇费苦心。陈桢在《复兴高级中学教科书生物学》一书中的语言较为贴切，讲到一些专业晦涩的地方，还会用到比喻、拟人、类比等修辞手法。例如，细胞可以比作钟表，细胞壁比作钟表的外壳，细胞内里的各重要部分比作钟表的机器。机器里的各部是齿轮发条和各种零件，造成齿轮发条和各种零件的物质都是钢❹。

三、本时期生物教科书出版概况及总体特征

（一）本时期生物学课程设置概况

在不同时期，受国家学制及课程设置的影响，生物教科书的出版发行也会有所变化。下面就民国时期学制变迁概况和中学生物学课程设置概况进行简要

---

❶ 杜亚泉. 新学制初级中学教科书自然科学（第一册）[M]. 上海：商务印书馆，1933：编辑大意.
❷ 杜亚泉. 新学制初级中学教科书自然科学（第一册）[M]. 上海：商务印书馆，1933：编辑大意.
❸ 胡继飞. 试论学科课程的"十化"教学策略 [J]. 现代中小学教育，2012（3）：10-13.
❹ 付雷. 简评陈桢著《复兴高级中学教科书生物学》[J]. 生物学通报，2013，48（10）：58-62.

论述。

1. 学制变迁

学制是任何一个国家推行教育制度的根本纲要。民国时期，恰逢我国内忧外患，面对满目凋敝、乱象纷扰的教育现状，学制也几经调整。

第一，壬子癸丑学制。1912年，南京临时政府成立，第一任教育总长蔡元培发布《普通教育暂行办法通令》，推动了教育改革的步伐。1912年9月2日，南京临时政府教育部废除"忠君""尊孔"的教育宗旨，同时颁布《壬子癸丑学制》。接着又先后将学堂改称"学校"，在中国教育史上具有划时代意义。1919年的五四运动，否定了中国封建教育，在倡导"民主"和"科学"的大旗下，引进了西方的教育学说和主张，中学学习期限为四年。

第二，壬戌学制。1922年11月，"北洋政府"颁布"壬戌学制"，即"六三三四"制，又称"新学制"。其影响深远[1]。1922年11月，"北洋军阀政府"教育部公布由全国教育会联合会主持制定的"学校系统改革案"（即"新学制"，又称"壬戌学制"）规定，中学修业年限六年，分初、高两级，各三年。

2. 本时期生物学课程设置概况

依据学制变迁概况，结合课程设置相关情况，可以将民国时期中学生物学课程设置情况分为三个时期：民国初期（1912—1922年）、民国中期（1923—1927年）和民国后期（1928—1948年）。

第一，民国初期。1912年，南京临时政府教育部公布了教育宗旨和《中学校令》，规定了中学校的培养目标，即中学校以完足普通教育、造成健全国民为宗旨。1913年公布了《中学校课程标准》。课程标准规定开设"博物"学科，见表3-4。

表3-4　1913年博物科目的设置情况

开设年级	教学内容	每周时数
第一学年	植物：普通植物之形态，分类解剖生理生态分布应用等之大要 动物：普通动物之形态，分类解剖生理生态分布应用等之大要	3
第二学年	动物：同前学年 生理及卫生：人身之构造、个人卫生、公共卫生	3
第三学年	矿物：普通矿物及岩石之概要、地质学之大要	2

---

[1] 何国华.民国时期的教育[M].广州：广东人民出版社，1996：1.

第三章 侧重实用主义取向的生物教科书（1912—1949 年）

1912 年取消文实分科，实行划一的单科制。结果被评为"不管社会需要，不管地方情形，不管学生个性"，严重脱离实际。

1917 年 3 月，教育部公布酌定中学增设第二部办法规定：中学校自第三学年起，得设第二部，中学校第二学年修业生愿于中学毕业后从事职业者，得入第二部，第二部应减普通科，视地方情形，加习农业或工业、商业。由于各种原因，中学设二部者很少。为此，1919 年 4 月，教育部发出咨文，允许中学对《中学校令》等所规定的科目，自行"酌量增减"，并得增减部定各科目之时数。从而摆脱了硬性划一的束缚，开始了中学教育全面改革的局面。

第二，民国中期的生物学课程设置情况（1922—1928 年）。1923 年 6 月，全国教育会联合会制订了《新学制课程标准纲要》，在各地初中设置必修科和选修科[1]。必修科为普通文化学科，选修科为根据地方需要开设的职业学科。中学实行学分制，每学期上课一节为一学分，修满 180 学分方可毕业，其中必修科 164 学分，选修科为 16 学分。必修课程中开设自然科，16 学分，占总学分数的 8.9%。生理卫生与体育一起在体育科中，学分数为 4，占总学分数的 2.2%。高中实行综合高中制，即分科制，分为普通科和职业科。普通科一般以升学为主要目标，又分为甲、乙两组（即文、理两组）。职业科主要为就业岗位准备，分为农、工、商、师、家庭事务等科，可以根据实际情况增设其他科目。普通科高级中学乙组课程包括公共必修科和专修科。分组专修科目必修的科目为物理、化学、生物，选修两科各 6 学分，共计 12 学分，占总学分数的 7.9%。此后，1929 年的临时课程标准和 1932 年的正式课程标准都是在 1923 年课程标准框架基础上制定的。

第三，民国后期生物学课程设置概况。从 1929 年到 1948 年，颁布了五次生物课程标准，各阶段生物课程标准和开课信息见表 3-5。

表 3-5　1929—1948 年中学生物学课程设置一览表

课程标准		年级及课程	
编订时期	名称		
1929	暂行中学课程标准	初中	自然科学（包括植物、动物和理化课程）
			生理卫生
		高中	生物学

---

[1] 课程教材研究所. 新中国中小学教材建设史 1949—2000 研究丛书：生物卷 [M]. 北京：人民教育出版社，2010：171.

续表

课程标准编订时期	课程标准名称	年级及课程		
1932	正式中学课程标准	初中		卫生
				植物
				动物
				（化学）
				（物理）
		高中		生物学
1936	修正中学课程标准	初中	自然（分科）	生理卫生
				植物
				动物
				（物理）
				（化学）
		高中		生物学
1940	重行修正中学课程标准	初中	自然科学	博物
				生理及卫生
				（化学）
		高中		生物学（物理）
1948	修订中学课程标准	初中		博物
				生理及卫生
		高中		生物

其中，在高中临时课程标准期内，中小学采用学分计算制度，即每学期1小时计算1学分。正式高中课程标准期以后，初高中取消了学分计算制，改为小时计算制。

3. 生物学课程设置特点分析

第一，课程设置多元化。民国时期中学生物学课程设置体现为综合、分科、学分制等多种形式共存❶。民国期间实行新学制下的初中和高中课程标准的共同特点之一就是考虑到中国幅员广阔，学生个性和资质差异。中学课程设置和教学都采用了富有弹性的分科制、选科制，便于因地制宜。在课程设置上，有意识增设了较多

---

❶ 陈学恂. 中国近代教育史教学参考资料（上册）[M]. 北京：人民教育出版社，1986：77.

的新科目。例如，高中增设了体现科学史、科学发展趋势、科学方法与精神的"科学概论"课程，同时要求教学过程重视实验，期望学生获得较好的科学训练。职业科目日益受到重视，这一点无论是初级中学的选修科目，还是高级中学的分科选科都有很好的体现。职业教育与普通教育的互相衔接，彼此联系。这个时期的生物学课程设置较为科学、合理。初中阶段开设包括植物、动物、矿物等内容的博物科目，同时在体育科目中包括生理卫生的内容；在高中阶段，在必修科中，开设自然科学科目。

1922年新学制从实际情况出发，小学由七年改为六年，中学由四年延长到六年；将中学分为初、高两级，中学实行选科制，突出发展学生个性。对高等教育进行了改革，取消了预科制，厘清中等教育与高等教育的关系。新学制的颁布对我国科学教育的教学目标、教学内容、教学方法等各个方面都产生了深远的影响，其中最突出的两大特点就是"综合科学课程"的出现以及"分科选课制"的推行。

"分科选课制"的推行，有助于科学技术教育在中学普遍而有针对性地实施。而"综合科学课程"的推行，与当前国内讨论颇为热烈的综合理科课程相似，因此研究这一时期的综合科学课程显得特别有意义。在我国历史上，博物学科、物理学科、化学学科三科合并为"自然"学科，仅出现在1922年初高中文理组和1929年初高中课程中。在自然科学中，物理和化学这两门学科同时开设（1909年的实科课程除外）只出现在《壬子·癸卯学制》之前，也只出现在1948年的初高中课程上。而1922年推行《壬戌学制》的综合科学课程，则是我国影响颇为深远、推广范围也较大的一次科学教育改革❶。

第二，课程标准日趋规范。依据课程教材研究所编制的20世纪中学课程标准、教学大纲汇编生物卷中课程标准的颁布情况可知，民国时期共颁布生物学相关的课程标准（含中学校令施行规则及草案）共计26项。其中修订和颁布的年份分别为：1912、1913、1923、1929、1932、1936、1941、1948。分析民国时期颁布的生物课程标准可以发现，生物课程标准形式日趋规范、系统，并体现出一定的理论性。

1912年《中学校令施行规则（摘录）》中只有第一条、第八条和第十七条中分别明确了博物科目的开设，博物课设宗旨，以及学时安排的简要说明。1923年，在《新学制课程标准纲要 初级中学自然课程纲要》中包含了目的、内容和方法、毕业最低限度的标准三个部分，并第一次标注了胡刚复起草；在《高级中学第二组必修的生物学课程纲要》中，明确了授课时间、学分、教材和说明，指定了高中采用王兼善和丁文江的教材。1929年，《初级中学自然科临时课程标准》分为目标、作业

---

❶ 蔡铁权，陈丽华. 渐摄与融构：中西文化交流中的中国近现代科学教育之滥觞与演进 [M]. 杭州：浙江大学出版社，2010：282-283.

要项、时间分配、教学大纲、教法要点和毕业最低限度六个要求。1932年《正式中学课程标准》，1936年《修正中学课程标准》和1941年《重新修正中学课程标准》的内容框架大致分为目标、时间序列、教学大纲和实施方法概要。1948年《中学课程标准》修订的内容框架包括目标、时间支配、教学大纲和实施方法。综上所述，从课程标准的结构上看，格式日趋规范，对于课程标准的影响因素分析逐渐细致。从目标的阐述由目的变为目标，可以窥见一斑。

（二）生物教科书的出版概况及总体特征

基于《北京师范大学图书馆馆藏师范学校及中小学教科书书目》《民国时期教科书目》和人教社教科书资源图像库中关于民国时期（1912—1949年）出版的中学生物教科书，对民国时期出版情况进行了统计。民国时期共出版生物教科书约864本，剔除同名（不同书中名称不同）、同一图书不同版本、作者或出版社不详等图书，共计整理480种图书（见附录3）。根据附录3的数据，对民国时期生物教科书出版的频率和作者进行统计分析。并总结民国时期全部生物教科书并对其出版机构、数量进行统计。从中总结民国时期生物教科书出版特点。

1. 出版数量变化呈上升趋势

民国时期共出版约480本中学生物相关书籍，不同年份出版数量进行统计，如图3-4所示。

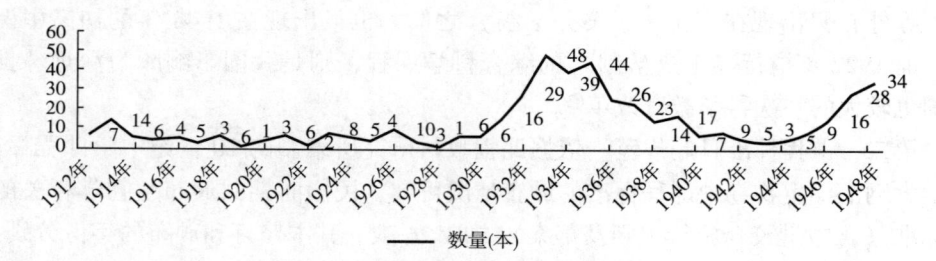

图3-4 民国生物教科书出版数量统计图

由图可知，1912—1948年平均每年出版大约13本。在1912年到1931年出版数量较为平稳，大多低于6本。只有在1923年出版8本、1926年出版10本，1929、1930年分别出版6本，分析原因或许是在1923年制订了新学制和课程标准，是我国第一次以现代教育科学为理论依据的、体系较为严整的中小学各科课程标准。它的实行是我国20世纪20~30年代教育质量稳步发展和提高的重要保证之一。新学制和课程标准的实施使得教科书有了些许的改动，进而导致了数量的变化。此后，1932年到1933出版数量上升。1933年达到最大值，出版了48本，其中包括新华书局、中华书局各6本，商务印书馆5本，文化学社、大东学社各4本，新亚书店、北新书店各3本，天香书屋、建设图书馆、师大附中理科丛刊社各2本，立达书局、六合公司、南京书店、中国科学图书仪器公司、知识书局、中华科学教育改进社、中山书局各1本和其他出版社等2本。出版数量在1934年到1945年呈现了下降的趋势，而后来直至1948年恢复了上升的趋势。

2. 出版机构多元化

依据前面整理的民国时期我国中学生物教科书出版概况将民国时期中学生物教科书出版机构进行统计分析，如表3-6所示。

表3-6 民国时期中学生物教科书出版机构

序号	出版社	出版数量	序号	出版社	出版数量
1	商务印书馆	110	25	龙门联合书局	3
2	中华书局	63	26	上海书店	3
3	正中书局	44	27	（伪）国民政府教育部	2
4	世界书局	42	28	光明书局	2
5	开明书店	22	29	河南安阳县印刷局	2
6	北新书局	14	30	建设图书馆	2
7	不详	13	31	江苏［编者刊］	2
8	大东书局	13	32	开明书局	2
9	文化学社	12	33	六合公司	2
10	新亚书店	10	34	南京书店	2
11	中华科学教育改进社	10	35	新民学会	2
12	师大附中理科丛刊社	7	36	艺文书社	2
13	百城书局	6	37	长沙分丰馆	2
14	天香书屋	6	38	中学生书局	2
15	著者刊	6	39	著者自刊	2
16	编者刊	5	40	北平师大附中理科丛刊社	1
17	华中印书局	5	41	北平文化社	1
18	新国民图书社	5	42	北平文化学社	1
19	分丰馆	4	43	春明书店	1
20	文明书局	4	44	大华书局	1
21	现代教育研究社	4	45	东北书店	1
22	中国科学图书仪器公司	4	46	东北新华书店	1
23	教育总署编审会	3	47	东方书店	1
24	科学会译部	3	48	东方文学社	1

续表

序号	出版社	出版数量	序号	出版社	出版数量
49	东吴大学生物学系	1	64	土山湾印书馆	1
50	兼声编译出版合作社	1	65	文怡书局	1
51	江苏宁属学务处	1	66	香港开明书店	1
52	交通书局	1	67	新华书店	1
53	教育部播音教育委员会	1	68	新生书局	1
54	教育人民委员部编审局	1	69	新亚印书馆	1
55	巨魁堂装订讲义书局	1	70	伊文思图书有限公司	1
56	科学会编译部	1	71	医学书局	1
57	科学教育改进社	1	72	震旦书店	1
58	立达书局	1	73	知识书局	1
59	求知学社	1	74	中华印书馆	1
60	群益书社	1	75	中华印刷局	1
61	仁安书局	1	76	中山书局	1
62	上海科学会编译部	1	77	中央军委总卫生部	1
63	上海世界书局	1	78	著者书店	1

民国时期生物教科书出版机构共有78家，由此可见此时期的出版社在新学制的背景下百花齐放，其中出版数量排在前十的依次为：商务印书馆（110），中华书局（63），正中书局（44），世界书局（42），开明书局（22），北新书局（14），大东书局（13），文化学社（12），新亚书店（10），中华科学教育改进社（10）。商务印书馆和中华书局出版共出版173种，占总数的近36%。可见其在民国时期出版界的分量之重。众多的出版机构彼此竞争，一方面促进了教科书质量的提高和教科书多样性的体现；另一方面，部分出版社推出价格战也使学生受益不少。比如，中华书局发表宣言后，商务印书馆奋起直追，编辑了一套《共和国教科书》。1912年4月12日，在《申报》头版刊登满版广告："民国纪元（1912年）商务印书馆发行所落成大纪念新编共和国教科书五折发卖。"从此，小学教科书一直照原价对折发行，小学生受惠不浅。这是竞争给读者带来的好处❶。

中华书局1912年1月1日创立于上海，创办人有陆费逵、戴克敦、陈协恭、沈继方等，是民国时期民间出版机构的代表，在综合实力上排商务印书馆之后，是

---

❶ 汪家熔. 近代出版人的文化追求［M］. 南宁：广西教育出版社，2003：191-192.

中国近现代出版史上著名的出版和销售机构。陆费逵发表的《中华书局宣言》明确了中华书局宗旨：一是养成中华共和国国民；二是并采人道主义、政治主义、军国民主义；三是注重实际教育；四是融合国粹欧化❶。

中华书局初系合资经营，资本2.5万元，以编印新式中小学教科书为主要业务。中华书局开业后，提出了"教科书革命"和"完全华商自办"的口号，与商务印书馆竞争。其首先出版新编的《中华教科书》，以适应新时代的内容，抢占了大部分教科书市场。于是改公司，添资本，广设分局，自办印刷。后又盘入文明书局、民立图书公司和聚珍仿宋印书馆，迅速发展成国内民间第二大出版机构❷。

世界书局由沈知方创办于1917年。沈知方，浙江绍兴人，早年曾在多家书坊和出版社工作，包括商务印书馆、文明书局和中华书局等。1917年，沈知方脱离中华书局，创办世界书局，初期只是出版通俗文学读物。早在中华书局时，沈知方就深知出版发行教科书的益处，于是在1924年进军教科书市场，成为继商务印书馆和中华书局之后民国时期第三大出版商。世界书局出版的教科书有一个很大的特点，即在大部分书名中体现编著者的姓氏，这也是对编著者的一种宣传。

可以发现，民国时期出版机构的特点是核心成员存在较多的交流情况，这或许是教科书商业化的一种体现。前后办了不少于十个出版社、一个银行、一个教育用品公司，每项工作都有很多开创性，至今还有影响的是连环画，这是他最先提出这个名称❸。中华书局是由中文明书局与商务印书馆的一批中层干部和台柱编辑组成，其核心人物是陆费逵。陆费逵曾任文明书局编辑兼文明小学校长和书业商会学徒补习所教务长。文明书局当时出版的教科书在品种上仅次于商务印书馆，但因出版较早，商务课本出版后它已相形见绌。他为文明书局着手编辑一套新教科书，因资金不足未能完成。1908年，因书业公会，其与商务印书馆高梦旦熟悉，遂应商务聘进商务❹，成为《教育杂志》的创意人，并担任主编。商务印书馆当时以《教育杂志》来加强同全国各地学校的联系。而这种人员的更迭繁殖也促进了教科书出版事业的发展，出版事业发展越好对文化的贡献就越大，就民国时期的社会条件而言，图书报刊的出版是当时文化发展的唯一有效载体。

3. 教科书名称频繁更迭

教科书的名称在一定程度上可以体现教科书的重要特征，民国时期不同出版社为了体现自身特色及亮点也对教科书名称进行频繁更迭。概括起来说，商务印书馆

---

❶ 汪家熔. 近代出版人的文化追求［M］. 南宁：广西教育出版社，2003：188.
❷ 姚一鸣. 中国旧书局［M］. 北京：金城出版社，2014：119.
❸ 同①，第170页。
❹ 同①，第173页。

和中华书局在民国时期的教科书出版工作中承担着重要角色，其教科书出版工作贯穿民国时期始终。民国初期中华书局最先抢占先机。中华书局于1912年出版《中华教科书》，商务印书馆紧随其后，在修订原有教科书的基础上积极出版《共和国教科书》。《共和国教科书》一出版，即呈大销特销之势，商务印书馆重新恢复了中国教科书界至尊的荣光。该套教科书可谓创造了教科书出版的神话。据统计，《共和国教科书新国文》出版10年之间共销售七八千万册之多❶。

后来，实用主义、自学辅导主义为代表的教育思潮，对教科书的冲击和影响。为适应需要，商务印书馆从1915年起推出《实用教科书》系列，这套书教育部反应较好。《实用教科书生理卫生学》于术语名称之下，多附记英文，以为学者研究英文生理卫生之预备❷。1916年，中华书局推出了《新式教科书》系列。其他有影响的教科书还有商务出版的《民国新教科书》。

新文化运动后，北洋政府教育部于1920年1月1日明令改"国文"为"语体文"（即白话文），并通令全国各学校各种教科书一律改为白话文。文言文教科书就逐渐被淘汰了，这期间标点符号也开始使用。商务印书馆推出《新体教科书》《新教材》《新法教科书》，其中《新法教科书》是该馆采用语体文编辑的第一套教科书。中华书局推出《新教育教科书》，整套书都采用语体文编写。

1922年，教育部公布学制会议章程，确定"六三三制"的中小学系统。适应新学制的商务版教科书：《新学制教科书》《现代初中教科书》同时出版。适应新学制的中华版教科书：《新小（中）学教科书》于1923年1月陆续出版。到1923年12月，出版《新中学教科书》（含师范）23种34册。适应新学制的世界版教科书：世界书局的新学制教科书合编一部，称为《常识》。此外，还有三民主义教育宗旨教科书。例如，商务印书馆出版《新时代教科书》，中华书局推出《新中华教科书》，世界书局出版《新主义教科书》。可见，这一时期教科书名称更迭频繁。另外，民国中后期涌现的世界书局的一大特点就是将著作者姓氏添加在封面，例如，初中教科书王采南的《王氏初中动物学》❸、徐琨、马光斗、华汝成的《徐氏初中动物学》（上下册）、《吴氏高中生物学》❹、徐克敏的《徐氏初中植物学》，马光斗、徐琨、华汝成的《马氏初中植物学》，等等。民国时期教科书封面，如图3-5所示。

从教科书名称变迁可以看出教科书竞争日益激烈，有了竞争，教科书更新时间比以前大大缩短，受惠的当然是读者，文化也得到大大的发展。从另一个角度来

---

❶ 《上海出版志》编纂委员会. 上海出版志 [M]. 上海：上海社会科学院出版社，2000：488.
❷ 吴冰心，凌昌焕. 实用教科书生理卫生学：中学校用 [M]. 上海：商务印书馆，1921：1.
❸ 王采南. 王氏初中动物学本 [M]. 上海：世界书局，1934.
❹ 吴元涤，等. 吴氏高中生物学 [M]. 上海：世界书局，1936.

图 3-5 教科书名称示例

看,中华书局这个强劲对手的出现,促进了商务印书馆改变原来"八年一贯制",采用注重完善、经常重编和修订的方法,促使教科书的实用性得到发展。

4. 由编译走向自编

如果说清末的学制是模仿日本的,教科书也大多翻译日本,那么民国时期,尤其是民国中后期的生物教科书则由编译走向自编。根据民国时期生物教科书出版概况整理教科书外国编著者概况,如表 3-7 所示。

表 3-7 民国时期外国作者及其出版教科书的数目

序号	作者	国别	作品数量	序号	作者	国别	作品数量
1	吴秀三	日本	1	12	岩川友太郎	日本	1
2	山崎忠兴	日本	1	13	小幡勇治	日本	1
3	藤井健次郎	日本	1	14	安东伊三次郎	日本	1
4	三岛通良	日本	1	15	甘惠德	美国	1
5	箕作佳吉	日本	1	16	司瑞尔	德国	1
6	濑川昌耆	日本	1	17	三岛渔良	日本	1
7	坪井次郎	日本	2	18	郭仁风（J. B. Griffing）	美国	1
8	吕特奇·约翰	美国	1	19	高桥吉本	日本	1
9	滨幸次郎	日本	1	20	山内繁雄	日本	1
10	河野龄藏	日本	1	21	松村任三	日本	1
11	丘浅次郎	日本	1	22	齐田功太郎	日本	1

如表 3-7 所示，民国时期共有外国作者 22 位，其中日本 18 位、美国 3 位、德国 1 位。综合分析，可以发现这些作者都是在民国初期结合清末翻译的相关教科书基础上进行改编而成的。这也在一定程度上体现了民国时期借鉴国外教科书的基本情况。而民国时期参与教科书编著的国内作者有 200 余人，具体如附录 4 所示。

分析可知，民国时期出版生物教科书的作者共有 236 位，其中有 22 位外国作者和 214 位本国作者。可以看出，当时民国时期的生物教科书逐渐由编译国外教科书转变为以国内自编教科书为主，反映出了当时中国的生物教科书的编写有了较大发展，各种各样的书籍如雨后春笋一样层出不穷。另外，民国时期影响较大、出版数量较多，居前十位作者的依次为薛德焴、华汝成、杜就田、杜亚泉、贾祖璋、糜赞治、凌昌焕、周建人、华文祺、陈兼善。

综合分析以上作者，发现有以下特点。一是教科书编著者的学术专业性增强。分析民国时期生物教科书编著者状况可以发现，他们大多都具有专业背景，如东吴大学生物系、师范学院、医学专门学校、留学生等。可见教科书编著者队伍学术专业性逐渐增强，并且很多编著者除参与编著教科书之外还出版生物学著作。二是民国时期生物教科书的出版者江浙一带较多。可见在生物教科书的发展历程中江浙一带起到了较好的引领作用。

四、对实用主义取向生物教科书的总结

民国时期生物教科书受各种哲学思潮、教育思潮影响，生物教科书的出版发行

取得了较快的发展。新文化运动中的"民主"与"科学"思想，深化了科学教育工作者对科学教育内涵的认识，促使他们对科学教育方法进行研究和改良，对科学教育中探究能力、科学精神的高度重视，呈现了一个由"技"向"道"转化并彰显科学教育价值的过程。

各种教育思潮中，影响较大的是实用主义思潮。整体来说，呈现以下四方面的实用主义特征。

一是，教科书编著者大多受实用主义哲学影响。一方面，杜威曾于1919—1921年在华讲学和讲演，他的实用主义教育理论曾经在旧中国教育界盛行一时，形成一股强大的教育思潮；另一方面，由于"庚子赔款"访美留学生归国参与教育研究的原因，众多受实用主义影响的学者参与到教育和教科书研究中来。

二是，课程目标的呈现关注知识和能力的同时，亦增加了方法和情感类的维度。

三是，教科书知识内容强调与人生的关系，这在一定程度上凸显了实用主义取向。大多教科书都在阐述生物学知识后都单独设置一节与人生的关系来强化知识的应用性。

四是，教科书呈现方式生活化。生活化体现在课程标准中对课程教学的建议、教科书图像系统和实验系统等具体呈现中。

概括起来，民国时期生物教科书受到实用主义影响取得了一定的进步。但民国时期中学生物教科书也呈现出较强的功利主义，这与民国时期的政治和社会背景密切相关。清末生物学教育虽在学制设置上体现了一些科学方法、科学思想的内容，但在具体实施的过程中受到诸多现实问题和历史问题的困扰，收效甚微。民国时期，人们不仅看到科学的外在实用价值，还强调了易于被人们忽视或轻视的科学的内在价值。有学者期望通过理学知识改良农业以实现富国的目的，这也不免存在过度注重实用性问题，也孕育了新的变革。

第四章　走向多元取向的生物教科书（1949—2019年）

　　1949年以来，随着中学课程的发展变化，作为中学课程之一的生物学课程，经历了曲折的、比较艰难的、变化发展过程。概括来说，可以将其划分为改革开放前和改革开放后两个阶段。其中，改革开放前，无论从课程设置还是生物教科书内容都受苏联的影响，如高中开设达尔文基础、生物学内容重点讲授米丘林学说等。1966—1976年则凸显为较强的实践取向，生物学课程一度被取消，生物学教学内容合并到农业基础知识中。改革开放后，中小学基础教育系列教科书的编制开始全面开花，在新课改下又出现了"一纲多本"的局面。概览50多年来中学生物教科书的发展历程，我们可以看到教科书整体发展朝向多元化发展。本章在阐述生物教科书价值的多元取向内涵的基础上，论证了多元取向下生物教科书的特点分析及价值表征并梳理了1949—2003年生物教科书发展的脉络和出版特征。

一、多元取向的总体特征
（一）多元取向的内涵

　　任何事物都有其存在的根基和依据，课程作为学校育人的蓝图更需要有其存在的依据。它是一个复杂的系统，面对这样一个复杂系统，其编制、运行都不是任意的行为❶。也就是说，课程有其存在的理论基础或依据。而作为课程载体的教科书文本必然隐含着相关理论。多元论与一元论相对。多元论者主张把价值作为基本的价值标准。多元论者各自列出的价值类目各不相同，但通常至少包含快乐、知识、审美体验、善、和谐、友谊、正义、自由、自我实现等项目中的两项或多项。他们认为这些不同的基本价值及其标准是不能彼此相互归结或通约的。一元论者则认为，生活中只有一种内在的善或价值，即只有一种东西是自身善的。一元论者之间在理解这一价值方面存在分歧，快乐主义者认为衡量内在价值的标准是幸福；而其他人则把幸福、满足感、知识、自我实现、权力、与上帝的沟通等作为赢得价值的标准。很多一元论者认为，内在的基本价值观只有一种，但并不否认其他非基本价值观或价值标准，而是认为这些可以概括或转化为基本的价值，它们是从基本价值观中派生出来的。除了价值一元论的快乐主义者外，还有功利主义者和实用主义

---

❶　和学新. 课程的理论基础研究［M］. 桂林：广西师范大学出版社，2017：1.

者，等等。价值的多元与一元问题同价值的相对与绝对问题密切相关。

当代多元价值论的讨论是以赛亚·伯林（Isaiah Berlin）为滥觞。他在著名"两个自由观"的演讲中肯定了价值多元论的观点。在他看来，我们可以找到一个单一的公式，通过它可以和谐地实现不同的目的。这种信念也可能是荒谬的。如果像他认为的那样，人类的目的是多种多样的，而且原则上不完全兼容，那么在个人和社会生活中，冲突和悲剧的可能性就不能完全消除。

在这一陈述中，柏林的价值多元论表达了两个基本观点。首先，他反对单一价值尺度的存在，把某一价值作为其他所有价值的尺度，认为所有其他价值最终都应归属于该价值。这也可以表示为价值的不可通约性。其次，柏林坚持认为价值观之间存在根本冲突，这是我们无法避免的。我们必须在不同的价值之间作出取舍。伯林的这一主题可以被表述为价值多元的不可相容性特征，或是价值冲突的特征。在"两种自由概念"以及其他地方的一些论述中，伯林基本上是将这两个特征等同起来，似乎认为两者就是一回事，在价值多元论的叙述中它们是两种可以相互置换的表达方式，而并没有将两者当作具有重大差别的不同特征对待❶。

多元取向包括两个层面。一是从历史发展的维度审视生物教科书的发展历程。1949 年以来，我国中学生物教科书的发展大致经历了三个阶段：初建期、"文化大革命"期和改革开放后。初建期是中华人民共和国成立初期生物教科书的重建研究，该时期基本照抄苏联模式，虽然在一定程度上有助于生物教科书的系统性，但表现出来的不适性也很显著。"文化大革命"时期的生物学体现出明显的实践取向，重视劳动价值的体现，教科书一度成为农业课本的组成部分。这一时期生物学教学主要为实践活动或体力劳动。改革开放后，在建设社会主义强国，加强经济建设的形势下，生物教科书走向了系统论、整合论的融合道路。可以说，改革开放后生物教科书的发展变迁是呈现出多元取向的。二是重点放在改革开放以后的时期。因为这一时期是体现我国生物教科书发展迅速的时期，结合不同的理论和本土化尝试，生物教科书有了较大的发展。

（二）多元取向的特征

1. 多元价值思想融合交错

哲学作为教育思想与教育理论的基础，它的发展无疑会影响教育思潮的流变。"二战"以后，教育领域出现了与分析哲学和存在主义哲学相匹配的两种思潮：一是与分析哲学相匹配，以教育理论科学化和实践化为主旨的分析教育哲学；二是基于存在主义哲学以人文主义为内涵的存在主义教育。20 世纪中期以后，形成了受后现代主义哲学与文化思潮影响的后现代主义教育思潮。我国课程与教学改革都明显

---

❶ 以赛亚·伯林. 自由论 [M]. 胡传胜，译. 南京：译林出版社，2003：242.

受到后现代主义、建构主义等理论的影响，从理念到理论再到具体设计、模式都体现了人的主体性，特别是调动学生主体性的发挥。21世纪，我国课程与教学理论具有一定开放性和包容性，能密切关注和融合国外先进的教育理论和思想，表明中国教育在与西方文化教育的碰撞、交流与融合中，不断实现着对原有传统的超越❶。

2. 心理学研究新成果丰硕

自20世纪以来，作为现代教育理论大厦另一支柱的心理学，获得长足进步。无论是行为主义、认知主义还是建构主义，最新研究成果成为指导教育理论建构与实践变革的理论依据。例如，20世纪60年代以来，以布鲁纳和施瓦布为代表的学科结构运动，以斯金纳为代表的新行为主义教育，以布鲁姆为代表的掌握学习理论，以加德纳为代表的多元智能教育，以建构主义学习理论为基础的建构主义教育，都曾对教育理论与实践产生实质性的影响❷。2000年后的课程改革则较多借鉴了建构主义理论。

3. 教育领域融合转向

哲学思潮和心理学研究发展都会成为推动教育领域转向的重要因素。应对社会经济发展、科技进步，以及广泛的社会民主化诉求，现代教育一方面越来越追求"效率"和"卓越"，另一方面日渐崇尚"民主"与"平等"。在这一过程中，其逐渐形成了对教育理论与实践产生重要影响的教育思潮，如教育的经济主义思潮、全纳教育思潮、全民教育思潮、批判主义教育思潮等。建构主义、后现代主义、脑科学与教育、多元智能、默会知识等专题也成为学者研究的着眼点。

20世纪以来，教育理论思维日益丰富，教育科学研究日渐成熟，探寻教育规律、建构新的教育理论，成为教育领域的自觉活动。在新教育理论之"道"的指引下，教育实践活动力图由"必然王国"走向"自由王国"。人既是手段，更是目的，一部人类文明史就是努力实现人的主体生命价值的历史。实现人的和谐与全面发展，既是人类社会的不懈追求，也是教育事业的应然目标。无论是终身教育思潮的勃兴，还是生命教育思想的潮起，都充分体现了教育理论与实践日益关注人的生命价值与自我实现，谱写人性的伟大赞歌。例如，《基础教育课程改革纲要（试行）》中有关于建构主义、多元智能等的论述❸，十分注重在各种教育思潮、教育理论观点的基础上汲取其思想的合理内核的观点，并尝试通过对多元智能学说和斯腾伯格的成功智力学说的综合，全面更新与提升人的智力素质等❹。细致分析，我们

---

❶ 蒋菲. 21世纪中国课程与教学论的知识图谱研究［M］. 上海：华中师范大学出版社，2015：101.
❷ 吴民祥. 当代主要教育思潮［M］. 重庆：重庆大学出版社，2013：14.
❸ 教育部基础教育司. 走进新课程——与课程实施者对话［M］. 北京：北京师范大学出版社，2002：263.
❹ 钟启泉，崔允漷. 为了中华民族的复兴为了每位学生的发展——《基础教育课程改革纲要（试行）》解读［M］. 上海：华东师范大学出版社，2001：22.

会发现此次课程改革基础理论虽然没有点明，但细微处透露出以重创生、重过程，以及尊重人为特征的建构主义和人本主义理论的影子。

二、多元取向生物教科书的表征

（一）多元取向生物教科书特点分析

1. 教科书结构诸多形式上的由一到多

中华人民共和国成立后，教科书受到时代发展的影响，经历了诸多由一到多的转变。首先，教科书出版机构由一到多。中华人民共和国成立初期，中学生物教科书的出版一直由人民教育出版社负责。其次，生物教科书的设置类型由一到多。一方面是由必修课程发展为必修与选修结合，进而发展为必修、选修、限制性选修相结合的方式；另一方面是形式上的一到多，隐含着实质上的层次与需求的差异，是基于学生发展方向而进行考量的结果，也是教科书由教材转换为学材的一种体现。最后，中学生物课程目标的由一到多。生物学课程目标大致经历了强调知识的掌握、知识与技能的双基维度，以及三维目标（知识、能力、情感）的细化过程。

2. 知识内容由知识、双基走向科学素养

1949 年以来的生物学知识内容框架整理，见附录 5 所示，分析附录 5 可以明显地看出 1949 年以来生物学内容知识具有以下三个特点。

第一，生物学基础知识的传递。多年来各套生物教科书所讲述的主要的生物教学内容是相对稳定的。例如，植物学教材大都先以绿色开花的种子植物为代表，讲述根、茎、叶、花、果实、种子六大器官的形态结构和生理功能，然后按照由低等到高等的进化顺序讲述植物的类群；动物学教材大都按照动物由低等到高等的进化体系来讲述无脊椎动物的主要门和脊椎动物的主要纲；生理卫生教材主要讲述人体的各个器官系统的解剖、生理和卫生保健知识。这种情况说明，经过几十年生物教学实践检验而选取的生物学知识，应该属于基础知识，其中的大部分知识仍然是今后人们所必须掌握的。因此，这些基础知识大多是经典生物学知识❶。

第二，增加反映现代生物科学水平的基础知识。随着我国政治、经济和生产的发展，世界上科学技术的进步，国家对普通教育不断提出新的要求，而且生物科学有日新月异的变化，要求不断更新生物教学内容。我们要为 20 世纪末和 21 世纪初培养开拓型的新型人才，这种新型人才的特点是具有不断追求新知和勇于创造的科学精神。这样的培养目标要求我们要按照"面向现代化，面向世界，面向未来"的精神，不断更新教学内容，必须给予学生将来从事现代化建设和适应现代化生活所

---

❶ 课程教材研究所. 新中国中小学教材建设史 1949—2000 研究丛书 [M]. 北京：人民教育出版社，2010：366.

需要的新的生物学知识、技能和能力，这是当今生物教科书改革应该坚持的方向。美国、苏联、日本等很多国家的一些生物教科书，近几十年来都十分重视生物教学内容的更新，在中学生物教科书中增加了不少关于细胞学、分子生物学、遗传学和生态学等方面反映现代生物科学水平的内容。因此，我国在1978年版和1986年版的中学生物教学大纲中，都明确提出"适当选取反映现代生物科学水平的生物学基础知识"，这是一条重要的选取教学内容的原则❶。

第三，要反映现代生物科学的新成果。基于现代生物科学上述情况，中学生物教科书主要是适当充实反映分子生物学、现代遗传学、生态学三方面的内容❷。在微观层面，建立了分子生物学，而分子生物学的发展大大促进了细胞生物学、现代遗传学的发展，使得人类可以在分子水平上研究生命物质的结构和功能，揭示遗传物质的详细结构和对性状的决定，以及研究、应用遗传工程技术，为人类培育出具有新的遗传性状的生物类型提供条件。改革开放后，分子生物学内容进入中学生物教科书。在宏观方面，生态学有了很大的进展，生态学研究的中心课题是生态平衡和环境保护。鉴于人类社会普遍存在的控制人口、增产粮食、开发能源、防止污染、保持生态平衡等一系列重大问题的解决都与生态学关系极为密切，为了呈现宏观与微观、知识与应用的有机融合，新课改对高中生物学教科书进行了模块化设置，其中既包含微观的分析与细胞，也包括宏观的生态学内容的稳态与环境。可见，中学生物教科书内容与生物科学的新成果紧密相关。

3. 图像系统呈现多维性特点

教科书的编写质量主要是由其所选择的知识内容、组织结构及呈现方式等方面决定的。教育三要素中，教育者和受教育者的活动以教育资料为中介得以实现。对作为最主要教育资料的教科书构成加以分解，会有助于了解教育主体与教育客体的活动如何展开。教科书的各种成分不是一成不变的，它们之间的组合关系也不断发生变化。正是这种变化标志着教育的演进。在一定意义上，可以说教科书也堪称教育文明演进的测量器❸。由此，我们或可依据教科书呈现方式的变化窥看生物教科书发展的概况。结合生物学学科的特点，这里从图像系统的变迁进行探讨。

图像系统是指教材中具有直观、形象特点的生物图片、照片、图表、表解等储存和传递教育信息的系统，习惯上把它们看作是课文系统的补充，称为"插图"或

---

❶ 课程教材研究所. 新中国中小学教材建设史1949—2000研究丛书［M］. 北京：人民教育出版社，2010：366.

❷ 课程教材研究所. 新中国中小学教材建设史1949—2000研究丛书［M］. 北京：人民教育出版社，2010：367.

❸ 陈桂生. 教育原理［M］. 上海：华东师范大学出版社，1993：27.

"附图"❶。这里选取具有代表性的 6 套人教版高中生物教科书，对每套教科书的图像进行分类统计，图像数量如表 4-1 所示。

表 4-1 教科书图像数量统计

教科书	出版时间	册数	图像数量	图页比
达尔文主义基础	1952	全一册	126	0.606
生物全一册	1978	全一册	54	0.403
生物全一册	1982	全一册	92	0.447
生物全一册	1990	全一册	137	0.466
高中生物	2002	必修一、二；选修全一册	441	1.345
高中生物	2004	必修一、二、三；选修一、二、三	918	1.284

通过对比以上 6 套不同时期的高中生物教科书的图像数量及图页比发现，教科书图像系统数量上呈递增趋势。由表 4-1 可知，1978 年以来的四套教科书图页比呈上升趋势，2004 年版教科书的图页比为 1.283。例如，1990 年版《高中生物全一册》在新陈代谢模块部分较 1982 年版本增加了"图-22 有氧呼吸过程图解""图-23 体细胞与内环境之间的物质交换""图-28 能量的转移和释放图解"等多个图片；2004 年版《高中生物必修一》《分子与细胞》中细胞器模块部分较 1990 年版增加了"图 3-5 内质网"，并在此模块的标题部分增加了"忙碌的车间"一图。

结合教科书实况将生物教科书图像系统按形式分类统计，如表 4-2 所示。

表 4-2 教科书图像类型统计（按表现形式）

教科书	绘制图	实物照片	示意图	模式图	表格图	统计图	漫画	图解
达尔文主义基础（1952 年）	67	0	12	14	1	0	0	32
生物全一册（1978 年）	3	0	10	7	3	1	0	30
生物全一册（1982 年）	4	2	44	19	5	3	4	11
生物全一册（1990 年）	5	11	57	20	11	2	14	17
高中生物（2002 年）	19	146	144	25	35	16	4	52
高中生物（2004 年）	10	475	220	54	51	25	42	42

---

❶ 陈皓兮. 中学生物学教学法［M］. 北京：北京师范大学出版社，1987：87-88.

由表 4-2 可知，1949 年以来出版的教科书不但数量上增加，随着印刷技术的提高，图片种类也在不断丰富，一些类型的图片从无到有，尤其是实物照片，由最初 1952 年版本教科书的一张没有到 1990 年的有所增长再到 2004 版的大幅占比。实物照片具有真实性、客观性，能很好地反映事物的特征，从这一变迁规律来看，生物教科书的编写和生物教学实践更注重践行科学和实践的教育理念，培养学生实事求是，从客观实际出发的学习精神❶。

4. 实验系统日趋完善

生物学是一门实践性很强的学科，实验系统亦是教科书的重要组成部分。选取 1949 年以来人民教育出版社出版的高中生物教科书 8 套，对实验部分的内容进行剖析归纳，具体文本选择如表 4-3 所示。

表 4-3 9 套高中生物教科书文本概况

套次	书名	出版年	主编
第 1 套	达尔文主义基础上册	1952	方宗熙
	达尔文主义基础下册	1952	方宗熙
第 2 套	达尔文主义基础	1956	方宗熙、王以诚
	人体解剖生理学	1956	方宗熙、任树德
第 3 套	生物学上册	1958	人民教育出版社
	生物学下册	1958	人民教育出版社
第 4 套	生物全一册	1982	人民教育出版社中学生物编辑室
第 5 套	生物甲种本全一册	1985	人民教育出版社生物室
第 6 套	生物全一册必修	1990	人民教育出版社生物自然室
	生物全一册选修	1991	人民教育出版社生物自然室
第 7 套	生物第一册（试验修订本*必修）	2000	人民教育出版社生物自然室
	生物第二册（试验修订本*必修）	2000	人民教育出版社生物自然室
	生物全一册（试验修订本*选修）	2000	人民教育出版社生物自然室
第 8 套	生物 必修1 分子与细胞	2007	朱正威、赵占良
	生物 必修2 遗传与进化	2007	朱正威、赵占良
	生物 必修3 稳态与环境	2007	朱正威、赵占良
	生物 选修1 生物技术实践	2007	朱正威、孙万儒、赵占良
	生物 选修2 生物科学与社会	2007	朱正威、赵占良
	生物 选修3 现代生物科技专题	2007	朱正威、赵占良

---

❶ 陈皓兮. 中学生物学教学法 [M]. 北京：北京师范大学出版社，1987：87-88.

从实验数量变化看，实验数目呈现逐步增加的趋势。8套高中生物教科书实验数目变化如图4-1所示，可见高中生物教科书实验数量的变化整体呈现上升趋势。

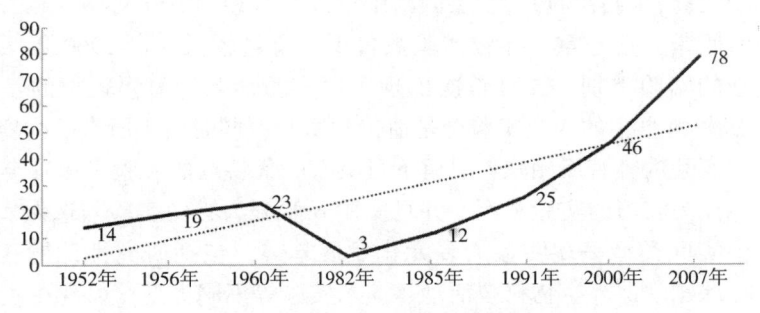

图4-1　高中生物教科书实验数目变化

通过对8套人教版高中生物教科书的实验数目（实验数目的统计包括研究性课题、实验、实习、参观研究课题、课外生物科技活动、演示实验）的统计分析，从图4-1可以清晰地看到，中华人民共和国成立70多年来，高中生物实验的数量随着年代的发展变化呈现逐渐递增的趋势。其中，1982年版高中生物教科书中实验数量在8套教材中最少的，其原因是1952年版和1956年版教科书中的实验是以课后作业的简短形式呈现的，而1960年版高中生物教科书中首次出现独立标注实验字样的呈现方式，逐步发展到1982年版教材时，以作业形式体现的实验不再存在。综合来看，教科书数目从1952年版教材的上下2册增至2007年版教材的必修与选修共6册，实验数目呈现明显增多趋势。

根据实验类型进行分析可知，实验类型呈现多元化趋向。依据实验类型进行分类、统计，整理后如图4-2所示。

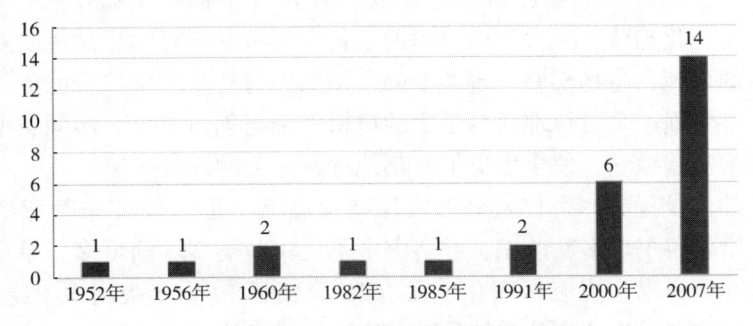

图4-2　高中生物教科书实验类型变化

可见，该时期生物教科书实验类型在2000年开始增加到6种，是以往实验类型的3倍以上，到2007年增加至14种类型，足见其对实验系统的重视。对8套教材统计分析，实验类型呈现多元化，实验类型包括研究性课题、实验、实习、参观研究课题、课外生物科技活动、演示实验等。1952年版和1956年版教科书是以作业的形式体现实验，内容简短，主要因为中华人民共和国成立初期，相关实验条件并不完善，时间紧，任务重，导致实验数目少，质量较低。自1960年版教科书开始逐步加入新的实验类别，并且首次出现了以实验命名、篇幅较长的正规实验类型。1982年版教科书中的3个实验全是遗传学实验，同时由于所有的内容归结到一本书里，导致实验内容有所删减，只留下且具有时代特点的实验。1991年版教科书中首次出现标注为实习的实验类型，并且实验开始分为必做实验与选做实验。2000年版教科书中实验类型呈现明显的多元化发展趋势，包括研究性课题、实验、实习、参观研究课题、课外生物科技活动、演示实验等不同类型。以现在使用的2007年版教科书为例，各实验类型数目如图4-3所示。

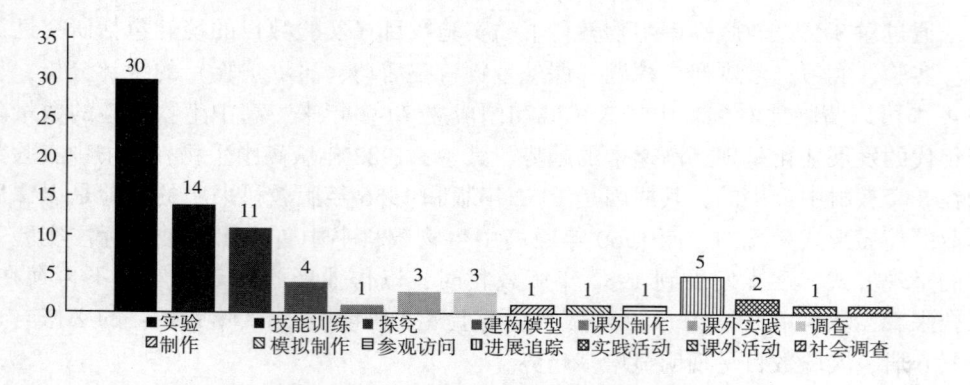

图4-3 2007年版高中生物教科书各实验类型数目

可以看出，实验类型增至14种，总数高达78个。高中生物教科书中实验呈现类型的多元化变化趋势，充分反映出当前生物实验教学中对学生动手实践能力与科学探究能力的重视，生物实验呈现类型的逐步细分与注重学生综合能力培养的理念相辅相成，多方面、全方位地培养学生的逻辑思维与创造思维。不同类型的实验能够辅助教师的实验教学，使学生更加深刻地理解相关的理论知识。

从实验结构设置看，生物教科书实验结构逐渐丰富。70年来教育事业逐步完善，高中生物教科书也多次改编，教科书中不仅实验类型逐渐增多，单个实验的结构在不同版本教科书中也有所变化。在1952年版和1956年版高中生物教科书中，生物实验主要在课后作业中简单地呈现，实验叙述极简，并无结构可言。1960年版教科书中生物实验以独立形态明确呈现以来，生物实验的结构在不同版本教材中开始出现变化，下面将每套教科书中以明确实验字样呈现的生物实验，做出关于实验呈现结构的分析，如表4-4所示。

表 4-4 以实验标注呈现实验的结构变化

序号	实验结构
第 3 套（1960 年）	分段叙述、名词解释、注解
第 4 套（1982 年）	目的要求、材料用具、方法步骤
第 5 套（1985 年）	目的要求、材料用具、方法步骤、注解
第 6 套（1991 年）	目的要求、材料用具、方法步骤、注解、实验作业、实验记录、画图、演示、思考
第 7 套（2000 年）	实验原理、目的要求、材料用具、方法步骤、注解、结论、讨论
第 8 套（2007 年）	实验原理、目的要求、材料用具、方法步骤、讨论、结论、表达与交流

由表 4-4 中可以清晰看出，在 1960 年版高中生物教科书中的实验仅是分自然段叙述整个实验内容，并单独列举出实验中涉及的相关名词解释，会以注解的方式补充说明实验的相关内容。1982 年版教科书中的实验数量最少，一共只有 3 个实验，但从本版教科书开始，实验结构初具简单模式，实验结构主要包括目的要求、材料用具以及方法步骤三个部分，其中方法步骤会分点叙述实验过程，内容比较详细。1985 年版教科书中的实验延续了之前实验的结构，只是多出来注解部分，作为对实验叙述的补充部分。自 1991 年出版的生物教科书开始，实验的呈现结构更加细化，主要包括目的要求、材料用具、方法步骤、注解、实验作业、实验记录、画图、演示、思考。实验内容叙述更加详尽，实验的呈现结构最为丰富，实验要求更为具体，对于实验操作的动手能力以及实验后的问题思考都提出具体要求，这充分体现出在高中生物教科书改革中，生物实验在生物学中的地位越来越重要。2000 年出版的生物教科书中实验结构的呈现共包括实验原理、目的要求、材料用具、方法步骤、注解、结论、讨论七个部分，其中新增加的讨论部分，则体现出生物实验中分组操作、小组协同、思考讨论的教学方法，不仅能锻炼学生们的动手能力，更能锻炼学生之间团结协作、集思广益的好习惯。2007 年版教科书更是将实验的结构新增了表达与交流的部分。

从实验所占篇幅角度来看，篇幅逐渐变长。统计 8 套教科书可知，1952 年版和 1956 年版教科书中实验主要以作业的形式呈现，篇幅较短，实验的要求阐述较为简单；1960 年版教科书中出现独立的实验呈现方式，篇幅明显变长，实验的要求阐述变得很具体；1982—1991 年教科书中实验的篇幅逐渐变长，实验要求更加具体。随着教科书的改版，至 2007 年版教科书中实验篇幅逐渐变长，实验的内容也随之丰富，实验步骤更加条理清晰，实验要求更加具体，教学目标也更加明确，这一系列的变化让教师的教学有了明确的借鉴参考，也让学生的学习更加有章可循。实验不仅能够帮助学生巩固知识、建筑概念，而且可以训练学生的操作技能。实验使理论和实践相辅相成,在提升学生理论知识的同时,也充分锻炼了学生的实践技能。

从实验配图角度来看,实验配图经历了从无到有,由黑白到彩色的过程。随着科技发展的日新月异,教科书的质量也逐步提高,实验配图从无到有,从黑白变彩色,配图数量逐渐递增。1960年版教科书中首次出现了实验配图,共两张黑白图片,简明易懂。第3套教科书到第6套教科书中,实验配图均为黑白图片,且图片数量逐渐增多,到1991年版教科书中实验配图达到了25张。2000年版教科书中实验配图变成了彩色图片,并且数量增至36张。2007年版教科书中,3本必修教材的实验彩色配图就已达到了41张之多,3本选修教材中实验彩色配图基本贯穿书中。实验配图的呈现使实验更具趣味性的同时,也使实验的诠释更为生动具体,为教师的实验讲解提供了形象的图片辅助,也为学生对于实验知识的理解起到了重要的辅助作用。

从实验呈现的位置变化角度来看,实验位置经历了课后、书末至正文中三个阶段的变化。根据8套高中生物教科书中的实验在教科书中出现的位置,总结归纳为三种类型:文中、课后、书后。三种类型的具体定义如下:文中指实验分布在全书中,任何位置都有,与课程内容关联紧密;课后指实验位于教科书的某一课的最后,其作用为验证相关原理和概念;书后指所有的实验都位于教科书的结尾部分,以便于集中实验。1952—1960年的3版教科书中实验均在课后位置,1982—1991年的3版教科书中实验的位置均位于书后,便于集中进行实验。在2000年版教科书中,实验的位置开始贯穿全书。从此,实验就只安排在正文中,实验部分与理论知识部分相辅相成,实验位于文中的呈现方式可以使学生通过实验内容进一步理解和强化相关理论知识。

为进一步明确生物教科书实验呈现方式变化的具体过程,现以《观察植物细胞的有丝分裂》这一贯穿第3套至第8套教科书的实验内容为例,展示该实验在不同版本教科书中呈现方式的变化,如表4-5所示。这一实验从1960年版教科书开始以独立形态呈现出来开始直至现在的2007年版教科书中始终存在。

表4-5 同一实验在不同版本中呈现方式的变化

套次	字数	描述	实验结构	实验位置	页面颜色
第3套(1960年)	174	粗略	分段简述	书末	黑白
第4套(1982年)	1006	简单	目的要求、材料用具、方法步骤	书末	黑白
第5套(1985年)	925	简单	目的要求、材料用具、方法步骤、注解	书末	黑白
第6套(1991年)	1082	简单	目的要求、材料用具、方法步骤、注解、实验作业	书末	黑白

续表

套次	字数	描述	实验结构	实验位置	页面颜色
第 7 套（2000 年）	1276	详细	实验原理、目的要求、材料用具、方法步骤、注解、结论、讨论	书中	彩色
第 8 套（2007 年）	1333	详细	目的要求、材料用具、方法步骤、结论、讨论	书中	彩色

综合以上分析，可以看出生物教科书实验内容和实验呈现方式的不断变化过程。经过几十年的发展，生物教科书实验目的更加明确、实验的结构逐渐严谨和细化，内容逐渐翔实，实验要求更加具体，对实际操作技能的要求逐渐细化，说明生物实验不仅仅要求学生掌握理论知识，而且更加注重学生的动手实践能力，体现出新课改对于学生综合能力的考察和重视。其变迁呈现出实验与课程内容关系密切、实验内容逐步成熟完善、实验呈现形式逐渐多样化，基本实验内容得以传承并逐步现代化的特点。这种变迁反映了我国教育理念和教科书编写理念的变革❶。

5. 课后习题层次性凸显

课后习题作为生物教科书的有机组成部分，既可以作为检验学生学习成果的工具，也可以作为评估教师教学效果的指标，同时也可以对教科书的正文部分起到教学补充的作用。这里以 6 套不同时期的人教版高中生物教科书为研究对象，对课后习题进行了系统分析，尝试探讨课后习题的变迁特点。6 套教科书的具体情况，如表 4-6 所示。

表 4-6　不同时期人教版高中生物教科书信息表

序号	教科书名称	初版时间	使用时间
1	全日制十年制学校高中课本（试用本）全一册	1978 年 11 月第 1 版	1978—1981 年
2	高级中学课本生物全一册	1982 年 2 月第 1 版	1982—1984 年
3	高级中学课本乙种本全一册	1985 年 1 月第 1 版	1985—1990 年
4	高级中学课本生物（全一册）（必修）	1990 年 10 月第 1 版	1991—1996 年
	高级中学课本生物（全一册）（选修）	1991 年 10 月第 1 版	
5	全日制普通高级中学教科书（必修）生物第一册	2003 年 6 月第 1 版	2003—2010 年
	全日制普通高级中学教科书（必修）生物第二册	2003 年 6 月第 1 版	
	高级中学教科书（选修）生物全一册	2003 年 6 月第 1 版	

---

❶ 郭震. 我国中学化学教科书中化学实验的变迁研究［J］. 教育理论与实践，2016，36（17）：45-48.

续表

序号	教科书名称		初版时间	使用时间
6	必修	必修1 分子与细胞	2004年5月第1版	2004年至今
		必修2 遗传与进化		
		必修3 稳态与环境		
	选修	选修1 生物技术实践		
		选修2 生物科学与社会		
		选修3 现代生物科技专题		

具体分析后发现课后习题具有如下变化特点。

从数量上看，习题数量增多。对6套高中生物教科书的课后习题数目、总小题数目进行了统计，如图4-4所示。

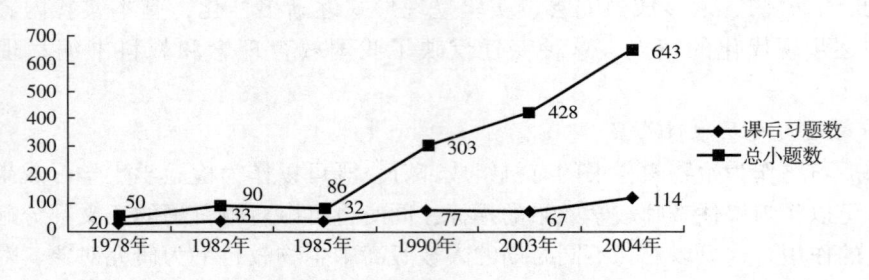

图4-4 6套高中生物教科书课后习题数量变迁图

可见，高中生物教科书课后习题数量整体呈上升趋势。课后习题总数由1978年的20个发展到2004年的114个，数量增加至接近原来的6倍。总小题数是指课后习题中包含的所有题目之和。其增加的趋势自1990年开始更为迅速，由1978年的50道习题增加到2004年的643道之多，增加了10倍多。平均每节习题量逐年增高，分别为2.5道、2.72道、2.76道、3.94道、6.39道、5.64道。另外，从图4-4中可看出，在1985年版教科书和2003年版教科书中分别有两处降低现象。1985年版的乙种本教科书课后习题数和小题总数都较1982年版的有所减少，原因在于该教科书是依据教育部在1983年8月颁发的《关于进一步提高普通中学教育质量的几点意见》和1984年12月发布《高中生物教学纲要（草案）》修订而成的，作了较多调整，删除了难度较大，相对而言不是最基础的内容，适当降低了要求，相应的课后习题也进行了删减。而2003年版教科书习题虽然从数据来看从77降低到67，但无论是从小题总数还是平均每节习题量来看都呈增加取向。

从习题类型上看，习题类型多样化。习题类型是指课后习题中包含的不同类

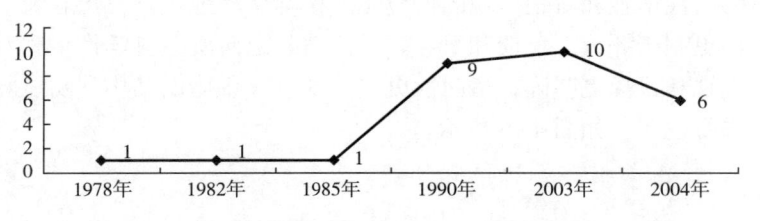

型、功能的习题，如选择题、填充题等，如图4-5所示。

图4-5　6套高中生物教科书习题类型变化趋势图

可见，前3套教科书课后习题类型没有明确标注，但全部是问答题。自1990年的教科书开始明确标注了问答题、选择题、填充题、判断题、选择填充题、识图填充题、填表题、绘图题、填图共9种类型，其中填充题131道、选择题96道、问答题33道、判断题16道、选择填充题13道、填表题8道、识图填充题4道、填图和绘图题各1道。在2003年版教科书中没有明确标注填图和绘图题，但增加了分析说明题、设计实验和识图填充题。2004年版教科书的必修教科书的课后习题包含两部分：练习和自我检测。练习是在每一节之后，自我检测是在每一章的结尾处。练习中设置了基础题和拓展题，在自我检测中设置了概念检测、知识迁移、技能应用和思维拓展题。基础题的设置类型没有明确标注，概括起来包括选择题、填空题、简答题、判断题和连线题，拓展题、知识迁移、技能应用和思维拓展主要是简答题。综上，高中生物教科书课后习题类型发展经历了从单一的问答到类型多样化的变迁过程。

从习题设置的层次维度看，习题层次性增强。层次是系统在结构或功能方面的等级秩序，具有多样性。不同层次具有不同的性质、特征和功能，既有共同的规律，又各有特殊规律。课后习题层次性加强也是教科书发展的重要标志之一。具体地说，高中生物教科书课后习题类型变迁的层次性增强表现在三个方面。一是课后习题由复习题更名为练习，练习又分为基础题和拓展题两个层次，基础题多数为选择题、判断题。2004年审定通过的3册必修教科书课后练习的习题数量由高到低依次是选择题98道、判断题63道、简答题46道、填充题16道。可见，基础题主要以客观性题目为主，更强调基础知识的掌握；拓展题以问答题、分析说明题等为主，更注重知识的应用、方法的解释与分析，重视能力发展。二是由原来的节后或单元后设置习题变更为节后练习题和章末自我检测结合的模式。三是章末的自我检测也包括概念检测、知识迁移、技能应用和思维拓展四种类型。概念检测包括连线题、判断题、选择题和画概念图四种类型，重在突出核心概念的掌握；知识迁移、技能应用和思维拓展则侧重生物学知识的实践应用、实验设计能力、分析和解决问题能力。

从习题设计和呈现维度看，习题设计日趋精致化。课后习题形式的精致化主要表现在习题科学性增强和习题呈现的情境化。科学性增强包含三层含义。第一是习题多元化取向更利于评价、反馈和引导教学活动。走向所谓科学性增强是指课后习题的设计、呈现和目标更明确，指向性更强。现以《细胞的结构和功能》一节的课后习题为例进行说明，如图4-6所示。

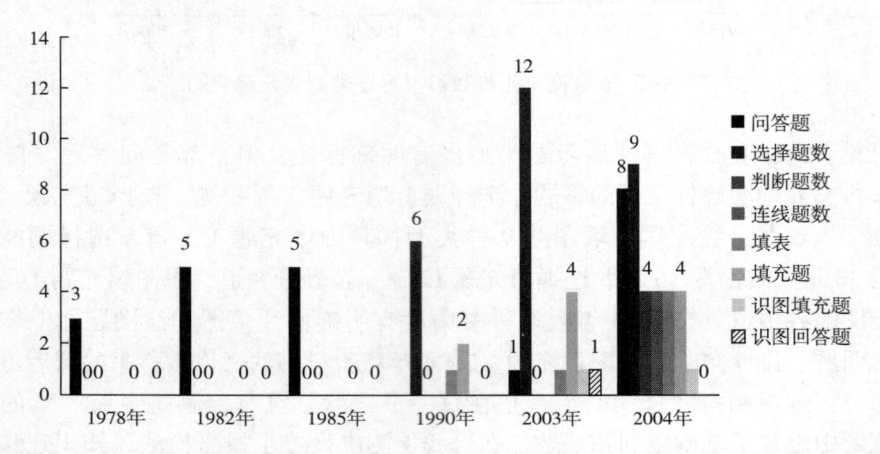

图4-6　6套高中生物教科书课后不同类型习题数量变迁图（以《细胞的结构和功能为例》）

可见，20世纪90年代后，第一是课后习题类型逐渐多元化。总体而言，选择题数量居首，问答题次之，选择、连线、填表、识图等多种类型的习题均匀分布。可以看出，这对习题自身功能的发挥来说是十分有利的。因为多元化的习题可以从不同视角，如核心知识的检验、技能的考察和解决问题能力等进行全面、深入的评价，从而使教师和学生获得更详尽真实的效果评价。第二是习题的系统性增强，环环相扣。课后习题的发展在于注重系统性。如果把每节教科书视为一个小系统，那么每章就是由众多小系统形成的大系统，2004年版生物教科书在章末设置"自我检测"，一方面全面考察了学生的学习程度；另一方面从整体视角对知识进行总结、深化、应用，形成了评价的多重循环。第三是图文结合。改革开放初，由于时间紧任务重，编写教科书相对粗糙，在之后的修订和编写过程中逐渐完善。课后习题在语言精确的基础上，又增加了图表等形式，形成了识图填充、绘图、画概念图、识图回答、填表、连线等不同类型题目。在形式上，丰富了课后习题的表现形式，在内容上深化了生物学识图、绘图能力的同时，促进学生对生物学知识的理解和应用。

从孤立的问题延伸到一定情境中是生物教科书课后习题精致化发展的另一个突出特点。尤其在2004审定的教科书中表现最为明显。在拓展题和知识迁移、技能应用和思维拓展等题目中，题目的设置更强调学生对生物学知识的综合应用和问题解决能力。例如设置问题中会为学生设置不同角色，在必修 2 中设置了"如果你是一个生产基因工程产品的农场经营者，你将如何向客户解释你的产品，并让他们放心购买呢？"的习题。此外，课后习题背景设计融入卡通图和漫画图等，增加习题设置的生动程度并与单元设计有效融合。

（二）多元取向生物教科书的价值表征

1. 课程标准沿革体现国际视野和本土化融合

1949 年以来，审视生物课程标准的发展历程，可以发现生物学课程标准融合了世界眼光，经历了借鉴苏联、借鉴日本、借鉴美国的发展阶段，步入结合本国实际的本土化尝试阶段。

首先，中华人民共和国成立初期以借鉴苏联为主。第一，期刊文献的苏联介绍较多。在中国知网期刊中，输入检索条件："篇名=苏联；来源期刊=生物学通报"，可以搜索到期刊共计 32 条，其中 80 年代 4 条，其余 28 条均为 1952—1958 年的介绍苏联教学法、苏联生物相关工作的文章。如 1952 年李四光发表的《我们必须学习苏联先进的科学经验》，关淳贤的《在生物教学中学习苏联教学法的几点心得》等。另外，在文献来源中输入检索词生物学通报后，可得包含主题为米丘林的文章 216 篇，时间均在 1952—1964 年。第二，课程设置的借鉴。1949 年 12 月 23 日，中央人民政府教育部召开了第一次全国教育工作会议，指出教育改革的基本方针是："以老解放区新教育经验为基础，吸收旧教育有用经验，借助苏联经验，建设新民主主义教育❶。"这一方针具体地规定了教育改革的步骤和方向，对这一时期的课程改革起到了直接的指导作用。1950 年的《中学暂行教学计划》（整案）规定：一年级讲授植物、动物，每周各 2 课时，第二学期的最后 8 周略授达尔文学说基础；二年级讲授生理卫生（包括防空、化学防卫和救护等常识），每周 1 课时；高中一年级设生物课（包括达尔文学说基础），每周 4 课时。1952 年的《中学教学计划》规定的生物课，初中一年级为植物，每周 3 课时；二年级为动物，每周 3 课时；三年级为生理卫生，每周 2 课时；高中一年级的生物改为达尔文理论基础，每周 2 课时。可见，这一期间的课程设置也是借鉴苏联进行的。高中生物课程的内容改为"达尔文主义学说基础"，后又改为"达尔文主义基础"，内容以苏联米丘林学说取代孟德尔—摩尔根遗传理论。从各部分内容来看，植物学主导理论是"米丘林-李森科"的工作，动物学和人体解剖生理学课程的主导理论是"巴甫洛夫学说"。"达尔文主义基础"除介绍达尔文进化论和米丘林的植物育种工作外，主要宣传李森科等人的伪科学，这种情况持续到 1957 年。第三，改"课程标准"为

---

❶ 何东昌. 中华人民共和国重要教育文献（1949—1975）[M]. 海口：海南出版社，1998：7.

"教学大纲"。1952年12月，教育部颁布了《中学生物教学大纲（草案）》，当时的课程计划进一步学习苏联，将使用40年的"课程标准"更名为"教学大纲"。生物课程进一步提出"深入地讲米丘林生物学和巴甫洛夫生物学"的要求。20世纪50年代初期制订的中学教学计划表明，当时国家把课程改革的焦点集中在数学和自然科学上，因此，这个时期的生物学课程得到了重视，这一方面体现在开设的科目较多而齐全，包括植物、动物、生理卫生、达尔文理论基础；另一方面体现在周课时和总课时都比较多。例如，1952年中学教学计划中三门初中生物科目的周课时达到8课时，三年总计课时达到288课时。从中学教学计划开设"达尔文理论基础"或"达尔文主义基础"科目说明，当时在"课程改革学习苏联经验"的号召下，借鉴苏联模式的好处是当时可以加快中学生物课程改革的步伐，但是，在一定程度上存在着机械模仿、生搬硬套的现象❶。例如这时期人教社编写的第一套教科书深受苏联生物教科书的影响，不少教学内容是照搬照抄过来的。再如，植物学课本中讲述的不少植物种类并不符合中国国情，大讲米丘林学说的基础、李森科的工作。又如，达尔文主义基础课本的绝大部分内容取材于苏联十年制学校达尔文主义基础教科书，其中有不少教学内容只适合于苏联❷。

其次，1966—1976年的实践取向。第一，密切联系工农业生产实际。20世纪五六十年代的植物学课本讲了栽培植物，主要讲述栽培植物的构造和生物学特性，栽培的历史、条件和栽培管理原理要点。动物学课本中讲了家禽和家畜，主要讲述家禽家畜的起源、品种、经济意义和饲养管理原理要点。20世纪70年代末以来，明确了生物课与农基课或劳动技术课的分工。因此，这个时期出版的动植物课本中就没有设专门的章节讲述栽培植物和饲养动物。但是，密切结合动植物的生活习性和生理特点，讲了有关的生产原理和生产成就。例如，联系根吸收水分和无机盐的功能，讲了合理灌溉和合理施肥的道理；结合茎的结构和生理特点，讲了嫁接的方法和原理；动物学课本结合虫、鱼、鸟、兽等知识的讲述，讲了经济昆虫家蚕和蜜蜂、农业害虫蝗虫和菜粉蝶、淡水养鱼和海洋捕鱼、农林益鸟、经济价值高的哺乳动物等。这些有关工农业生产的基础知识可以为学生今后参加生产劳动打下基础，使他们为家乡的经济发展做出较大的贡献。第二，生物学课程被取消。在此期间，许多省、市、自治区都开设农业基础课程，由各地自编农业课程基本教材，主要教授"三种作物（水稻、小麦、棉花）和一头猪"。因此，生物学基础知识和实验基

---

❶ 课程教材研究所. 新中国中小学教材建设史1949—2000研究丛书[M]. 北京：人民教育出版社，2010：81.

❷ 课程教材研究所. 新中国中小学教材建设史1949—2000研究丛书[M]. 北京：人民教育出版社，2010：85.

本技能受到严重削弱❶。

最后，改革开放后教材借鉴日本、美国等的自我摸索之路。在此背景下学者大量翻译日本、美国等教科书，在借鉴基础上重新构建我国生物教科书，虽在难度和适应性上几经调整，但在当时的条件下其还是对我国教科书有较大促进作用。20世纪90年代以后，在融合的过程中，我国生物教科书走向多元化的本土化摸索之路。

2. 教科书知识凸显现代生物学内容

在近现代科学史上，生命科学经历了三次重大的突破。第一次发生在16~17世纪，其标志是人体生理结构的研究和微生物的发现。到了19世纪，借助显微技术的发展，建立了细胞学说和微生物学，达尔文进化论提出。在20世纪，借助现代物理学和化学方法，人们把研究推进到生物分子的水平，其标志是现代遗传学的诞生和分子生物学的建立❷。这也对该时期中学生物教科书内容产生深远影响，整体来看，该时期内容选择上呈现以下特点：

①内容选取突出先进性与现代性。1949年以来，我国十分注重生物学科书内容的选择。各套生物教学大纲中，关于"教学目的要求"这项的第一条，学生应该通过生物课学习掌握生物学基础知识。生物学基础知识是思想政治教育、基本技能训练、学生智力发展的基础，可以培养学生的能力。因此，认真选取生物学基础知识，是十分重要的。近几十年来，生物科学发展迅猛，生物科学新的分支日益增多，与人类生产和生活的关系也越来越密切。需要教给学生的生物学知识是非常丰富的。但是，生物课的教学时数不多，实际上在基础教育阶段的生物课程中，只能够教给学生最基本的、最重要的生物学基础知识。这就是说，所选取的生物学基础知识，既要符合学生毕业后从事农、林、牧、副、渔、医等方面工作的需要，又要为他们今后通过自学不断获取新的文化科学知识，适应日益发展的现代化生活的需要，以及提高我国公民的思想道德素质、文化科学素质、身体素质和劳动素质的需要，打下良好的基础。以上诸方面的要求，不应有所忽视或偏废❸。清末和中华民国时期的教科书内容不太关心生态学。在中华民国时期的高中生物教材中，只有少数教科书用单独章节介绍生态学内容，内容只侧重于生物学与环境关系的主题；大多数则没有设置独立的章节，但分散和穿插在动物学或植物学有关的内容中。例如，将教授某门类的动植物，并通过动物和植物的形态、结构、生理学和分类描述，介绍它们系统进化和适应生存环境的特征。这与生态学本身的发展状况有关。

---

❶ 课程教材研究所. 新中国中小学教材建设史1949—2000研究丛书［M］. 北京：人民教育出版社，2010：127-128.

❷ 徐建科，彭蕾. 科学发展史［M］. 合肥：中国科学技术出版社，2012：303.

❸ 课程教材研究所. 新中国中小学教材建设史1949—2000研究丛书［M］. 北京：人民教育出版社，2010：365-366.

在中国，生态学在 20 世纪 40 年代以前还处于启蒙阶段，导致 20 世纪初高中生物教科书生态学内容不够突出。然而，一些有识之士认识到生态学的教育价值，并将其纳入生物教科书中❶。生物学是研究生命活动规律的科学，人类研究和利用生物学知识已有三四千年的历史了。在 19 世纪以前，基本停留在描述的水平上，主要从事于动植物形态的描述和分类工作。到了 19 世纪，在物理、化学发展的基础上，细胞学说的创立、《物种起源》的问世（1859）、生物化学的开端（1866）、孟德尔遗传定律的发现（1866），使生物科学由描述阶段进入实验生物学阶段。到 20 世纪 50 年代，由于新技术方法在生物学中的应用，逐渐建立了分子生物学。在此后短短的 20 多年中，已经能用遗传密码解释基因的性质，读出 DNA 分子携带的遗传信息，了解蛋白质的合成过程。随后又在分子水平上逐渐了解生物调节和控制的主要问题。而在生物物理学方面，则在血红蛋白的立体构象、肌肉蛋白的收缩机理、光合作用的光能转换、细胞膜物理性质的研究等方面，取得了很好的成果。分子生物学已深入生物学的各个领域并产生了一系列新的生物学分支学科，如分子遗传学、分子细胞学、分子分类学、分子病理学等。另外，生物学在宏观方面也有了很快的发展，这主要是与人类关系极其密切的生态学。在这一发展中，有生物科学的传统内容，又有丰富的现代成果。可以说，生物科学已经形成一个广阔的知识海洋。在这个知识海洋中，我们应该如何选择中学生所需的现代生物学基础知识？显然，主要的根据有两个方面，一是需要，二是可能。"需要"是指根据中学的普通教育性质和中学教育的目的和任务去选择那些为一个人升学、工作和生活所不可缺少的基础知识；"可能"则是指学生的基础和整个身心的发展水平，主要是他们的接受能力❷。

②融入生物技术知识内容。科学与技术并行体现在生物学课程设置的方方面面。第一，从手段上来说，随着信息化的到来，在 2003 年课程标准中的课程目标中明确提到：能够运用多媒体搜集生物学的信息，学会鉴别、选择、运用和分享信息。因此，在教科书设计过程文本的维度上体现出多样性，图像系统数量和质量都有很大的提升，教科书建设的立体化，例如，多种媒体、多种形式的出现，音频、网络资源的广泛利用，使教科书体系建设逐渐完善、丰满起来。第二，生物学课程内容增加技术层面的内容，如 2003 年设置的必修和选修课程。选修课程包括现代生物科技专题、生物技术实践、生物科学与社会，3 本选修教科书均是从生物技术运用的层面展开的。第三，培养目标明确社会主义现代化取向。现代化取向体现在 1949 年之后我国发展的方方面面，从教育方针的维度我们即可看出其联系性。例

---

❶ 谭永平. 我国中学生物教科书中生态学内容百年变迁及其启示［J］. 中学生物学，2015，31（10）：59-61.
❷ 陈皓兮. 中学生物学教学法［M］. 北京：北京师范大学出版社，1987：46.

如，中国的教育政策要求教育必须为社会主义现代化建设服务，与生产工作相结合，培养德、智、体全面发展的接班人和建设者。因为德、智、体等方面的全面发展是中国教育的出发点。中小学教育是促进青少年健康成长、和谐发展，成为社会主义需要的建设者和接班人。青少年全面发展是社会主义现代化建设的需要，而中小学教育可以为社会主义现代化建设培养各类人才打下基础。2017年课程目标：通过课程的学习，使学生认识到生物学在人与自然和谐共处、促进科技发展、社会进步和提高人类生活质量方面做出的重要贡献；树立生命观念，能够用这些概念来理解生命现象，探索生命规律；养成科学思维的习惯；能够利用现有的生物知识、证据和逻辑来对生物学进行思考和论证。

3. 教科书呈现方式多元

教科书呈现方式多元主要体现在三个方面：实验系统、图像系统和作业系统。根据该时期教科书特色分析我们可以看出，生物教科书在这三个层面都具有多元性的特点。实验系统数量明显增加，要尽量多安排各种类型的实验，在教材和教学中重视实验教学，帮助学生掌握生物学基本技能，培养他们的实验动手能力。

图像系统是生物教科书的重要组成部分，结合生物学科特点，依据不同的功能类型可以将图像的功能进行分类：加强理解、提高技能、情感教育和情景导入。加强理解主要指高中生物教科书图像系统中一些图像是对生物学相关概念、原理、定义的解释，帮助学生更直接深入理解生物知识。提高技能主要指体现实验操作、仪器实用、实验原理等侧重能力维度的图像。在2000年后出版的高中生物教科书中，实验模块的内容插入了许多操作流程图、仪器介绍及使用图、实验原理图等相关图像❶。情感教育指凸显德育功能的图像系统。德育是教育的重要方面，教科书中一些图像更注重对学生的情感、道德、意志等方面的影响，而不是单纯的传递理论知识。这类图像有利于培养学生树立科学正确的价值观，进而得到全面发展。情景导入是指一些图片并不是抽象的解释理论知识，而是以调动学生思维和学习的积极性为目的，将学生引入相关的知识情境中。这些图像或夸张有趣或结合实际，可以更好地帮助学生自主学习，为教学实践提供良好的学习氛围❷。通过对所选教科书的图象按功能进行分类统计，发现在这些教科书中，加强理解型始终占有最大比例，情景导入型次之，随着教科书中实验内容的扩充，提高技能型图像也随之增多，而以情感教育为主题的图像占有比例较少，大多出现在环境保护学习模块中，在前3个版本的教科书并没有这方面的学习内容，也就没有该类图像。具体统计数据如表4-7所示。

---

❶ 龙李. 三个版本高中生物《分子与细胞》教材图像系统比较研究［D］. 贵阳：贵州师范大学，2019：17-19.

❷ 张洪水. 高中生教材与其他版本教材图像系统的比较分析［D］. 大连：辽宁师范大学，2002：2-4.

表 4-7 图像功能统计（多功能图像按主要功能归类）

教科书	加强理解	提高能力	情感教育	情景导入
达尔文主义基础（1952年）	83	1	22	20
	65.87%	0.79%	17.46%	15.87%
生物全一册（1978年）	34	0	2	18
	62.96%	0.00%	3.70%	33.33%
生物全一册（1982年）	71	4	2	15
	77.17%	4.35%	2.17%	16.30%
生物全一册（1990年）	88	12	2	35
	64.23%	8.76%	1.46%	25.55%
高中生物（2002年）	239	27	14	161
	54.20%	6.12%	3.17%	36.51%
高中生物（2004年）	361	61	44	462
	38.90%	6.57%	4.74%	49.78%

由表4-7可知，1949年以来我国中学生物教科书图像系统功能类型呈现多元性发展趋势。首先，日益重视图像系统的功能发挥，教科书内容及呈现设计有整体的斟酌和思考，考量不同图像的功能类型后进行了整体协调。审视加强技能图像的变迁过程，我们会发现其重视程度呈现递增趋势，可见生物教科书日益重视能力的培养。其次，从数量变迁概况看，最初的1952年的教科书图像系统功能的重视程度依次为知识理解—情感教育—情景导入—能力维度，2004年的教科书图像系统的数量发展排序则为情景导入—知识维度—能力维度—情感教育。分析其变化，呈现出教科书的教学性功能日益凸显。因为情景导入强调课程教学内容与学生经验的练习，注重教学内容的生成性，着力在帮助学生学习。最后，日益重视实验能力的提升。能力的培养是生物学课程目标的重要组成部分，能力维度图像系统由最初的0.08%，逐渐发展为20世纪90年代后的8.76%、6.12%等，足见其重视程度。

从整体上看，中华人民共和国成立以来高中生物教科书图像系统数量上呈递增趋势。尤其是改革开放以后，随着必修课本的增加和选修课本的出现，每套教科书总的图像数量明显增长。2004年出版的最新版教科书的图页比是改革开放初期的教科书图像数量的3倍左右，在标题、正文、课后习题、阅读材料、实验中都增加了大量的插图。教科书各部分插图数量增多的这一变迁趋势为教科书图像类别多样化、功能全面化、组织形式合理化提供基础条件，丰富了教科书的内涵，提高了教科书的质量。

4. 多元化的编写、研究群体形成

1949年以来，历经几十年时间，生物教科书获得了长足的发展。在课程设置维度由单一必修课程改为必修、选修结合。在教科书建设维度基本形成较为稳定的教科书编写群体和教科书研究群体，且其成员组成结构和知识结构均具有多元性特点。

以 1949 年以来人民教育出版社出版的教科书为样本，对生物教科书的作者进行梳理，如表 4-8 所示。

表 4-8　中华人民共和国成立后本国作者及其各自出版教科书的数目

本国作者	出版的教科书数目	本国作者	出版的教科书数目
邓介平	8	汪明熙	8
段云芬	1	王真真	8
方宗熙	9	文杉如	2
李 沧	15	徐晋铭	1
李培实	1	叶佩珉	17
林 涛	7	于观文	1
林 英	2	张 军	8
刘 真	15	赵 绰	8
任树德	2	赵占良	4
孙传贤	16	郑实夫	1
孙间间	8	周建人	1

从表 4-8 中可以看出，中华人民共和国成立后出版教科书的作者共有 22 位，共出版生物教科书 41 本。这时的教科书的编写和出版都与人民教育出版社有关，说明了生物教科书的发展到了进行归纳研究共同出版的时代。这个时期的教科书作者都是本国作者，其中大多数都是人民出版社的作者，反映出我国重视教育并把教科书的编写权收回到国家所有，说明我国的生物教科书的编写在这个时期开始逐渐形成体系。

经过几十年的发展，生物教科书的编写团队逐渐增多，初步实现多元化发展。例如，2001 年秋，我国正式推出 3 套新的中小学实验教材，分别由人民教育出版社、北京师范大学出版社、江苏教育出版社联合华东师范大学出版社编辑出版。3 套新教材将在全国 27 个省市和 38 个地区进行试验❶。截至 2002 年 8 月，教育部共核准 18 家具有编制中小学教科书出版资格的出版社。到 2004 年，新课程改革试验区扩大到 2576 个县，占全国县总数的 90 % 左右。越来越多符合不同版本新课程标准的教科书参与了竞争，该年秋季，4 省区率先推行了高中新课程标准教科书的实

---

❶ 张勉. 全国中小学生共用一套教材的局面成为历史：中小学教材出了三个版本［N］. 环球时报，2001-9-4.

验。2006年8月底，根据国家新闻出版总署公布的数据，2005年出版全国中小学课本12617种，占出版图书总量的5.67%，成为整个教材市场的主导❶。

同时，此前的教科书编写过程中也借助多方力量。比如，在1998年12月，人民教育出版社生物自然室编写出版了《全日制普通高级中学教科书（试验本）生物 选修 全一册》。本书编写人员有赵占良、张军、刘真、李红、王真真、柴西翠（按执笔章节顺序），责任编辑是张军。同时，叶佩珉编审参加了本书编写提纲和样章的讨论，并提出了许多指导性意见。参加本书讨论的生物教师有朱正成、郑春和、曹保义、刘启宪、王惠弟、刘毓森、薛静尧、陈志祺、乐建峰等。在编写过程中得到许多专家、教师和教学研究人员的大力支持和帮助。北京大学翟中和院士、陈守良教授、吴鹤龄教授，北京师范大学孙儒泳院士、王珊教授，国家环境保护总局任耐安同志，国家杂交水稻工程技术研究中心袁隆平院士，中科院微生物所孙万儒研究员，中科院植物所张其德研究员、靳玉祥研究员、桂耀林研究员，中科院遗传所黄华梁研究员，中国科学院生态与环境研究中心王如松研究员，中国农业科学院郭三堆研究员，中国医学科学院基础医学研究所章静波研究员，北京医科大学钱玉昆教授，分别审阅了有关章节的初稿。天津市教育教学研究室和天津市南开中学等单位为本书中的实验、实习等项目做了大量的工作，提供了有利条件。

根据对中国知网上主体为教科书的文献分析可以发现，近年来关注和从事教科书研究的学者逐渐增多，并且其所属机构涵盖高等教育、中等教育、管理部门等多个范围，如图4-7所示，可见教科书研究逐渐成为显学。

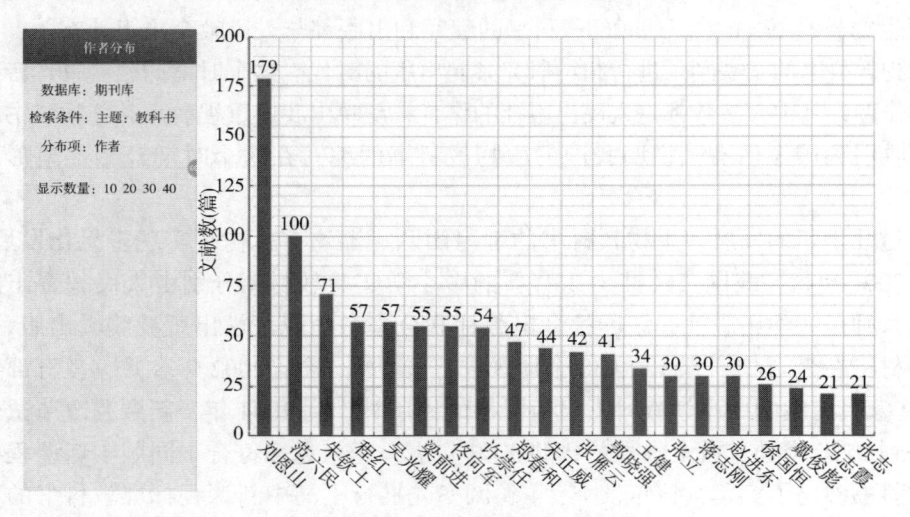

图4-7 生物教科书作者分布

---

❶ 新闻出版总署计划财务司. 中国新闻出版统计资料汇编（2006）[C]. 北京：中国ISBN中心，2006.

三、本时期生物教科书出版概况及总体特征

（一）本时期生物学课程设置概况及特点

1. 生物课程变迁的历史沿革

（1）初期的统整时期（1949—1965年）

中华人民共和国成立初期，百废待兴，教育工作也受到重视。结合我国实际和有关教育的相关举措，可以将新中国成立初期生物学课程发展的历史背景分为三个阶段。

首先，中华人民共和国成立初期，生物学教育和全国其他事业一样，也经历了三年恢复时期。1949年12月，教育部在第一届全国教育工作会议上提出了教育改革的基本方针：以老解放区新教育经验为基础，吸收旧时期教育的有用经验，借助苏联经验，建设新民主主义教育❶。该政策明确了教育改革的步骤和方向，对指导这一时期的课程改革具有直接的指导作用。上述这些规定，是新中国最早颁布的教育方针、任务和政策。1951年10月1日，政务院颁布了《关于改革学制的决定》。这是新中国成立后我国正式公布的首个学制。新学制的建立，为建立中小学课程设置奠定了基础。1952年3月18日，教育部发布的《中学暂行规程（草案）》中提出了中学教学计划。这个中学教学计划在新中国中学课程体系的确立过程中起到奠基作用❷。

其次，全面学习苏联时期（1953—1957年）。1954年4月，政务院发布了《关于改进和发展中学教育的指示》，从两个方面明确了这一时期中等教育改革和发展的指导方向❸。1956年颁布了中华人民共和国成立以来第一套中学各学科教学大纲。这套教学大纲的科学性得到进一步提高，理论知识与实际的结合更为紧密。根据培养全面发展的人的教育方针，升学和就业成为中学教育承担的重要任务，在数学、生物等5个学科的教学大纲中，提出了实施基本生产技术教育的任务❹。

最后，教育改革与调整时期。1958年，教育层面受到了"教育革命"浪潮的冲击，中学课程和教学也受到一定影响。1962年2月，依据"调整、巩固、充实、提高"八字方针，中学课程进行了一定的调整和改革。1963年3月，《全日制中学暂行工作条例（草案）》（简称《条例》）在系统总结新中国成立13年来的经验与

---

❶ 何东昌.中华人民共和国重要教育文献（1949—1975）[M].海口：海南出版社，1998：7.
❷ 课程教材研究所.新中国中小学教材建设史1949—2000研究丛书[M].北京：人民教育出版社，2010：18-19.
❸ 课程教材研究所.新中国中小学教材建设史1949—2000研究丛书[M].北京：人民教育出版社，2010：21.
❹ 课程教材研究所.新中国中小学教材建设史1949—2000研究丛书[M].北京：人民教育出版社，2010：22.

教训的基础上，进一步明确了对中学教育任务、教学工作、思想政治教育等工作的要求。可见，《条例》是这个时期办好中学教育、提高教学质量的指导性文件。《条例》对中学课程的重大问题做了原则上的规定，主要包括：课程设置方面、课程结构方面和教科书制度方面。1963年7月，教育部颁发了《关于实行全日制中小学新教学计划（草案）的通知》。在新教学计划中，生物课程减少了不必要的循环重复，课程设置也适当集中。1964年，教育部颁布了《关于调整和精简中小学课程的通知》，调整了1963年拟订的《全日制中小学教学计划（草案）》中的课程设置。这次调整，大部分课程的周教学时数有所减少，总教学时数也有较大幅度的削减❶。

（2）"文化大革命"时期（1966—1976年）

这10年期间，各地编写出版的教材，不仅体系较混乱，还严重削弱基础知识❷。上海、辽宁等地则取消了物理、化学、生物等课程，改设工业生产知识等课程❸。

（3）恢复与发展阶段（1977—2003年）

党的十一届三中全会以后，随着我国经济、科技、教育等方面体制改革的深入开展，中学教育事业得到蓬勃发展，中学课程也发生了一系列的深刻变革。

1977年，邓小平同志指出要重视中小学教育，关键是教材。1977年9月，教育部开始积极筹措中小学教材的编订工作。1978年1月，教育部颁发了《全日制十年制中小学教学计划试行草案》，统一规定中学阶段5年，其中初中3年、高中2年分段。教学计划规定，中学开设政治、语文、数学、外语、生物、生理卫生等14门课程。与此同时，开始编订各科教学大纲和编写各科教科书。1981年4月，教育部新编制、颁发了《全日制六年制重点中学教学计划（试行草案）》和《全日制五年制中学教学计划（试行草案）》的修订意见。

1983年，根据邓小平同志"三个面向"的指示，教育部决定适当调整高中数学、物理、化学、生物、外国语课程的教学内容，实行较高要求和基本要求。并据此编写出版了体现较高要求的甲种本和体现基本要求的乙种本。

1985年，教育部组织修订了《全日制十年制学校中学生物教学大纲（试行草案）》，并于1986年12月正式颁发实行。

1986年4月，《中华人民共和国义务教育法》规定国家实施九年义务教育制

---

❶ 课程教材研究所. 新中国中小学教材建设史 1949—2000 研究丛书［M］. 北京：人民教育出版社，2010：27.

❷ 课程教材研究所. 新中国中小学教材建设史 1949—2000 研究丛书［M］. 北京：人民教育出版社，2010：29-30.

❸ 郑晓蕙. 生物课程与教学论［M］. 杭州：浙江教育出版社，2003：18.

度,对我国社会主义建设具有重大而深远的影响❶。1988年9月,印发了《义务教育全日制小学、初级中学教学计划(试行草案)》。这个教学计划有"六三"制和"五四"制两种。与过去的中小学教学计划比较,它体现了义务教育的性质、任务和培养目标,改革了课程结构,调整了不同学科的比例,增加了课程的灵活性和多样性,这个教学计划成为当时编写义务教育各学科教学大纲和教材的依据❷。

从1989年开始,我国着重研究义务教育与高中教育的衔接。首先对普通高中的性质、任务和培养目标进行了明确。随着"科教兴国"战略方针的提出,我国开始全面推动中小学实施素质教育,并且提出为建设社会主义现代化强国,要完成培养具有创新精神和创新能力的跨世纪人才的任务。这一时期我国教育教学改革的大好形势,大力推动着中学教育和中学课程继续面向21世纪深化改革。具体包括以下几个方面:首先,国家教育委员会颁发《现行普通高中教学计划的调整意见》,在肯定原1981年颁发的普通高中教学计划的积极性作用的同时也指出一些问题,并针对问题进行了过渡性调整。例如,高中学科课程在必修课为主的原则下,适当增加选修课。单科性选修主要安排在高一、高二年级。分科性选修则主要安排在高三年级。此外,调整了课外活动和社会实践活动。

1996年,国家教育委员会基础教育司制订了《全日制普通高级中学课程计划(试验)》❸。强调高中《课程计划》和新编普通高中各学科教学大纲,教材将于1997年秋季在部分地区的学校进行试验,并在试验的基础上拟于2000年在全国范围实施。1999年6月,中共中央国务院要求调整和改革课程体系、结构、内容,建立新的基础教育课程体系❹。2000年8月,教育部颁发《关于印发初级中学物理、化学、生物、历史、地理等五科教学大纲(试用修订版)的通知》。2001年7月,国务院明确指出:完善基础教育教材管理制度,实现教材的高质量与多样化。由此,教科书发展进入多样类型的时期。截至2008年春,共有84家出版社开发的新课标教科书通过教育部审定❺。

2. 生物学课程设置概况

新中国成立后,1950年的《中学暂行教学计划(草案)》规定了普通中学的课程设置及教学时数。初级中学开设自然课。一年级讲授植物、动物,每周

---

❶ 何东昌. 中华人民共和国重要教育文献(1976—1990)[M]. 海口:海南出版社,1998:10.
❷ 课程教材研究所. 新中国中小学教材建设史1949—2000研究丛书[M]. 北京:人民教育出版社,2010:32.
❸ 课程教材研究所. 新中国中小学教材建设史1949—2000研究丛书[M]. 北京:人民教育出版社,2010:39.
❹ 中共中央国务院关于深化教育改革全面推进素质教育的决定[N]. 人民日报,1999-06-17(01).
❺ 石鸥,李新. 新中国60年中小学教材建设之探析[J]. 湖南师范大学教育科学学报,2009(5):5-10.

各 2 课时,第二学期的最后 3 周,略授达尔文学说基础;二年级讲授生理卫生(包括防空、化学防卫和救护等常识),每周 1 课时。高中一年级设生物课(包括达尔文学说基础),每周 4 课时。1952 年的《中学暂行规程(草案)》规定的生物课,初中一年级为植物,每周 3 课时;二年级为动物,每周 3 课时;三年级为生理卫生,每周 2 课时;高中一年级的生物改为达尔文理论基础,每周 2 课时❶。

这两个教学计划中的生物学课程的具体安排,如表 4-9 所示。

表 4-9 1950—1952 年中学生物学课程设置❷

教学计划			初中课时数				高中课时数			
时期	名称		一	二	三	三年总计	一	二	三	三年总计
1950 年	中学暂行教学计划(草案)	自然	4	1		200				
		生物					4			160
1952 年	中学教学计划	生物 植物	3			108				
		动物		3		108				
		生理卫生			2	72				
		达尔文理论基础					2			72

1953 年《中学教学计划(修订草案)》规定:植物在初中一年级和二年级上学期开设,初一每周 2 课时,初二每周 3 课时;动物在初中二年级下学期和三年级开设,二年级每周 3 课时,三年级每周 2 课时;高中一年级开设人体解剖生理学,每周 2 课时;高中二年级开设达尔文主义基础,每周 2 课时。《1953 年 8 月至 1954 年 7 月试行中学教学计划(修订草案)的调整办法》提出:初中二年级上学期"植物"每周授课时数改为 2 小时❸。"植物"如在一年级已教完的,"动物"仍自下学期开始讲授。初中三年级:"动物"在二年级时已教过,不再讲授,改授"人体解剖生理学";如在二年级时已教过"生理卫生学"的,"人体解剖生理学"则不再讲授。"化学"及"生理卫生学"两科如尚未结束的,应继续讲授,每周授课时数各若干,各校得根据实际情况确定;但授课时数应比本计划中所规定的减少。高中一年级:在初中时已教过"生理卫生学","人体解剖学"则不再讲

---

❶ 叶佩珉. 生物学课程教材改革探索 [M]. 北京:人民教育出版社,2002:1.
❷ 课程教材研究所. 新中国中小学教材建设史 1949—2000 研究丛书 [M]. 北京:人民教育出版社,2010:20.
❸ 叶佩珉. 生物学课程教材改革探索 [M]. 北京:人民教育出版社,2002:1.

授。高中二年级应授的"达尔文主义基础"提前至高中一年级讲授,每周授课时数仍为 2 小时❶。高中二年级:"达尔文主义基础"在高中一年级时已教过不再讲授。

1957 年《关于 1957—1958 学年度中学教学计划的通知》为了"减轻学生负担和提高他们的学习质量",要精简教材内容,减少学科门类。《1957—1958 学年度中学教学计划》规定:植物,初中一年级改为每周 3 课时,二年级上学期改为每周 2 课时;动物,初中二年级上学期改为每周 2 课时,下学期改为每周 4 课时;初中三年级仍为每周 2 课时。高中的达尔文主义基础暂时停授❷。具体课程设置如表 4-10 所示。

表 4-10　1953—1957 年中学生物学课程设置❸

教学计划颁发时间	科目		初中课时数			高中课时数		
			一	二	三	一	二	三
1953	生物	植物	2	3				
		动物		3	2			
		人体解剖生理学				2		
		达尔文主义基础					2	
		卫生常识	1					
1954	生物	植物	2	3				
		动物		3	2			
		人体解剖生理学						
		达尔文主义基础				2		
		卫生常识	1	1				
1955	生物	植物	2	3				
		动物		3	2			
		人体解剖生理学				2		
		达尔文主义基础						
		卫生常识	1					

---

❶ 叶佩珉. 生物学课程教材改革探索 [M]. 北京:人民教育出版社,2002:1.
❷ 叶佩珉. 生物学课程教材改革探索 [M]. 北京:人民教育出版社,2002:2.
❸ 课程教材研究所. 新中国中小学教材建设史 1949—2000 研究丛书 [M]. 北京:人民教育出版社,2010:24.

续表

教学计划颁发时间	科目		初中课时数			高中课时数		
			一	二	三	一	二	三
1956	生物	植物	2	3				
		动物		3	2			
		人体解剖生理学					2	
		达尔文主义基						2
	卫生常识		1					
1957	生物	植物	3	2				
		动物		2/4	2			
		人体解剖生理学					2	

1958年的《1958—1959学年度中学教学计划》指出：为了使初中学生获得比较完整的生物学知识，高中学生在已有知识的基础上，适当地扩大、加深和系统化。生物科作了如下的调整：初中一年级植物，初中二年级动物，都为每周3小时（同年5月，教育部下发的教学计划补充通知，都改为每周2小时）；初中三年级生理卫生，每周2小时；高中一年级生物学，每周3小时，原高中人体解剖生理学和达尔文主义基础两科取消，其主要内容将分别在初中生理卫生和高中生物学中讲授。1963年《关于实行全日制中小学新教学计划（草案）的通知》指出：1957年以前，历史、地理课有不必要的循环重复，生物课有过于烦琐的缺点，这些课程的设置办法也过于分散。新教学计划（草案）使历史、地理、生物三门课程避免了不必要的重复，设置办法也适当集中，这样既能使学生学到必要的基础知识，又减少了各学年的课程门类。《全日制中小学教学计划（草案）》中，中学生物课的教学时数也减少了。具体规定：初中一年级设植物，每周2课时；二年级上学期设动物，下学期设生理卫生，每周3课时；高中二年级设生物学，每周2课时。

教育部自1958年3月至1964年7月，先后3次颁发了《1958—1959学年度中学教学计划》和《关于调整和精简中小学课程的通知》，在《通知》中提出了对初中生物学课程的调整意见。

在1964年颁发的《关于调整和精简中小学课程的通知》中，对于1963年拟订的《全日制中小学教学计划（草案）》中初中生物学课程设置进行了调整。1958年至1964年教学计划中规定的生物学课程和相关的调整意见，具体安排见表4-11。

表4-11 1958—1964年中小学生物学课程设置[1]

教学计划时期	教学计划名称		课程	初中课时数			高中课时数			总课时数	
				一	二	三	一	二	三	每周	每年
1958—1959	1958—1959学年度中学教学计划	生物	植物	3						11	374
			动物		3						
			生理卫生			2					
			生物学						3		
1963	全日制小学教学计划（草案）	生物	植物	2						7	245
			动物		3/						
			生理卫生			/3					
			生物学					2			
1964	关于调整和精简中小学课程通知	初中生物	植物	3/							
			动物		/3						
			生理卫生			1					

1978年的《全日制十年制中小学教学计划试行草案》规定：初中一年级设生物课，每周2课时，二年级和三年级上学期设生理卫生，每周1课时；高中二年级上学期设生物课，每周2课时。在课程设置及有关说明中指出：初中生物课主要讲授植物、动物和生物进化的基础知识，高中主要讲授遗传变异等基础知识。初中生理卫生课讲授人体构造生理、青春期卫生知识和常见病、多发病的预防。青春期卫生的内容各地可根据学生发育情况提前和移后讲授。高中利用机动时间，以六课时左右，用讲座形式进行晚婚和计划生育教育[2]。1981年的《全日制六年制重点中学教学计划（试行草案）》规定：生物，在初中一、二年级和高中三年级开设，每周均为2课时；生理卫生在初中三年级开设，每周2课时。在"课程设置说明"中指出：讲授生物体（植物、动物、人体）生长发育的规律和生物界发生发展规律的基础知识；培养学生掌握生物实验实习的基本技能[3]。

1988年颁发《义务教育全日制小学、初级中学教学计划（试行草案）》，对于初中生物课程规定：三年制一年级每周3课时，二年级每周2课时；四年制一、二、三年级每周均为2课时。在"课程设置说明"中指出：生物课学习植物、细

---

[1] 课程教材研究所. 新中国中小学教材建设史1949—2000研究丛书 [M]. 北京：人民教育出版社，2010：28.

[2] 叶佩珉. 生物学课程教材改革探索 [M]. 北京：人民教育出版社，2002：3.

[3] 叶佩珉. 生物学课程教材改革探索 [M]. 北京：人民教育出版社，2002：4.

菌、真菌、病毒和动物的形态结构、生理和分类方面的基础知识，初步了解一些生物的遗传、进化和生态的基础知识，以及这些知识在实际中的应用，初步懂得人体的解剖、生理和卫生保健的基础知识，培养学生初步的观察和实验能力。同时文件指出：人口教育在思想政治课、地理课、生物课中进行。此外，在试行草案的说明中，与生物课有关的说明还有两点："1. 能源、环保、三防、生态、交通、人防等教育渗透在相关学科和课外活动中进行。2. 各地可根据实际情况，通过生物课教学或讲座，在初一年级进行青春期卫生教育❶。"生物学科在高中二年级为必修课，每周 3 课时，授课总时数为 102 课时，与原教学计划相比较，生物学科的必修课时略有增加❷。

国家教育委员会 1990 年颁发《全日制中学生物学教学大纲（修订本）》，在大纲修订说明中提出：生物等 6 科教学大纲修订后分为必修课和选修课两部分。初中生理卫生大纲也进行适当调整。生物学教学大纲对生物教学内容和教学要求都进行了调整，调整后的高中教学计划和教学大纲从 1990 年秋季的高一年级入学新生开始实行。

3. 生物学课程设置特点

中华人民共和国成立后，中学生物教科书可以分为以下几个部分：一是人民教育出版社出版的教科书，主要依据（人教版主要以人民教育出版社书目 1950—1999 教材卷）出版概况进行了整理，如附录 6 所示；二是依据国家教委按照"一纲多本"的精神，在全国范围内组织编写了具有不同风格、不同水平、适应不同地区特点的义务教育生物教科书，初步实现了生物教科书的多样化，具体情况见附录 7。分析该时期教科书出版情况，可以发现该时期生物教科书呈现以下特点。

第一，生物学课程历经波折、稳步发展。尽管学科专家和教科书编写者对生物教科书的价值进行过诸多论述，但生物学课程即使在今天也会被部分当作"小科""副科"来处理。在中华人民共和国成立后的 50 年的时间里，其也是历经波折，主要包括两个方面：一是学时减少，不受重视；二是直接取消课程。比如，1958—1964 年的生物学课程设置变化的明显趋势和特点，即教学时数减少、开设的年限也减少。在教学时数方面，初中生物学科的每周课时由 8 课时减为 5 课时，再减为 4 课时，也就是在 6 年之间减去了二分之一的课时；高中生物学科的每周时数由 3 课时减为 2 课时，也就是减去了三分之一的课时。在生物学科开设年级方面，初中生物课由连续开设 3 年，改为初中开设 2 年，相隔 2 年后高中开设 1 年生物学科。

第二，生物教科书类型由单一到多元。中华人民共和国成立初期，生物学课程

---

❶ 课程教材研究所. 新中国中小学教材建设史 1949—2000 研究丛书［M］. 北京：人民教育出版社，2010：33.

❷ 同上。

的设置主要是模仿苏联以分科形式为主，经历了"文化大革命"时期的生物学课程被取消，直到改革开放后生物教科书获得了稳步的发展。经过几十年的发展，生物学教材类型由原来单一的学科分科体系，发展到分科体系、小综合体系和大综合体系三种形式并存。分科体系主要有人民教育出版社生物自然室编写的人教版生物教科书、北京师大教材编写组编写的北师大版生物教科书、西南大学教材编写组编写的内地版生物教科书、河北省教材编委会编写的河北版生物教科书。小综合体系是指学科内融合的生物教科书，即动物学、植物学等生物学内容的融合。其包括广东省教材编委会编写的沿海版生物教科书、江苏省教材编委会编写的江苏版生物教科书、河南省教材编委会编写的河南版生物教科书、上海市教材委员会编写的发达地区版、北京市教材编委会编写的北京版生物教科书。大综合体系是指学科间的融合，即生物、地理、物理、化学4个学科间融合的教科书体系。其包括浙江省教材编委会编写的浙江版自然科学教科书、上海市教委教研室编写的上海教研版理科教科书、上海师大教材编写组编写的上海师大版理科教科书等。

（二）生物教科书出版概况及总体特征

1. 教科书出版由统一走向多样化

新中国成立初期，生物教科书的编写和出版工作由人民教育出版社整体负责。人民教育出版社成立于1950年12月，是编辑出版教科书和教育图书的专业出版社。主要任务是编辑出版：幼儿园、小学、中学和中等师范学校各科教材；高等师范院校教育学、心理学教材；初等、中等工农教育教材，职工中学教材本；教师教学参考书和学生课外读物；学生自修读物和教师进修读物；中外教育科学著作和教育经验选编；本版中小学和中等师范学校教材的录音磁带、幻灯片；等等。为使教材的编写工作建立在科学研究的基础上，并推动课程、教材问题的学术研究，1983年5月，经教育部批准，建立了课程教材研究所，课程教材研究所与人民教育出版社合署办公。

从"一纲一本"到"一标多本"的教科书制度性改变，促使教科书的多样化发展。我国中小学教科书无论在内容、形式上，还是在规模、品种、数量上，都取得了突飞猛进的发展，呈现出一片繁荣景象，这对于提高我国中小学教学质量、推动基础教育课程改革、培养适应社会发展的各类合格人才，发挥了重大的作用。

2. 生物教科书立体化教材建设初见成效

生物教科书由必修教材发展为必修和选修结合，同时教科书的配套资源也日益完善，除教参、学生辅导材料等配套资源以外，各出版社都建立了相应的网站资源，供选用相应教材的老师学习。这就深化了不同主体对教科书的理解和交流，从而更有利于教育目标的达成，一定意义上使得教材编写者、教师和学生有了一个交流和审视的平台。此外，教科书载体形式也由纸质形态走向了纸质形态和数字化形态结合。例如，人民教育出版社网站就有相匹配的各种教材、教辅、教研、优秀课视频等资源，供使用教科书的老师和学生进行学习。

四、对多元取向生物教科书的总结

历经几十年的发展，1949年以来的中学生物教科书形成具有中国特色的规范化的生物教科书体系。整体来看，生物教科书呈现多元取向。首先，教科书研究视角、研究主体均呈现多元化趋势。教育工作者对中小学教科书的研究不断深入，该领域的研究从简单的内容介绍到编写、应用研究。教科书研究群体不断壮大，由原来的教科书编写者为主，发展为涵盖教科书编写者、师范大学等研究机构和教师等多重研究群体。其次，生物教科书发展经历了从借鉴苏联经验建设教科书，到通过本土化探索与研究建设凸显中国特色的教科书的发展阶段，其间融合了多种建构主义、多元智能等学习理论。最后，教科书的功能和载体以呈现多元化样态。教科书的载体形式从纸质化教科书的研究、数字化教科书的研究到有机结合体现信息技术等。教科书的理念从凸显教科书政治功能发展到政治、经济和文化多重功能融合。

第五章 百年中学生物教科书价值取向的有机哲学审视

对史实的总结不能仅仅停留于对既定教科书的总结，而应在知识之上寻求更深层次的道理，道理的探寻是更高层次的史实总结。价值取向层面的思考对于教科书的研究是一项饶有意义的工作，不仅能够认清历史，而且也能为未来的展望提供思路。本章主要包括两个部分：百年中学生物教科书价值取向嬗变的特点与百年中学生物教科书价值取向问题。

一、价值取向嬗变的特点：从本质到多元

纵观我国生物教科书百年的演变特征，呈现出典型的从本质到多元的发展特点。具体表现为五种不同的特点：第一，在课程目标取向上，从知识取向到素养取向转变。第二，在生物教科书内容取向上，从博物到生物学。第三，在生物教科书编写者取向上，专业性、学术性日益凸显。第四，在教科书呈现方式取向上，由教材取向转向学材取向。第五，在坚持的宏观理念上，政治取向贯穿始终。从目标到内容、编写者取向、呈现方式，以及理念上均体现出了本质到多元的特征。

（一）课程目标：从知识取向到素养取向

课程目标是反映教科书价值取向的重要所在，在一定程度上反映教科书价值取向嬗变的路径。在课程目标取向上，教科书的取向经历了从知识取向到素养取向的转变。

1. 课程目标的词频统计分析

文本分析是一种基于定性和定量结合的内容分析方法[1]。近年来，其从信息科学、情报科学等领域逐步发展成为现代社会科学的重要研究方法。特别是在管理学科中得到了广泛的应用。在企业管理领域，它主要用于获取管理者的感观重点[2]。事实上，组织和决策者的行为具有无限的维度，语言则是人类心理处理过程的反映。人们的认知倾向反映在其经常使用的文字上，常用词语是人们认知的

---

[1] WOODRUM D E. "Mainstreaming" content analysis in social science: Methodological advantages, obstacles, and solutions [J]. Social Science Research, 1984, 13 (1): 1-19.

[2] MORRIS R. Computerized content analysis in management research: A demonstration of advantage and limitation [J]. Journal of Management, 1994, 20 (4): 903-931.

中心，反映了人们思维中最活跃的部分❶。词语使用频率的变化反映了人们对事物变化的关注和认知❷。作为一个组织的重要文本，正式文件与具体决策有着非常密切的关系。文本资料中某些关键词的频率统计词可以用作组织和决策者认知集中或重要性的指标。根据此原理，对民国时期的课程目标进行分析，词频分析统计如表5-1所示。

表5-1 民国时期中学课程目标词频分析统计

序号	关键词	词频	权重	序号	关键词	词频	权重	序号	关键词	词频	权重
1	学生	44	1	20	保健	6	0.7737	39	急救	3	0.7071
2	卫生	21	0.9228	21	国计民生	5	0.7651	40	爱护	3	0.7055
3	植物	18	0.9155	22	常识	5	0.7646	41	有害	3	0.7024
4	动物	17	0.9046	23	简易	5	0.761	42	习见	3	0.7018
5	兴趣	15	0.8853	24	事物	5	0.7548	43	知识	3	0.6956
6	培养	15	0.8788	25	生物	5	0.7548	44	看护	3	0.6943
7	动植物	11	0.8698	26	欣赏	5	0.7513	45	身心	3	0.6938
8	采集	12	0.8693	27	科学	5	0.7501	46	人类	3	0.6916
9	观察	11	0.8476	28	嗜好	4	0.7461	47	推理	3	0.6889
10	构造	10	0.8458	29	家庭	5	0.744	48	推想	2	0.6844
11	生理	10	0.8409	30	防病	5	0.7418	49	矿物	3	0.6822
12	实验	9	0.8251	31	环境	5	0.7418	50	大意	3	0.6785
13	健康	10	0.8213	32	训练	4	0.728	51	地质	3	0.6744
14	增进	8	0.8086	33	要旨	3	0.7252	52	志趣	2	0.6729
15	人生	8	0.8071	34	植物学	3	0.7212	53	初级中学	2	0.6718
16	形态	7	0.7972	35	正确	4	0.7205	54	救急	2	0.6707
17	自然界	6	0.7971	36	生命	4	0.7204	55	驱除	2	0.6701
18	人体	7	0.7893	37	信心	4	0.7166	56	分门别类	2	0.6685
19	原理	7	0.789	38	学校	4	0.7097	57	栽培	2	0.6672

---

❶ SAPIR E. Language：An introduction to the study of speech［M］. New York：Courier Dover Publications，2004：58-76.

❷ WHORF B L，CARROLL J B. Language，thought，and reality：Selected writings of Benjamin Lee Whorf［M］. Cambridge：The MIT Press，1956：134-159.

续表

序号	关键词	词频	权重	序号	关键词	词频	权重	序号	关键词	词频	权重
58	公共卫生	2	0.6669	80	喂养	1	0.6105	102	机能	1	0.5934
59	概要	2	0.6649	81	知觉	1	0.608	103	讲解	1	0.5932
60	本土	2	0.6648	82	爱好	1	0.6074	104	一小	1	0.5922
61	考察	2	0.662	83	天性	1	0.6074	105	列入	1	0.5916
62	博物	2	0.6505	84	三学	1	0.607	106	作业	1	0.591
63	课程	2	0.65	85	生殖	1	0.6063	107	大要	1	0.591
64	标准	2	0.6443	86	情感	1	0.6062	108	医学	1	0.5903
65	民族	2	0.6424	87	屏除	1	0.6041	109	天演论	1	0.5893
66	国防	2	0.6344	88	遗产	1	0.604	110	成绩	1	0.5883
67	种类	2	0.6279	89	生态	1	0.604	111	实践	1	0.5883
68	研究科	1	0.6251	90	大纲	1	0.6026	112	身心健康	1	0.5865
69	组织	2	0.6251	91	优生学	1	0.6011	113	病理	1	0.5854
70	国民	2	0.6241	92	天演	1	0.6011	114	类别	1	0.581
71	工业	2	0.6232	93	生长	1	0.6008	115	演进	1	0.5675
72	紧要	1	0.619	94	营养	1	0.6003	116	民生	1	0.5647
73	结构	2	0.6186	95	遗传学	1	0.5999	117	疾病	1	0.5595
74	培养基	1	0.6185	96	饲养	1	0.5998	118	自然环境	1	0.5302
75	改进	2	0.6185	97	精神	1	0.5998	119	简要	1	0.5237
76	分类学	1	0.6179	98	性质	1	0.5981	120	制作	1	0.5015
77	通晓	1	0.6129	99	课外	1	0.5964	121	器官	1	0.4888
78	动物学	1	0.6124	100	支配	1	0.5951	122	心理	1	0.481
79	法则	1	0.6115	101	特产	1	0.5936	123	中国	1	-0.218

结合词频分析数据可知，共统计名词123个，剔除"学生""动物""植物""卫生"等中性词汇，可以看到民国时期课程目标比较关注兴趣（15）、观察（11）、构造（10）、生理（10）、实验（9）、人生（8）、采集（12）。可见，民国时期课程目标十分注重学生兴趣的培养，比较关注实用层面，着重探讨生物与人生之关系。在阐释生物学基本知识的同时，其强调生物学技能、生物学方法的深入，如植物采集、实验、观察等。

1949年以后，对17部（个别课程标准修订草案没有明确表明课程目标）课程标准中的课程目标进行分析，词频分析数据如表5-2所示。

表5-2　1949年以来课程目标词频分析统计

序号	关键词	词频	权重	序号	关键词	词频	权重	序号	关键词	词频	权重
1	学生	68	1.000	28	爱国主义	9	0.780	55	劳动	5	0.707
2	知识	55	0.974	29	解剖	8	0.778	56	建设	5	0.699
3	生理	26	0.907	30	爱好	9	0.777	57	生物科	4	0.698
4	基础知识	24	0.896	31	标本	8	0.769	58	正确	5	0.696
5	卫生	26	0.894	32	动植物	7	0.766	59	农产	3	0.695
6	培养	27	0.894	33	思想教育	8	0.766	60	构造	4	0.695
7	生物学	20	0.893	34	动物	8	0.761	61	群众性	4	0.695
8	物学	23	0.891	35	农业	8	0.759	62	采集	4	0.692
9	辩证唯物主义	14	0.872	36	爱国	7	0.758	63	实习	4	0.691
10	思想	22	0.867	37	习性	7	0.756	64	国防	4	0.690
11	实验	19	0.861	38	锻炼	8	0.756	65	昆虫	4	0.690
12	教学	18	0.847	39	身体	8	0.754	66	学会	5	0.689
13	生物	17	0.845	40	和解	8	0.753	67	医药	4	0.682
14	教育	20	0.844	41	生物体	8	0.741	68	现代化	4	0.680
15	培养学生	15	0.839	42	显微镜	6	0.740	69	保护	5	0.679
16	要求学生	15	0.839	43	制作	8	0.739	70	体育	4	0.678
17	人体	15	0.833	44	生理卫生	6	0.734	71	运动	4	0.675
18	观察	15	0.830	45	生物界	4	0.732	72	政治	4	0.674
19	科学	16	0.829	46	世界观	5	0.723	73	自觉	4	0.672
20	学习	16	0.825	47	生物课	5	0.723	74	学年	3	0.670
21	形态	13	0.811	48	自学	6	0.721	75	反动	3	0.669
22	植物	11	0.800	49	生命	7	0.720	76	新中国	3	0.668
23	技能	12	0.798	50	祖国	5	0.714	77	饲养	3	0.667
24	结构	13	0.793	51	生物实验	5	0.714	78	热爱	4	0.667
25	生产	12	0.792	52	规律	5	0.710	79	栽培	3	0.667
26	帮助学生	10	0.791	53	遗传	5	0.710	80	启发	3	0.665
27	保健	10	0.789	54	思维	6	0.709	81	唯心论	3	0.661

续表

序号	关键词	词频	权重	序号	关键词	词频	权重	序号	关键词	词频	权重
82	精神	4	0.656	105	激发	2	0.623	128	基础课	2	0.591
83	理论	3	0.655	106	身心健康	2	0.623	129	动物学	1	0.585
84	错误	3	0.654	107	改造	2	0.622	130	有机体	1	0.584
85	预防	3	0.654	108	变异	2	0.622	131	植物学	1	0.583
86	疾病	3	0.653	109	素质	3	0.620	132	卫生学	1	0.581
87	情操	3	0.649	110	兴趣	2	0.620	133	学科	1	0.580
88	工业	3	0.648	111	吸收	2	0.620	134	二小	1	0.579
89	环境	3	0.646	112	科学技术	2	0.619	135	三小	1	0.578
90	高尚	3	0.643	113	革命	2	0.618	136	学说	1	0.575
91	生态	3	0.642	114	生殖	2	0.618	137	机能	1	0.573
92	大自然	3	0.642	115	讲究	2	0.617	138	纠正	1	0.573
93	所学	3	0.642	116	社会主义	2	0.617	139	毛主席	1	0.571
94	简图	2	0.636	117	健康	2	0.617	140	参观	1	0.570
95	物种	2	0.634	118	人民	2	0.616	141	探究	2	0.566
96	实践	3	0.634	119	创造	2	0.616	142	成绩	1	0.566
97	苏联	2	0.630	120	绘制	2	0.615	143	统一	1	0.565
98	批判	2	0.629	121	审美观	2	0.615	144	任务	1	0.564
99	增进	2	0.627	122	图表	2	0.614	145	蜡叶	1	0.559
100	生态学	2	0.627	123	经验	2	0.613	146	探求	1	0.558
101	科学家	2	0.626	124	发育	2	0.611	147	新知	1	0.555
102	和成	2	0.625	125	自然资源	2	0.609	148	情感	2	0.554
103	青春期	2	0.625	126	实事求是	2	0.606	149	高中生	2	0.552
104	中学生	2	0.623	127	重要性	2	0.601	150	探索	1	0.549

可见，1949年之后的中学生物学课程目标中的核心词汇有"知识""辩证唯物主义""思想""观察""技能""爱国主义"等，可以看出课程目标维度涵盖了知识、能力和情感三个维度。其中知识占据核心位置，思想教育仅次之。如体现思想教育的"辩证唯物主义""爱国""思想教育""祖国""情感"等。

2. 课程目标的表述：从关注教师教什么转向学生学会了什么

概览以上数据，我们或可大致领略课程目标数据维度的变迁，结合文书的研读，可以发现百年中学生物学课程目标具有以下变迁特点。

129

第一，课程标准中目标的名称多重变化。课程目标是在民国时期才在课程标准中有明确的阐述的，1923年初级中学自然课程纲要中表述为"目的"，1929年到1948年一直表述为"目标"，1949年以来有"教学目标""教学目的""教学目的和要求""课程目标"，由此可以概观课程目标的变迁历程。在课程目标陈述方面，民国时期的目标大体涵盖知识、能力和态度，在新中国成立初期表述偏宏观，到2003年，课程标准中有整体目标和具体的知识、能力和情感态度价值观三个维度的目标。

第二，课程目标层级化。课程目标是课程本质属性、价值的整体反映，是整个课程教学的价值导引，是统率全局的首要问题❶。课程目标的设定合理与否直接影响课程改革的施行效果好坏。有学者尝试从三个角度提出新的"学生学会了什么"的分类设想。为了使理想的教育目的落到实处，以获得实证的证据，目的必须具体化为目标。梳理百年生物课程标准中的表述，我们发现课程目标先后经历了"目的""目标""课程目标"等名称的变化，其中"目的"涵盖的年限比较长。目前形成比较完善的目标系统，我们将目标系统分为教育目的、学科目标与教学目标三层❷。教育目的往往是国家或利益集团决定的，它是上位目标，非常抽象；学科目标往往是学科专家依据教育目的、学科育人价值决定的，而且是超越具体的教育情景而决定的，比较抽象，难以开展过程评价；而教学目标往往是教师依据教育目的和学科目标，结合具体的情景而决定的，比较具体，需要配合持续的过程评价。同时对课程目标的表述作了明确说明，目标指向学生预期的行为结构。可见，百年来中学生物课程目标逐渐体系化、层级化。

第三，课程目标体现由知识到素养的转换。民国之后课程目标内容要求越来越丰富。例如，1923年的第一份课程纲要中对教学内容仅规定了使学生掌握基本的科学知识或规定使学生有紧要的科学常识等，都是笼统的要求。越往后发展的课程标准中目标的要求和内容越来越丰富、具体，在基础知识方面会明确学生要掌握到哪一步，如学习动植物要知道它们的基本分类，要了解它们的基本形态构造。相较于清末时期在内容要求上明显要具体很多。除内容更具体外，在对学生的知识、能力、兴趣等方面的要求也更丰富精确。在课程目标中越来越多地体现出培养学生各种生物兴趣以及生物技能。秉农山在《北碚月刊》第3卷第4号中发表《科学与国力》的演讲中说：科学的发展进步，是抗战能够支持到现在的最大原因。我们虽然不能说只是科学刚刚干了几年就可以抵抗日本，但至少有了科学的精神，也就有了抗战的力量。他还强调科学的进步使中国的力量渐渐加强了❸。新中国成立后，课程目标的发展逐渐趋于系统化，教学的目的已不局限于简

---

❶ 王策三．"三维目标"的教学论探索［J］．教育研究与实验，2015（1）：1-11．
❷ 崔允漷．追问"学生学会了什么"——兼论三维目标［J］．教育研究，2013，34（7）：98-104．
❸ 项锦熙．民国时期嘉陵江三峡地区演讲集［M］．北京：人民日报出版社，2017：239．

单知识的传授。除知识教学外，此时期更重视能力培养和思想教育。在传授什么样的知识、培养什么程度的能力、建立什么样的思想情感等方面，课程目标的要求在一步一步的探索中发展，直至今天的丰富、具体、系统。

（二）生物教科书内容：从博物到生物学

课程内容是指学科中特定的事实、观点、原理和问题，以及处理它们的方式。课程目标的实现为内容的选择和组织提供了方向。课程内容的选择和组织是课程编制过程中的一项基本工作，它涉及面广泛，是许多课程问题的集结点。教科书内容是教科书价值取向中最为重要的取向，从生物教科书内容取向上看，经历了从博物到生物学转换。

1. 教科书内容词频统计分析

清末生物教科书出版最多的两家出版社分别为文明书局和商务印书馆，而商务印书馆的图书尤以最新教科书为代表。清末生物教科书的内容以商务印书馆的《最新中学教科书植物学》为例，其内容包括4篇，分别是：植物形态学、植物解剖学、植物生理学及植物分类学。植物形态学包括8章，分别为胚、根、茎、芽和花、叶、花、果实、种子。植物解剖学包括4章，分别为植物原器、根、茎、叶。植物生理学包括根、茎、叶、花、果实及种子。植物分类学包括分类之主意和各论（显花植物部和隐花植物部）部分。商务印书馆的《最新中学教科书动物学》包括8章，分别为原生动物、多孔动物、腔肠动物、棘皮动物、蠕形动物、软体动物、节肢动物、脊椎动物。

民国时期生物教科书达到了空前的繁荣和发展，这不仅因为民国时期政局不稳，先后颁发多部相应的课程标准，也与出版机构的管理和编写理念有关。生物学课程内容的确定，总体来说是以课程标准为依据的。所以，对民国时期生物学课程内容变迁的统计，这里通过词频分析，我们或许可以粗略地了解这一时期的内容特点，如图5-1所示。

图5-1 民国时期生物学课程内容变迁的词频分析

对 1923—1941 年的课程标准，进行词频分析后，可得词频分析报告如表 5-3 所示。

表 5-3 1923—1941 年的课程标准词频分析统计

序号	关键词	词频	权重	序号	关键词	词频	权重	序号	关键词	词频	权重
1	动物	187	1.000	28	环境	29	0.789	55	检查	20	0.757
2	植物	160	0.989	29	习性	27	0.830	56	学分	19	0.788
3	卫生	159	0.977	30	科学	26	0.788	57	生物学	19	0.787
4	学生	110	0.929	31	学期	25	0.805	58	作业要项	19	0.771
5	形态	72	0.908	32	器官	25	0.803	59	教法要点	19	0.771
6	健康	62	0.865	33	教材大纲	25	0.799	60	食物	19	0.767
7	生理	61	0.892	34	细胞	25	0.796	61	二小	18	0.788
8	纲要	60	0.903	35	生物	25	0.794	62	循环	18	0.756
9	构造	60	0.898	36	预防	25	0.789	63	人类	18	0.755
10	物学	58	0.886	37	标本	24	0.816	64	植物学	17	0.800
11	通论	53	0.924	38	蠕形动物	24	0.795	65	教员	17	0.785
12	科纲要	53	0.877	39	运动	24	0.783	66	培养	17	0.746
13	实验	52	0.868	40	兴趣	23	0.781	67	昆虫	16	0.772
14	教材	47	0.859	41	人生	23	0.780	68	概论	16	0.766
15	观察	45	0.850	42	概要	21	0.799	69	提要	16	0.761
16	生殖	42	0.869	43	讲授	21	0.790	70	家庭	16	0.739
17	大纲	38	0.849	44	支配	21	0.789	71	教学	16	0.738
18	动植物	37	0.862	45	呼吸	21	0.781	72	各校	14	0.762
19	作业	35	0.831	46	实习	21	0.780	73	绘图	14	0.757
20	保健	34	0.824	47	营养	21	0.776	74	课外	14	0.754
21	采集	31	0.825	48	注重	21	0.772	75	公共卫生	14	0.752
22	标准	31	0.798	49	生命	21	0.768	76	传染病	14	0.747
23	疾病	30	0.806	50	教法	20	0.803	77	种子	14	0.742
24	组织	30	0.790	51	矿物	20	0.798	78	健康检查	14	0.741
25	学年	29	0.833	52	自然界	20	0.794	79	原理	14	0.734
26	课程标准	29	0.814	53	遗传	20	0.785	80	空气	14	0.734
27	课程	29	0.805	54	人体	20	0.770	81	编制	14	0.730

续表

序号	关键词	词频	权重	序号	关键词	词频	权重	序号	关键词	词频	权重
82	学校	14	0.726	105	教师	11	0.707	128	实验室	9	0.697
83	矫治	13	0.763	106	成绩	11	0.702	129	一小	9	0.697
84	简易	13	0.741	107	动物学	10	0.746	130	观念	9	0.692
85	联络	13	0.735	108	分科	10	0.741	131	脊椎动物	8	0.722
86	练习	13	0.733	109	效用	10	0.723	132	软体动物	8	0.722
87	中学	13	0.729	110	分裂	10	0.712	133	三学	8	0.722
88	天演	13	0.728	111	消化	10	0.705	134	鸢尾	8	0.720
89	种类	13	0.726	112	证据	10	0.702	135	看护	8	0.705
90	十一	13	0.723	113	实践	10	0.693	136	寄生	8	0.705
91	材料	13	0.718	114	身体	10	0.693	137	理化	8	0.704
92	救急	12	0.760	115	取食	9	0.733	138	功用	8	0.702
93	两性	12	0.736	116	爬虫	9	0.732	139	嗜好	8	0.699
94	工业	12	0.692	117	两栖	9	0.724	140	环形	8	0.698
95	初级中学	11	0.748	118	上列	9	0.718	141	大豆	8	0.696
96	排泄	11	0.732	119	郊外	9	0.716	142	岩石	8	0.696
97	土壤	11	0.722	120	原形	9	0.713	143	果实	8	0.694
98	感应	11	0.722	121	原生	9	0.711	144	地质	8	0.693
99	常识	11	0.721	122	考查	9	0.709	145	学说	8	0.692
100	发育	11	0.714	123	利害	9	0.708	146	驱除	7	0.696
101	缺点	11	0.713	124	海绵	9	0.707	147	高级中学	7	0.692
102	施行	11	0.712	125	设法	9	0.703	148	兼及	6	0.700
103	训练	11	0.710	126	纤维	9	0.699	149	事机	6	0.697
104	表演	11	0.710	127	增进	9	0.698	150	研究科	6	0.695

从上面的词频统计表及词频数量图，可以看出：首先，民国时期生物学课程内容的设置主要围绕植物、动物和生理卫生三个部分进行；其次，学生作为教学过程中的主体初步被认识并凸显出来。在以往的课程标准中，大多只规定教授的内容和教授的方法，在民国时期课程标准中"学生"的词频数有110次之多，或许可见一斑。此外，排在前列的还有形态（72）、健康（62）、构造（60）、通论（53）、实验（52）、观察（45）、教材（47）、采集（31）、疾病（30）、组织（30）、细胞（25）等。概览这些词频数据，可以发现这一时期的生物学内容主要以形态结构等

经典生物学内容为主。

中华人民共和国成立初期，我国以苏联模式为基础，确立了生物教科书的学科体系和以教师为中心的教学模式。之后，我国强调教育要联系生产实践，如增设"农业基础知识"，为农业生产服务方面积累了经验。后来，在吸收了国内外生物教科书编写经验的基础上，我国生物教科书从"一纲一本""一纲多本"发展成为"多纲多本"。总体上看，生物教科书内容跟发展的整体趋势呈现出由形态与分类学向分子生物学与生物化学、综合性生物学转换的趋势；由描述性科学走向数量性科学（遗传学生态学、分子生物学等）；由注重应用技术走向实际与理论并重。此外，为加强生物教育和当地学生实际的联系，对学生进行爱家乡爱祖国的思想品德教育，一些省市还编制了生物学科的乡土教材，实施乡土教育❶。

2. 生物教科书内容：从博物到生物、生物学

综合以上数据，结合课程标准和教科书内容我们会发现百年中学生物教科书内容价值取向呈现以下特点。

首先，生物教科书内容实现了从博物到生物学的转变。在课程设置中生物学课程名称先后经历了博物、自然、生物学的变迁过程。"博物"一词在先秦时期已见使用。古文献学者认为博物观念最早出现在《论语》中："多识于鸟兽草木之名"，其中包涵了有关动植物的基本知识❷。晚清时期，中文"博物"的传统含义仍不稀见。但在西学东渐的影响下，"博物"一词含义较为多样。最初被部分欧美来华人士用以表示局部或整体意义上的西方自然科学，进而通过相关出版物传递给中国读者。清政府将博物学纳入其推行的新式教育体系之中，为在本土培养博物学人才提供了制度保障，同时也提升了有关草木虫鱼等自然事物知识在学术体系中的地位，也见证了"博物"较为普遍的以动植物和矿物为主要观察或研究对象的欧洲博物学概念。新式学制的推行有日本教育改革的显著影响，而清末兴起的博物学教科书之中，不少亦系参考或编译日文图书者，它们与很多其他出版物一起传播了本土所没有的博物学知识体系。这种新的博物学虽然与本土事物结合不紧密，但是能激发国人既关注本土物产，讲求实地观察或探索自然世界，也积极参与到部分知识分子以西学重新审视和界定本土传统学问的尝试之中❸。自然科是 1923 年、1950 年初级中学课程标准中开设过，体现物理、化学、生物等内容。生物学课程名称则最早在 1923 年高中出现，之后虽然有生物和生物学变动但整体变化不大。从教科书内容看，初期博物即为动物、植物、矿物、生理等学科的总称，后逐渐演变为体现现代生物学学科内容的独立课程。

---

❶ 郑晓蕙. 生物课程与教学论 [M]. 杭州：浙江教育出版社，2003：31.
❷ 毕苑. 建造常识：教科书与近代中国文化转型 [M]. 福州：福建教育出版社，2010：207.
❸ 芦笛. "博物"观念在晚清时期的变迁 [J]. 清史论丛，2019（2）：164-197.

其次，生物教科书内容以学科逻辑为主。生物教科书内容是生物教科书的核心，其内容选择与生物学学科发展密不可分。在生物学领域，20世纪分子生物学的产生和发展是继物理学革命以后的又一重大事件。19世纪生物学最突出的成就是细胞理论和达尔文生物进化论的创建。但由于研究手段的局限，生物学还停留在非定量、非精确描述的初级阶段。20世纪以来，随着化学和物理学的飞速发展和渗透，特别是物理学的思想和方法与生物学相结合，引起了生物学的深刻革命。这个革命的主要标志就是分子生物学的诞生。从此，生物学开始进入了定量的、分子水平的研究阶段，并取得了一系列震惊世界的科学成果。分子生物学着眼于从分子水平研究生命本质，以核酸和蛋白质等生物大分子的结构及其功能为研究对象，阐明遗传、生殖、生长和发育等生命基本特征的分子机理，从而为利用和改造生物奠定理论基础和提供新的手段。它是一门由生物化学、遗传学和微生物等学科融汇发展而派生出来的边缘学科❶。伴随着分子生物学的诞生，在生物学中出现了一种新的思潮，认为一切生命现象最终都可以分解或者还原到分子水平甚至电子水平，并进行物理、化学的分析；物理学和化学是阐述一切现象的基础。人们越来越多地把生命现象当作物理学和化学那样用科学方法来处理，并且更多地把生物学的思想转向了解生命基础的种种物理学和化学的程序方面来。与此相适应，现代生物学高度重视实验，认为其既是某种特定操作的行为，也是一种思考方式。一方面，从微观领域研究生命现象，这只是现代生物学研究的部分。另一方面，其是不断地深入和扩大对宏观领域的研究。种群、群落、生态系统，甚至生物圈和宇宙空间都在现代生物学研究的范围内。在宏观领域的生物学研究中，生态平衡和环境保护是一个突出的研究课题。

综上所述，现代生物学在物理、化学领域的新概念、新方法和新技术的广泛渗入下，运用现代已经有的知识、思想和提供的工具，向着生命体系的微观和宏观两极发展，深入探索生命的奥秘❷。正是从这个意义上，百年来中学生物教科书内容的变迁历程大致展现了现代生物学的发展历程。从形态学、解剖学、生理学、进化论、细胞生物学、遗传学、分子生物学、生态学、微生物学等内容进入生物教科书我们可以略见一斑。

最后，生物教科书组织互动策略的转向。随着政治、经济、科学技术的进步和不断发展，在信息化、数字化、网络化、高科化、全球化等网络世界里，更强调信息的传递、知识的互动，中小学生将从整个世界获得现代生物科学知识和其他科学知识与技术。因而，教科书在选择和组织内容时更注重以下三点。一是适当补充现

---

❶ 朱朝枝. 现代科学与技术概论 [M]. 北京：中国农业出版社，2006：112.
❷ 钟安环. 简明生物学史话 [M]. 北京：知识产权出版社，2014：199-201.

代生物学内容。中学生物教科书应该结合现代生物科学的成就、显著特点和发展趋势，适当充实分子生物学、现代遗传学、生态学，以及现代生物科学的新观点和新技术的内容❶。例如，选取现代生物科学主要领域的基础性的新成就、新进展；选取与现代化生产和现代化生活关系密切的现代生物科学内容；选取现代生物科学知识，要做到科学性与量力性相结合。二是学科逻辑与学生心理逻辑都要考量。内容选择必须根据初高中学生的年龄特点、心理特征和知识基础精选其中的某些内容，并且加以通俗化，做到深入浅出。例如，组织学生做与现代生物科学新知识相关的实验；在正式课文的行间，以小字排印介绍一些现代生物科学的新进展；等等。需要指出的是，科学逻辑顺序只是构建学科逻辑顺序的重要制约因素，而绝不能忽视其他的相关制约因素❷。三是教科书设计模块化。一方面是课程设计必修和选修结合，如2003年高中生物课程标准中，必修模块所选内容是生物科学的核心内容。选修模块有助于拓展学生的生物科技视野，增进学生对生物科技与社会关系的理解，提高学生的实践和探究能力。另一方面，教科书内容以模块化形式呈现。例如，"生物1：分子与细胞"模块有助于学生较深入地认识生命的物质基础和结构基础，理解生命活动中物质的变化、能量的转换和信息的传递。"选修1：生物技术实践"模块重在培养学生设计实验、动手操作、收集证据等科学探究的能力等。

（三）生物教科书编写主体：专业性、学术性日益凸显

根据中国近代中小学教科书总目和人民教育出版社出版的书（1950—2000年）进行了梳理。由于数量较大，如图5-2所示。

从图5-2的数据中可以看出，百年生物教科书作者人数、出版的教科书数目和人均出书的波动变化。

在1931年到1940年中国建立的"济难会"、自由运动大同盟、《东方杂志》《自然科学杂志》等为教科书的出版和编写打下了基础。1932年，商务印书馆重新开启，编写了大量的教科书，期间也有许多专家学者出版了众多的教科书，导致这一时期的教科书数目大量增加。教科书的作者在清末时期多为外国人。民国时期逐渐变为外国作者只有几人、国人作者100多人。中华人民共和国成立后都是国人编写的教科书。这与中国生物学的发展有关，清末时候西方列强入侵中国，带来了西方的科学，生物学也随之传入本国，这时的生物学才开始萌发。所以，那时候生物教科书多为编译日本学家的著作，部分为中国学者自己编写出版的。民国时期由于

---

❶ 课程教材研究所. 新中国中小学教材建设史 1949—2000 研究丛书 [M]. 北京：人民教育出版社，2010：387-388.

❷ 课程教材研究所. 新中国中小学教材建设史 1949—2000 研究丛书 [M]. 北京：人民教育出版社，2010：389-390.

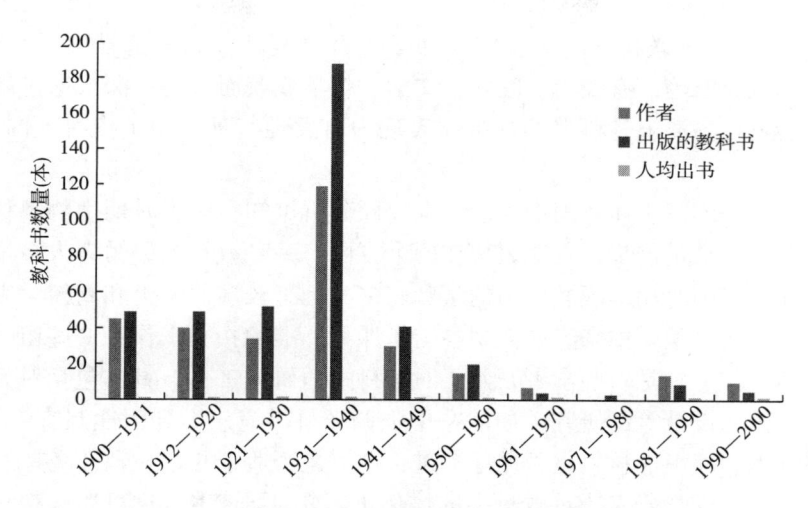

图 5-2 教科书编写者的人数、出版的教科书数目及人均出书情况分布

大量出国留学生的归来,带回了许多先进的外国知识并成立了"中国科学社",为中国生物学的发展打下了基础。所以,民国初期还有几名外国作者的教科书,后来由国人自己编著出版教科书逐渐增多,并结合本土化环境进行了修订和改进。新中国成立后,我国开始吸收外国教科书的知识,并逐渐形成适用于本国的教科书,这时生物学体系得以初步建立,其中国家教育部门和人民教育出版社都扮演着重要的角色。如《九年义务教育三年制初级中学教科书生物第一册(上)》的编写人员组成以人民教育出版的叶佩珉、李为主编。编写人员包括李沧、刘真、赵绰、柴西琴,责任编辑为刘真。此外,参加编写和讨论的生物教师有林镜仁、肖尧望、曹翠玲、汪明熙、杨振江。同时本册的顾问是陈阅增、叶恭绍、潘瑞炽三位教授,而这三位学者在生物科学领域都有很高的威望。具体分析百年来生物教科书编写者概况发现具有以下特点。

①清末知识分子自发编译。清末时期,为了满足新式学校对教科书的需求,近代国人开始投身于编译西方教科书的热潮之中。此时,人们已经意识到发展教育的关键还是教科书。由此,清末知识分子成为自发编译教科书的主体。具体来说,包括两个方面。一是民营出版业不断发展壮大。民营机构的壮大与发展,为教科书的编译提供了可能。至1906年,加入上海书业商会的民营出版机构就有商务印书馆、开明书店、时中书局等22家。商务印书馆在清末教科书的出版发行上占据着显著的位置。清学部第一次审定初等小学教科书暂用书目共102种,其中商务印书馆54种。清学部第一次审定中学堂、初级师范学堂暂用书目共84种,其中商务印书馆有30种。在整个清末,商务印书馆一家出版的教科书占了所有学部审定书目的一

半以上❶。二是清末教科书编译者职业和学术背景复杂，如有留学生、有教育家、有藏书家、翻译家等，有农学、医学、文学、哲学或兼而有之。深入探讨教科书编著者我们会发现，清末教科书编写主体表现为自发性特征，大多抱有救国、强国、兴教育等情怀。

②民国时期编写主体范围增大。依据前面分析可知，民国时期生物教科书在一定程度上获得了长足进步。具体表现在两个方面。一是教科书编写者人数增多。在前面已经介绍民国时期出版教科书的学者较多，且有较多留学生和高校学者参与到课程标准和教科书编写中来。如秉志参与了课程标准的相关工作、一些留学生参与教科书编写工作。二是一些学者开始了对教科书的研究工作。具体包括对教科书编写、组织、体例设计等的研究。如潘文中强调教科书应该做到因地制宜❷。帅群认为教科书的编制应考虑材料是否循序渐进，主旨是否适于儿童心理且饶有兴趣等❸。杜佐周用西方心理学研究法对教科书的体例进行实证研究❹。这对后来教科书编排体例影响很深。在教科书的借鉴上，陆费逵对各国教科书制度进行研究❺。《教育杂志》刊发了对教科书的研究性质的文章，一方面使得教科书的内容更加完善，符合教育发展规律和儿童的心理；另一方面也使得教科书体例和编排更加科学化和近代化，有效地配合了教育改革❻。尽管民国时期《教育杂志》《中华教育界》的创办在很大程度上是为了教科书的编撰、出版与发行，但这也在一定程度上促进了教科书出版与研究。

③新中国成立后的曲折发展，教科书研究主体多元化。新中国成立后，生物教科书编写较长时间由人民教育出版社承担，直到 1985 年公布的《中共中央关于教育体制改革的决定》明确规定：要改革同社会主义现代化不相适应的教育思想、教育内容、教育方法。根据党中央的精神，为了在已有教科书的基础上，编写出适应不同地区需要的教科书，实现教科书的多样化，国家教委决定改革现行的教科书的编审制度，把教科书的编和审分开。1985 年 1 月，教育部颁布《全国中小学教科书审定委员会工作条例（试行）》，同年 9 月，首届全国学校教科书审定委员会和各学科教科书审查委员会正式成立，聘请了专家、教师和教育行政领导干部 20 余人任审定委员，200 余人任学科审查委员。《教科书审定标准》规定："在达到教学大纲基本要求的前提下，可以编写不同风格、不同程度的教科书，以适应不同地区、不

---

❶ 喻永庆. 大众传媒与教育转型《中华教育》与民国时期教育改革 [M]. 武汉：华中科技大学出版社，2014：35.
❷ 张世杓. 论教科书与教育进化之关系 [J]. 教育杂志，1910：2（5）：12-14.
❸ 帅群. 论采用教科书 [J]. 教育杂志，1913，5（1）：13-15.
❹ 杜佐周. 横行排列与直行排列之研究 [J]. 教育杂志，1926，18（12）：1-11.
❺ 陆费逵. 论各国教科书制度 [J]. 教育杂志，1910，2（6）：59-66.
❻ 喻永庆. 大众传媒与教育转型 [M]. 武汉：华中科技大学出版社，2014：113.

同学校的需要❶。"这标志着我国学校教科书制度由国定制改为审定制，是我国教科书史上一个重大的转变。之后的"一纲多本""一标多本"的多样化教科书模式克服了以往教科书内容"深、难、多"、过度脱离生活实际的缺点，改变了以往对教科书统得过死、过严的状况，有利于各地发挥自己的教学特色。值得一提的"八套半"教科书的编写由此拉开帷幕，这也是新中国成立以来编写队伍多样性的初步尝试。

在生物教科书方面，教科书的编辑队伍主要包括以下4个方面：第一种是人民教育出版社组织编写队伍，人民教育出版社参加九年义务教育制度教科书编写工作的有400余人，其中专职的编写人员和教科书专家200余人，另外聘请有教学经验的教师和学科专家200多人，各学科设主编、顾问❷。第二种是省级教育行政机构组织编写队伍，如浙江版则由浙江省成立义务教育教科书委员会，成员包括教研员、中小学教师、大专院校教师和编辑人员共160多人，并聘请了一批学科专家担任学科编委会或审稿工作❸。第三种是省级教育行政机构和高校合作编写队伍，如"四川内地版则聘请了中小学高级教师、教育研究人员、高等师范院校专家教授共250多人组成'三结合'编写队伍❹。"第四种是高校单独或者联合组织编写队伍，如"八院校版"以及"北师大版"等。

上述教材编写单位组织力量，积极编写义务教育教材，很快写出各科教材初稿，并从1989年起开始在试点学校试用。为确保义务教育教材质量，国家教委决定将教材审定及使用时间均推迟一年。中小学教材审定委员会于1992年4—5月在北京分别组织召开了义务教育文理科教学大纲与教科书审查会议。其主要审查了人民教育出版社负责编写的义务教育"六三"学制和"五四"学制（也适用于"五三"学制）的两套教材，广东省教育厅、福建省教委、海南省教委和华南师范大学联合编写的"六三"学制教材，四川省教委与西南大学联合编写的义务教育"六三"学制教材共128册，还有各地编写的部分义务教育学科教材共104册。此后，其他各套义务教育教材也相继通过国家教委中小学教材审定委员会的审定。凡经中小学教材审定委员会审查通过的义务教育教材，均可列入国家教委颁布的九年义务教育选用教材，向各地学校推荐使用，没有经审查或没有通过审查的义务教育教材必须反复修改试用，不能大面积推广使用。此外，2003年之后的课程改革也有一批

---

❶ 国家教育委员会. 中华人民共和国现行教育法规汇编（1949—1989）[M]. 北京：人民教育出版社，1991：974-975.
❷ 国家教育委员会. 中华人民共和国现行教育法规汇编（1949—1989）[M]. 北京：人民教育出版社，1991：974-975.
❸ 田慧生，曾天山. 中小学课程教材改革与实验[M]. 成都：四川教育出版社，1997：216.
❹ 四川省教委和西南师范大学共同组织编写的九年义务教育教材[J]. 教育学报，1992（6）：50-57.

新的出版社参与到教科书的编写中来，但纵观教科书出版发展历程，人民教育出版社出版的教科书在全国的使用范围和影响力还是相当深远的。表 5-4 是根据人教版的人民教育出版社书目（1950—1999 年）整理形成的生物教科书作者及其出版图书数量。

表 5-4　新中国成立后本国作者及其各自出版教科书的数目

本国作者	出版的教科书数目	本国作者	出版的教科书数目
邓介平	8	汪明熙	8
段云芬	1	王真真	8
方宗熙	9	文杉如	2
李沧	15	徐晋铭	1
李培实	1	叶佩珉	17
林涛	7	于观文	1
林英	2	张军	8
刘真	15	赵绰	8
任树德	2	赵占良	4
孙传贤	16	郑实夫	1
孙阆阆	8	周建人	1

从表 5-4 中可以看出，新中国成立后参与人民教育出版社出版生物类教科书的作者共有 22 位，出版教科书共 143 本。这个时期的教科书作者都是本国作者，反映出我国重视教育把教科书的编写权收回到国家所有，说明我国的生物教科书的编写在这个时期开始逐渐形成体系。依据作者出版数量由高到低依次为叶佩珉、孙传贤、李沧、方宗熙等。

（四）教科书呈现方式：由教材取向转向学材取向

百年来，中学生物教科书的发展历程中的一个突出特点是教科书的转型，即从教材到学材。

从教材到学材主要体现在以下三个方面：序言（凡例、编辑大意）、教科书的呈现方式、教科书的语言。首先，在序言的表述上。在此需要对序言进行简要说明。百年来，中学生物教科书的设计中基本都有对教科书的介绍和说明，但依据出版社、版本、编著者的不同其名称也不同，初步整理有序言、编辑大意、凡例、说明等名称。虽名称不同，但目的均是为促进教科书的有效利用，在此均称为序言来进行说明。分析百年来序言的变化我们可以看到，清末民国时期的序言主要是对教科书的特点、使用，以及教师教学进行说明，是便于教学的视角，或者说是直接指向教师的,那么这也从一定程度上体现了教科书作为教材的功能。而1949年以后,尤其是改革开放后,课程改革中序言的名称为"致同学们",这样的转换我们可以清楚地感受到学生视角的出现。其次,教科书的呈现方式逐渐多样化、立体化。教科书内容呈现具有范例性,教材的内容不再是学生必须完全接受的对象,而是引起学生认知、分析、理解事物并进行反思、批判和建构意义的中介。这也体现了生物教科书可读性的增强,从而更利于学生的学习。所谓教科书呈现方式多样化包括图像系统质量和数量的提高,教科书栏目设计的多样化等。最后,在教科书的语言设计上也更多地结合学生的心理特点,由清末民国的陈述句改为多种语言表述方式结合,在拉近与学生距离的同时引发学生思考。

(五) 政治取向贯穿始终

政治取向始终是教科书编写的重要指导所在,纵览百年历程,家国理念历经了救亡图存、科学救国、建设强国的由救国到强国的历程。政治取向始终是教科书价值取向的重要组成部分。

教育救国是清末教育的主旋律。每个时代都有自己本身的"气质"或概念结构,以某种方式影响着思想和行动。百年中国历经沧桑,小小教科书的百年发展历程也是中国历经苦难、自强不息的小小见证。回顾百年发展,我们看到的是一代代人的努力、拼搏、探索、自强之路。甲午一战,中国被日本打败,中华民族的救国、强国之道又辟新路。"戊戌维新""晚清新政"次第上演,革命与改良、立宪与共和争论成为热潮,上演了政治救国的热潮。在政治救国的声浪中,发展科学自然成为边缘性话题,但通过一批知识分子的努力,西方近代科学得以继续输入与传播。清末生物课程目标的内容要求最初是比较浅显的,对于生物学知识的要求仅限于能讲清动植物的形状与构造,了解人身体的构造即可。此时,课程目标的要求简单且笼统,这也是受课程发展程度限制的结果。

科学救国是民国时期的核心命题。"辛亥革命"胜利后,"实业救国""科学救国"替代"政治救国"成为潮流,中国近代科学的发展开启了新局面。民国建立后,在"实业救国""科学建国"的声浪中,"科学救国"作为一种思潮才真正形成,并产生了极大的社会影响。提倡实业、振兴实业是革命派和立宪派的共识,因此民国创立后,革命派、立宪派与工商界莫不怀抱"破坏告成,建设伊始"的抱负,致力于实业建设。其体现在教育中的一大改变就是注重职业教育。民国期间实行新学制下的初中和高中课程标准的共同特点之一是无论初级中学的选修科目,还是高级中学的分科选科,都极为重视职业科目。职业教育与普通教育的互相沟通。另外,各出版社为了凸显本社教科书的特色及卖点将教科书定义为《实用主义教科书》《现代教科书》等,从名称中可见一斑。

1949年以来,"建设强国"一直是贯穿教育目标始终的重中之重。例如,在

1978年《全日制十年制学校中学生物学教学大纲（试行草案）》中的教学目的和要求中明确写道：中学生物课的教学目的，是使学生获得为实现四个现代化所必需的生物科学基础知识和基本技能，为从事社会主义革命和建设，为进一步学习现代化的科学技术打好基础。把科学作为实现科学技术现代化，把我国建设成为现代农业、现代工业、现代国防、现代科学技术的社会主义强国的基础课程❶。新中国成立后，课程目标的发展逐渐趋于系统化，教学的目的已不局限于简单知识的传授。除知识教学外，此时期更重视能力培养和思想教育。在传授什么样的知识、培养什么程度的能力、建立什么样的思想情感等方面，课程目标的要求在一步一步的探索中发展，变得更加丰富、具体、系统。例如，2003年《普通高中生物课程标准（实验）》中关于课程目标中情感态度价值观的描述中明确提出了爱家乡，爱祖国，振兴中华的使命感和责任感，这也是强国取向的另一种彰显。

还有必要进行说明的是，教科书编写者中有的集研究、教学、服务三者于一身，也有科学家的加入。不同的是，中国科学家在担任上述三种角色时，始终让人感到充溢在其内心的强烈的爱国热情和矢志不渝的科学救国理想。这是中国近代科学家（包括科学教育家）特有的群体特征。这个特征的形成既是"国家兴亡，匹夫有责"等中国传统文化熏陶的结果，也与内忧外患、国破家亡等民族危机的刺激有关，还得益于他们对科学技术、对经济发展和社会进步的作用的认识。因此，近代科学家群体从形成的那天起，在关注科学发展的同时，也特别关注科学与社会进步的关系、科学与民族素质提高的关系。他们把向国人传播科学和进行科学文化启蒙视为自己的责任，自觉地用自己的学术专长报效祖国。

二、价值取向的问题：基于本质主义与反本质主义的一种考察

基于本质与反本质主义的视角能更好地从知识论的角度审视我国生物学教科书价值取向的变迁特点以及问题。通过文本分析，发现百年中学生物教科书价值取向主要有以下取向问题：第一，本质主义视阈下对结构的过度强调；第二，反本质层面侧重过于强调科学的浪漫精神；第三，在二者融合的视角下看，本质和反本质的均质化造成取向的平均主义。

（一）偏重结构主义取向的生物教科书易于形成"呆滞的知识"

怀特海曾多次谈及并极力批判"呆滞的知识"。"呆滞的知识"是那些仅仅被大脑所接收却没有经过实践或验证，或与其他东西进行融会贯通的知识❷。所以，

---

❶ 课程教材研究所编著. 新中国中小学教材建设史（1949—2000）研究丛书. 生物卷［M］. 北京：人民教育出版社，2010：173.

❷ 怀特海. 教育的目的［M］. 庄莲平，王立中，译. 上海：文汇出版社，2012：2.

被怀特海对其给予了相当程度的重视，并且对"呆滞的知识"进行了明确的阐释❶。"呆滞的知识"有三层内涵。内涵之一便是指仅仅被大脑所接收，却没有经过实践的知识。其核心要义在于对知识加以利用，即"所谓知识的利用，我是指要把它和人类的感知、情感、欲望、希望，以及调节思想的精神活动联系在一起，那才是我们的生活❷。"这即是我们常识意义上所说的低阶知识，我们只是知道而不会运用。此外，怀特海特别强调的一点："相互关联的知识要从整体上加以利用，各种各样的命题按不同顺序可反复使用。在一个理论科目中，选择一些可以应用的知识，同时用系统的理论说明来研究它，这个理论说明必须简单、精炼，尽可能地严格准确，那样就容易彻底正确地为人所了解，太多一知半解的知识是悲哀的，理论和实践不应该混为一谈❸。"可见，"呆滞的知识"着重体现在知识的实践运用层面，强调知识的运用与内化。内涵之二是指仅仅被大脑所接收，却没有经过验证的知识。凡是被证明的东西都应该加以利用，凡是被利用的东西都应该（只要可行）加以证明❹。由此，其强调了知识获得过程中的证明过程。内涵之三是仅仅被大脑所接收，却没有与其他的东西融会贯通的知识。所谓不能融会贯通是指学科间壁垒森严，如中学课程设置并没有突显课程间的联系、共性。正如怀特海所说：我们提供给学生的不是这个独一无二的学科整体，而是教给学生代数、几何、历史、语言等，但学生却从未真正掌握。因为我们从来没有告诉学生如何把各种知识综合起来运用。我们呈现给学生的充其量不过是一个目录表，从而使学生很难将知识融合为一体❺。可见，怀特海十分注重知识的整体性、利用性、实践性特征。

"癸卯学制"是中国教育史上出现的第一个现代学制系统，学制颁行以后的清末教育也呈现快速发展的态势，科学教育有了较为可靠的制度保障。从学制的结构上，保证了科学教育的连续性❻。从内容上，保证了科学作为学校教育的内容，中学设博物、理化等课程。另外还体现了初步的普及义务教育思想。虽然"癸卯学制"颁行后的实践中呈现出教学器材匮乏，导致徒有形式而实际上较为空虚等问题❼。但是，也体现了一些科学教育方法的思想。如《奏定中学堂章程》就规定："凡教博物者，在据实物标本得真确之知识"，"凡教理化者，在本诸实验，得真确

---

❶ 白弘雅. 论怀特海对教育中"呆滞的思想"的批判 [D]. 哈尔滨：哈尔滨师范大学，2016：11.
❷ 怀特海. 教育的目的 [M]. 庄莲平，王立中，译. 上海：文汇出版社，2012：6.
❸ 怀特海. 教育的目的 [M]. 庄莲平，王立中，译. 上海：文汇出版社，2012：7.
❹ 怀特海. 教育的目的 [M]. 庄莲平，王立中，译. 上海：文汇出版社，2012：7.
❺ 怀特海. 教育的目的 [M]. 庄莲平，王立中，译. 上海：文汇出版社，2012：11.
❻ 金忠明等. 中国近代科学教育思想研究 [M]. 北京：1840—1949，科学普及出版社，2007：48.
❼ 杜成宪，丁钢. 20世纪中国教育的现代化研究 [M]. 上海：上海教育出版社，2004：202.

之知识❶"。

与学制配套的生物学课程及教材也必然体现该时期的科学教育特征和思想。清末中学生物教科书大多翻译自日本,依据目前出版的教科书资料可以略见一斑。可以说,在当时的条件之下具有一定的创新意义,但也存在过于注重"呆滞的知识"的问题。具体来说,包括以下三个方面。第一,清末生物教科书不加批判的采用他国的知识结构。光绪二十八年(1902)临危受命的管学大臣张百熙根据京师大学堂总教习吴汝纶三赴日本考察教育的成果,主持制定我国近代的第一个学制,奏请朝廷后,作为《钦定学堂章程》推行。我国大规模移植和引进西方生物学是20世纪初的事情,上面的曾经"中举"的秉志和同样参加科举考试的钱崇澍、吴宪则更相信科学救国。秉志认为:吾人努力科学之工作,只求科学在国内能早日发展,即救国救民之最大事业。史实表明,20世纪的头10年,我国翻译了不少日本的初级生物教科书,不过由于当时没有合格的教师能很好地利用这些教材,发挥的作用很有限。这也是当时初等教育中,生物学教育为沈宗瀚、胡先骕和钱崇澍等学者诟病的原因❷。新学堂的不断涌现,学生人数的猛增引发师资与教材的急剧短缺。当时不少学堂聘请日本教师任教,随后留日学生开始走向学堂的讲坛。例如,当时四川师范学堂和湖北师范就请杉木正直等日本教师讲授生理卫生学、动物学方面的课程。教材也分别以《生理学》和《动物学》的名义出版❸。第二,清末教科书强调知识的预设性。预设性知识的实质即为追求教科书的科学性,使教科书知识体系按其学科内在的规律来进行。通过教学内容、呈现方式等来体现教科书的可预设性。预设性教科书知识的特点主要表现在目标导向性、内容封闭性等方面❹。第三,过于强调教材的稳定性。结构主义者强调学科基本的知识结构,认为只要掌握了知识结构就可以很好地转化和迁移知识。教师在教学过程中要先了解学科的结构,明确每个部分之间的联系,才能完整清晰地将知识教授给学生❺。清末生物教科书内容主要以描述生物学为主体,包括分类学、解剖学、生理学、形态学。

(二) 侧重实用主义取向的生物教科书过度强调科学的浪漫精神

实用主义在对待科学主义的思潮上的确起到了积极的作用,但实用主义的方法,只是一种确定方向的态度。这个态度更注重最后的效果和事实。这种观点是有些懒惰与自大的。在复杂而精致的问题面前,结果如果被放在了突出的地位乃是一

---

❶ 舒新城. 中国近代教育史资料(中册)[M]. 北京:人民教育出版社,1961:421.
❷ 罗桂环. 中国近代生物学的发展[M]. 北京:中国科学技术出版社,2014:44.
❸ 罗桂环. 中国近代生物学的发展[M]. 北京:中国科学技术出版社,2014:40.
❹ 王鉴,张晓洁. 试论预设性教学的内涵与特点[J]. 课程·教材·教法,2008(2):26-31.
❺ 吴民祥. 当代主要教育思潮[M]. 重庆:重庆大学出版社,2013:43.

种非常省力的行为,而它(实用主义)永远不会判断出来这种省力会带来怎样的后果。换言之,其工具理性有可能在最初就为自己埋下了无法预料的风险。每一种方法都会有其局限性。实用主义选择不去看结果分析过程中的局限性。他们从方法论中得到了自信,并演变为自大,从此理性的地位被无限提高,他们在自我奉承中丧失了反省的美德。比如,科学精神的养成需要学生像科学家那样去研究,做开放性的科学实验。这种缺失反省的美德在教科书的取向中也体现了出来,即教科书实用主义过度强调科学的浪漫精神,导致知识的无法预料。

实用主义哲学中包含的价值理论,其特点是以行为的实际效用作为价值标准,并把价值标准和价值选择看作是人应付环境的工具。从广义来说,人的行为几乎无不指向某种具有功利性的目标,即无不与个人或社会的某些愿望和需要相联系。正是由于功利主义表现在现实中的普遍倾向是利己先于利人、利局部先于利整体、利眼前先于利长远。因此,个体之间、群体之间、个体与群体之间,以及眼前与长远之间的利益相争也就在所难免。以谋取最大利益为首要目标,并以相互竞争为实现目标的主要方式,这是现代社会又一个重大特征❶。

浪漫精神是怀特海有机哲学里的词汇。教育节奏思想是其有机哲学在教育领域的具体运用。将智力发展分成三个阶段:浪漫阶段、精确阶段、综合运用阶段。这三个阶段循环递进式发展,教育的全过程都受这三重节奏所支配。所谓教育的节奏,就是在学生心智发展的不同阶段,寻找合适的时机,采用恰当的方法,实施相应的课程❷。处于浪漫阶段的学习主要让学生有所感受和领悟。学生接触蕴含着丰富联系的新知识,启发着无限的可能,学生既可以清晰明了,也可以间接推理。在这个阶段,知识的学习是难成系统的,系统的学习只能通过专门的训练才能逐步形成。在这个浪漫阶段,学生的认识是直接的、感性的,学生偶尔才会进行一定的系统分析。先是认识到一些客观的事实,然后产生了某些初步的理解,于是学生的思想就会形成一定的联系,这就是该学习阶段的浪漫情感的缘由。举例来说,初看《鲁滨逊漂流记》这部小说,只认为鲁滨逊·克鲁索就是一个男人,沙滩就是沙滩,脚印就是脚印,荒岛就是荒岛,欧洲就是一个人来人往、熙熙攘攘的地方。但是,如果把鲁滨孙与沙滩、脚印联系起来,再把与欧洲相隔离的荒岛联系起来,学生就会发现其间存在的若隐若现的可能,于是浪漫情感便油然而生。我举这个极端的例子,目的是清晰地说明我的主要意思,这个例子的寓意可以说明教育过程的第一个阶段的情况。我们必须明确教育面对的并不是空白的头脑,而是要依据学生的所思所想进行展开。大家在一般意义上所理解的教育,通常指的是教育的第二个阶段即

---

❶ 钟启泉,李雁冰. 课程设计基础 [M]. 济南:山东教育出版社,2000:277.
❷ 怀特海. 教育的目的 [M]. 靳玉乐,刘富利,译. 北京:中国轻工业出版社,2016:17.

精确阶段。但是，我们必须搞清楚教育的整个过程，理解教育过程中学生的智力发展如何从懵懂到精确，终至开花结果。

总之，浪漫的情感，主要表现为由开始认识事实间未尽探索的关系的重要意义而带来的一种兴奋❶。首先，民国生物教科书开启了生物学知识的功利取向。实用主义教育思潮对我国20世纪20—30年代课程、教材与教学方法的理论也正是通过课程、教材及教法取向带来极大的影响；同时，实用主义教育落实并贯彻到教育实践中去。民国时期中学生物教科书功利主义痕迹浓厚与民国时期的政治和社会背景密切相关。清末生物学教育虽在学制设置上体现了一些科学方法、科学思想的内容，但在具体实施的过程中受到诸多现实问题和历史问题的困扰，收效甚微。民国时期，人们不仅看到科学的外在实用价值，还强调了易于被人们忽视或轻视的科学的内在价值。有学者指出理科教育是改良农业、振兴工商业的利器。一方面期望通过理学知识改良农业以实现富国的目的。另一方面分析我国和日本、欧洲的差距反思，得出理科者，工业之父母也；工业者，理科之产儿也，其密切有如此，则理科教育之振兴尚可须臾缓哉的结论。

在这样的刺激下，实用主义开始显现出弊端。包括非此即彼的错误以及工具主义的问题。第一，缺乏统一明确的观点，容易陷入非此即彼的误区。第二，导致陷入功利主义的僵局。功利教育在使学校课程成为社会与经济发展的重要促进因素、使教育成为潜在的产生效益的产业的同时，也肢解了人的素质，忽略了人存在的意义。功利教育在告别血统社会的同时，迎来了一个文凭社会。血统社会以家庭出身来决定个人的社会地位和职位。第三，产生工具主义的误区。教育工具主义是教育功利主义的具体表现，两者共同的特征就是忽视教育的内涵，忽视教育活动本身丰富的人文性。顾明远先生对此持强烈批评态度。他说，"我觉得我们要回到教育的原点。现在都把教育当工具。我们的校外辅导机构，当然不是说都不好，但有很多校外辅导机构把教育作为赚钱的工具❷。"

总之，实用主义教科书取向虽然对科学取向的教科书有一定的作用，但是体现出了一些硬性问题。实用主义一开始是褒义词，后来逐渐演化为贬义词，实用主义的特点是，不管这个东西是好是坏，现有我能用上就先用着，并把它冠以正面评价的头衔。实用主义可能会满足眼前需要，但可能造成后患，导致浪漫精神的泛滥就是其弊端。

（三）多元取向的生物教科书过于均质化，忽略对比的和谐

1. 一纲多本下，教科书同质化趋向

多元文化的存在导致人们的价值观念异质化发展，人们的价值诉求与价值倾向

---

❶ 怀特海. 教育的目的 [M]. 庄莲平，王立中，译. 上海：文汇出版社，2012：27.
❷ 顾明远. 再论教育本质和教育价值观——纪念改革开放四十年 [J]. 教育研究，2018（5）：330.

也走向多元。教科书作为一定时代的产物，其自身必然也承载多元化特征。1949年以来，我国中学生物教科书出版呈现多样化的繁荣景象，大大促进了生物教科书建设的发展。尤其竞争机制的引入，使教材编写质量、培训服务水平等方面有了显著性的改善，但问题也依然存在。首先，行政层面差异性强。在制度设计上，由原来的国家统一确定教材版本转变为国家、地方和学校三级管理，但在具体实施过程中各地存在明显的偏差，有的放任不管，有的干预过重。其次，相应的配套措施没有跟上。当前，应试教育与素质教育的矛盾依然没有很好地解决，这就很难处理好教材多元化与社会普遍期望的教学质量的关系。同时，在教科书配套体系建设上也没有完善。最后，教材经营市场混乱。教材选用存在诸多因素干扰，如地方保护，为多元化而多元化等❶。

从更深层次上说，在全面推进课程改革、深化素质教育的今天，教科书的多元化并不仅仅是数量上的"多本化"，而是从内容到形式，从设计到使用层层设计、精心挑选的真正适合不同地域、不同年龄的学生学习的高质量的教科书。正如对"一本"来说，"多本"固然是数量和选择上的进步。但多本化与多样化还是存在着一定差异的。概括来说，理论上的深化还不够。随着教科书选用的市场化，对教科书的原创性、特色、价值等品质的提升变得越来越重要❷。

可见，在多元哲学思潮、社会思潮等影响下的生物教科书，在教科书文本选择和呈现、教科书编写出版等方面都存在一定的同质化现象。

2. 解构性后现代对生物教科书的影响

后现代主义对以结构为表征的、以科技理性为宰制的现代社会所导致的人的物化和机器化，对现代科学技术对人的控制及其生命意义的丧失与精神家园的荒芜，对现代性所招致的现代人的生存困境，深表不安；对科学帝国主义科技霸权主义、科学万能论所产生的物质昌明与精神颓败的失衡现象，极为不满，他们的批评和解构也多源于此❸。体现在生物教科书中即教材组织的连贯性、严密性较差。因为新课程教材突出专题甚于知识的逻辑线索，教科书内容跨度较大，难易程度不易把握，教科书内容安排体例、前后的课程结构都需理顺，往往不少地方或前后不协调，或重点不突出。各章、各册的发展应均衡，风格应统一，同一套教科书的内容编排也需要理顺和统一❹。教材梯度衔接不好，过于重复，使得课程内容出现难易程度的倒挂现象，造成了时间和资源的浪费。教材编排体系的连贯性、严密

---

❶ 罗小卫. 出版与发行创新模式研究 [M]. 重庆：重庆出版社，2018：73-74.
❷ 韩艳梅. 特色问题建议：语文新课程实验教科书透视 [J]. 全球教育展望，2003 (9)：21.
❸ 唐爱民. 当代西方教育思潮 [M]. 济南：山东人民出版社，2010：322.
❹ 孔凡哲. 数学课程标准教科书发展中的问题及其对策 [J]. 教育科学研究，2005 (3)：53-56.

性还不够,人们对新教材的广度和深度、组织梯度和衔接、基础性等问题提出了质疑❶。

3. 大学科视野下的教科书过于强调均质化,学科逻辑弱化

2003年的课程改革是建立在对以往教育问题的深刻认识基础之上的,其进行梳理后认为主要问题有:教育观念滞后、学科体系相对封闭、创新精神和实践能力弱等❷。由此,对基础教育课程结构进行了重新建构,生物学课程被调整为6个模块,教科书为3册必修,3册选修,教科书模块化突破了生物学学科逻辑,分别包括微观的分子与细胞维度、遗传与进化和宏观的稳态与环境三部分。这也就是在现代生物学大学科视野下对生物教科书内容进行基础性和时代性挑选的结构,这也在一定程度上体现了教科书内容选择的均质化倾向,从而弱化了学科整体体系,极易形成怀特海所批判"几何——后面没有了……"的呆滞的知识。

---

❶ 和学新. 基础教育课程的变革与反思 [M]. 桂林:广西师范大学出版社,2015:120.
❷ 钟启泉,等.《基础教育课程改革纲要试行》解读 [M]. 上海:华东师范大学出版社,2001:5.

第六章 生物教科书价值取向的编写旨趣

近年来,关于生物教科书价值取向的研究一直在缺场中,大部分教师和研究者依然还是在认识论层面述说着生物学科的价值,而很少从本体论的角度,抑或跳出具体知识对生物学科所依据的、承载的或"意欲"表达的价值进行一番"勘探"。这既不利于生物教科书的编写也不利于充分发挥生物教科书的连锁效应,以使学生认识到整个生命和社会的价值。因此,我们有必要对这一缺憾进行弥补,对中学段生物教科书的价值取向进行事实之思和价值之辨。怀特海所创建的有机哲学和生物学有着极强的亲缘性。二者在学理基础上有着相似的进路,二者在价值论上均秉持泛经验论,承认宇宙及生命的前定和谐,珍视每一现实实有(点滴的经验)的自由价值。因此,运用有机哲学的视角审视生物教科书的价值取向是有着较强的学科依据的。

一、有机哲学价值取向的生物教科书应凸显命运共同体
(一)整体宇宙观视阈下的生物圈命运共同体

世界观又称"宇宙观",是人们对于生活在其中的整个世界以及人和世界之间的关系的根本观点、总的看法❶。有机哲学与生物学都呈现或蕴含着人们对于宇宙以及世界的看法,具体的方面如下。第一,从宇宙的发生方面讲,前者的主要代表作《过程与实在》一书的副标题就是宇宙论研究,它主要从哲学思辨的角度为人们建构了一种从现实实有到结合体、社群及整个宇宙的宇宙论;后者主要是从经验归纳的角度向人们展示从无机到有机,从生物小分子到大分子,从单细胞到多细胞再到整个生命世界的宇宙观。第二,从宇宙的目的论方面讲,前者改造了以笛卡尔式的传统主体性哲学的目的论,并以相对论的理论成果为基础,以能量间的摄受代替传统的主客体目的论,通过在主客体间增加主体性形式(或肯定或否定)说明目的论;后者关于宇宙目的论的探讨也比较深入,生物哲学家恩斯特·沃特·麦尔(Ernst Walter Mayr)对相关议题有着较全面的梳理,他认为自从亚里士多德那个时候起这些都一直是争论不休的问题。康德(Immanuel Kant)根据目的论来解释生物学现象特别是适应现象的完美性,目的论也是达尔文(Charles Robert Darwin)的某些主要对手(Sedgwick 和 von Baer)所采用的主要论点。进化演变的一些主要自行发生学说,例如直生论,循规发生说,芒状发生说,以及阿米加原理,都以目的论

---

❶ 廖盖隆,孙连成,陈有进,等. 马克思主义百科要览:上卷[M]. 北京:人民日报出版社,1993:203.

世界观为基础❶。第三，在宇宙的终极追求方面，前者认为机械论世界观把存在看作是只受外部秩序规范的"自我持存"的事物，从而撇开了事物之间广泛的、有机的联系❷。基于这种批评，怀特海提出了一种创造的、联系的宇宙观。怀特海认为宇宙是一个发展变化、相互联系的有机体。正如弗里德里希·恩格斯（Friedrich Engels）所说："在自然界中没有孤立发生的东西。每个东西都作用于另一个东西，反过来也是这样❸。"后者的宇宙观更无需多言，其前提就把机械论的思维给切除掉了。就像张作人从秩序的角度谈的那样，秩序不是从孤立现象的决定论以及因果原则勉强地产生的❹。通过对有机哲学和生物学宇宙论的比较，我们发现，二者的宇宙观都排斥偶然目的论，都强调机体或生命向整体完满的进展，所以整体性是二者宇宙论的关键词。

（二）生物教科书编写的整体性维度

鉴于以上关于有机哲学与生物学宇宙论比较的认识，生物教科书编写的价值取向要注重整体性维度的思考，具体包括以下四点。

第一，价值取向上追求生物圈命运共同体。生物学有着庞大的学科体系，在浓缩、精炼为生物教科书的过程中，知识的选择与取舍必然具有一定的价值倾向。生物教科书的价值取向是生物学教学的出发点和归宿。在生物教科书内容选择和编排设计中应着眼于社会需要、个体需要和生物学科内在逻辑的综合，强调人与自然、社会的整体和谐，在把握生物发展节律限度内创造人类共同福祉。生物学与人类生活紧密相关，学习生物学的目的不能只是利用自然和改造自然，而应为生物圈命运共同体的协同发展，渗透地球是我们共有家园的和谐理念，真正落实党的十九大强调的"坚持人与自然和谐共生"。细致分析当今时代的各种问题，其核心都是对自然缺乏敬畏之心。所以，生物教科书价值取向上的追求就是要形成生物圈命运共同体的意识，这是后疫情时代给我们最大的启示，也是生物学课程的重要使命和责任。

第二，注重生物教科书系统性与开放性的融合。教科书的系统性一直是学者关注和强调的要点。这里的系统性包括宏观和微观两个层面。微观层面是指我们常识理解的生物教科书的系统性，包括一本或全套教材知识的完整性、衔接性；宏观层面是指我们要把生物教科书放回到更大的系统中去考量，既要有纵向的历史考量，也要有横向的比较借鉴，还要结合当前的现实情境以及对未来的预期进行深度融合。这里的每一个问题都需要细致的解读，而重要的是要把教科书放到它的位置中

---

❶ 迈尔. 生物学哲学 [M]. 涂长晟, 译. 沈阳：辽宁教育出版社, 1992：3.
❷ 安桂清. 整体课程研究 [D]. 上海：华东师范大学, 2004：48.
❸ 恩格斯. 自然辩证法 [M]. 北京：人民出版社, 1984：125.
❹ 张作人. 生物哲学 [M]. 上海：华东师范大学出版社, 1986：3.

去考量和认识，因为任何事物发挥作用的效力都与其位置或重要性密切相关。比如，教科书作用施行的关键是教师，不同教师对教科书的不同理解就会导致不同的教学方式及效果。教科书既是一个系统，也是其他系统的子系统。所以，要发挥生物教科书的教育价值就需要在整体上考量，重视系统性兼顾开放性、生成性。如此，才能打破学科间的独立性，保持理论体系开放性，做到"必须承认和妥善安置其他知识体系，而不是将其贬至劣势地位❶"。

第三，逻辑理解与审美理解有机融合。生物学是研究一切生物共有特征、现象的学科，其研究对象特殊、复杂，所以生物学科必然是个复杂的系统。复杂系统必须被原封不动地作为一个整体来进行研究。这就维护了所有至关重要的连接，并保证我们可以观察到系统层次的特征❷。一段时间以来，我们过于强调逻辑理性，如过分关注知识的体系性、完整性，而忽视了美、道德等审美理解。生物学发展史告诉我们，任何事物的发展都要经历事实与情感的经验，所以在教科书设计上更要强调逻辑理解与审美理解的有机融合，谋求理性与情感的和谐。

第四，教科书功能发挥的整体性维度。怀特海是一个坚定的整体主义者。他的整体观在其早期哲学中就已经萌芽。他认为只有在整体的具体经验中才能认识个别经验材料，脱离整体经验则无法把握任何孤立印象，因此，整个宇宙就如此层层连锁、相互关联，从而也就没有绝对孤立的事物了❸。他始终反对整体与局部相分裂的专业化倾向，反对个体与环境的分裂。他列举了许多生动事例来说明整体的重要性。他说："生命意味着创新❹"。生命体不只被动地适应环境，同时也要创造环境、改造环境，使环境来适应生物的生存；但要改造环境，单一机体是无能为力的，只会被环境所消灭。只有机体结成共同体，组成社会，同舟共济，才能缔造更好的环境，使之适应机体的生存。成功的机体将改变它的环境，能改变环境进行互助的机体就是成功的机体。这一法则曾以极大的规模在自然界中体现出来。还有许多不同的种族互相联合起来进行互助。这些种族之间的分化与结合在最简单的物理实有中也有所表现。例如，电子与带阳电的原子核，以及整个生物界中的协作都是如此。巴西森林中的树木就依靠各种不同物种的联合来生存，这些物种彼此互相依赖。一棵树单独生存就要受到变幻无常环境的不利影响。世界历史表明，胜利从不属于以攻击或防卫武器见长的物种，每一种机体都需要友谊合作的环境。一方面是防卫突然变化；另一方面是满足需要。所谓强力是指最广泛意义上的对抗。可见，推崇整体就是推崇合作、推崇平衡，而对抗在一定意义上常常意味着对整体的

---

❶ 中共中央宣传部. 习近平总书记系列重要讲话读本 [M]. 北京：人民出版社，2016：230.
❷ 丹尼斯舍伍德. 系统思考 [M]. 邱昭良，刘昕，译. 北京：机械工业出版社，2014：6.
❸ 陈奎德. 怀特海哲学演化概论 [M]. 上海：上海人民出版社，1988：68.
❹ 怀特海. 观念的历险 [M]. 洪伟，译. 上海：上海译文出版社，2013：345.

破坏。

由此，我们要对生物教科书功能的发挥有整体性认识。即教科书功能发挥要把握编著者、教师、学生及家庭的整体协调。简单地说，影响教科书功能发挥的因素有教科书文本质量和教科书实施过程中的使用效果。其中，教科书编著者是影响教科书文本质量的关键因素，而教师、学生等因素是影响教科书实施过程中使用效果的核心要素。要使教科书功能充分、有效地发挥，就要在教学过程中协调好教科书编著者、教师和学生等多重主体的内在一致性，从形态学、发生学视角进行协调分析，从而有效促进教科书功能的发挥，更好地实现教育目标。教科书文本内容与结构的协调一致是教科书内在质量的关键要素，而编排特色是教科书内在质量和外在质量的生命线。对于教科书的内在质量，我们既可以从静态角度对其文本进行多维度的质量分析，也可以在课堂教学中探讨不同版本教科书的差异、教科书设计的有效性分析、教科书的师生认同程度等一系列问题，进而提出课程设计、教科书设计的改进对策。对教科书的外在质量来说，尽管影响教科书实施效果的因素很多，但是，教师使用教科书的水平、教科书的不同呈现方式，以及教学条件、环境因素，是其主要因素。教科书的外在质量在很大程度上受制于教师借助教科书进行创造性教学的水平和实际发挥的状况。教师使用教科书的过程包括教师感悟和理解教科书的设计、开发意图，选择、研究和实际运用，以及评价教科书等多个环节，而教师使用教科书实施课程的能力和实际水平具体体现在上面的各个环节之中❶。

二、有机哲学价值取向的生物教科书要重视关系性力量

（一）生态观上的担当：关系力量思维下的共享生态观

生态观是一种反映人、社会，以及自然环境和谐发展的价值观，是现代社会人类文明的重要标志，也是生物学科教育价值的重要体现。有机哲学和生物学在生态方面形成默契的共识，均强调人类发展中保持生态平衡与整体性的道德意识。具体体现在以下两个方面。

第一，在人与自然方面，承认自然的内在价值。在有机哲学看来，自然界中的一切都有自己的价值，因为它们都参与宇宙的创造。万物都处于运动中、处于一定的关系中，整个宇宙就是万物交织成的一个织体。人只是自然的一部分，不能凌驾于自然之上。以这一形而上学为基础的道德观，在当今世界被称为"解决生态危机的理论指导❷"。在这里，人类中心主义被彻底瓦解。生物学则从生态系统的维度，将无机的自然界和生命世界视为一个不可分割的整体。这也与生物学常识性的原理

---

❶ 孔凡哲，张怡，等. 教科书研究方法质量保障研究［M］. 长春：东北师范大学出版社，2007：6.
❷ 格里芬. 怀特海的另类后现代哲学［M］. 周邦宪，译. 北京：北京大学出版社，2013：3.

相通。一个生态系统的物种组成越多样，其自动调节能力越强；反之，一个物种单纯的生态系统，其维持生态平衡的能力就弱[1]。可见，二者都对机械唯物论视野下只承认自然的工具价值，对自然无度开发的现实状况持否定态度。人与自然万物是生命相连、共生共存、互为依赖的生命共同体关系。山水林田湖是一个生命共同体，人的命脉在田，田的命脉在水，水的命脉在山，山的命脉在土，土的命脉在树[2]。自然是生命之母，人与自然是生命共同体[3]。人与自然的根本关系就是"人本身是自然界的产物，是在一定的自然环境中并且和这个环境一起发展起来的[4]。"这与生物学中的生态系统、人与生物圈等内容息息相关。

第二，人与社会的关系层面，强调关系思维。一个机体就是一种关联[5]。相关性和过程性是从上到下、自下而上无所不在的特性[6]。有机哲学认为我们的一切选择和行动对于我们周围的世界是重要的。因为世界是由众多相关过程构成的一个网络，我们是其中的必要组成部分。在怀特海的形而上学和宇宙论体系中，一切存在都是关系的存在。事物之间彼此联系，物种成员间是相互依存，世界无一物可独立存在，永远有赖于他者，永远是在与他者的互感、互动、互入中实现着自己的主体目标，向着和谐与完善行进。因此，大自然之中没有粗鲁的个人主义，真正的现实是完全彻底的患难与共。既然如此，我们就必须责无旁贷地关心他者、她者、它者。基于以上分析可知，有机哲学和生物学均强调生物圈命运共同体中的责任担当，对环境、对社会的适应与改造应该并行和适当，具体就表现为尊重他者、尊重差异，尊重的核心品质是宽容、理解、友善、共生。生物学课程应该使学生更加明确地认识到自然不是人们统治、占有、掠夺的对象，而是有待人去照料的花园。只有把握好人类与自然的各种正当利益在一个动态平衡的相互作用中，才能实现可持续的和谐发展，而要实现这一切必须在社会生活的各个方面采用绿色可持续的生产方式。

(二) 生物教科书编写的生态性维度

关系思维下的生态视野也给生物教科书编写提供了一些启示。生物教科书编写的生态性维度主要包括以下三个方面。

---

[1] 余自强. 关于生物学课程科学哲学问题的讨论 [J]. 生物学通报，2005，3（40）：41-43.

[2] 中共中央文献研究室. 习近平关于社会主义生态文明建设论述摘编 [M]. 北京：中央文献出版社，2017：47.

[3] 习近平. 在纪念马克思诞辰200周年大会上的讲话 [EB/OL].（2018-05-04）[2018-06-15]. http：//www.xinhuanet.com/politics/leaders/2018-05/04/c_1122783997.htm.

[4] 中共中央马克思恩格斯列宁斯大林著作编译局编译. 马克思恩格斯全集（第19卷）[M]. 北京：人民出版社，1972：112.

[5] 怀特海. 过程与实在 [M]. 伦敦：麦克米兰出版公司，1929：327.

[6] 梅斯勒. 过程—关系哲学——浅释怀特海 [M]. 周邦宪，译. 贵阳：贵州人民出版社，2009：10.

第一，开放视野，整体考量，渗透可持续发展理念。党的十八大以来，一系列深刻独到的理念和论述从谋求中华民族长远发展、实现人民福祉的全局出发，围绕生态文明建设。这些理念与论述以倡导尊重自然、关爱生命、绿色发展、实现人与自然和谐共生为主旨❶。生态学既是生物学的重要分支之一，也是中学生物教科书内容的重要组成部分，在生物教科书中渗透绿色、可持续发展理念是必要的。具体来说，在教科书编写过程中拓宽视野，即在教科书内容选择的过程中综合考量包括自然科学和人文科学、生物学科与其他自然科学学科、生物学自身的发展脉络等关系的同时，还要将教科书发展历史、时代需求和教科书的价值追求等融合进教科书的整体设计之中。让生物教科书不只是传递知识的工具，更成为"有血有肉"的、生动鲜活的事实材料和学习材料。

第二，强化细节，凸显教科书的"绿色"生态。教科书的呈现方式是体现教科书编写质量的重要参照。强化细节就是在教科书内容选择和设计上，注重生态意识的渗透和养成。俗话说"细节决定成败"，教科书的教育功能也需要细节的积累。在实验的设计、实验材料的选择、教科书纸张的选择、排版设计等方面均会体现出生态意识的培养。例如：在设计校园植物调查活动后，通过要求学生将翻动的石头等复原、尽量采摘掉落的树叶等提示来凸显可持续的生态观念；通过活动的选择与设计来渗透环境美学、生物保护等相关思想。

第三，增加体验自然机会，培养自然敬畏感。怀特海认为教育的主题就是五彩缤纷的生活，脱离了生活的教育是无法想象的。教科书要增加可读性、趣味性的重要途径就是要回归生活。所以，既需要在教科书的内容选择和设计上添加生活因素，也要让学生在实践生活中养成生物科学素养；既要将区域资源、家庭资源、学校资源融为一体，形成教育合力，又要将生物学课程与现实生活紧密联系，设计开放性项目或活动来增强学生亲身体验机会，养成学生对自然的敬畏感。

三、有机哲学价值取向的生物教科书需融合逻辑理解和审美理解

（一）有机哲学与生物学在生活观上的创新

生活观是对人类物质生活和精神生活各个方面的基本看法和评价。它受生活方式的制约，又指导生活方式。生物进化论主要强调了生物对环境的适应与自然选择作用，这在一定意义上推进了人类竞争机制的诞生与发展。有机哲学在此基础上进行了延展，认为进化论不仅具有被动适应环境的一面，而且具有主动改造环境的一面。生命是对生动的直接性的掌握❷，这意味着创新。因而生命体被动地适应环境

---

❶ 魏华，卢黎歌. 习近平生态文明思想的内涵、特征与时代价值 [J]. 西安交通大学学报（社会科学版），2019，39（3）：69-76.
❷ 怀特海. 过程与实在 [M]. 李步楼，译. 北京：商务印书馆，2012：164.

的同时，也要改造环境、创造环境，使环境与生物的生存相融合。但是要改造环境单一的机体是无能为力的，只会被环境所毁灭。只有机体间紧密联系，同舟共济才能缔造更好的环境，使之能适应机体的生存。这里怀特海机体的概念是广泛的，它突破了常识中有机和无机的界限，在他看来，人是一个机体，细胞也是一个机体。概括起来，有机哲学强调以下几个方面。第一是对鲜活生活世界的关注。怀特海受其妻子韦德充溢的生命力刺激和影响，懂得了生存的目的就在于追求道德和审美方面的至善至美。而要达到这一目的，最重要的就是学会仁慈宽厚，学会爱，学会鉴赏艺术❶。简单说就是享受和体验生活的真义。因此，有机哲学批判现代人盲目追求物质享有和过度消费现象背后的人类中心主义，倡导绿色简单的生活方式，并着眼于星球视角而不是人类自身，强调所有生命体生存机会均等，祈盼回归到质朴、简单的生活方式。第二是对新颖性的追求，即成为创意的存在。所谓创意的存在就是寻求现实生活与理想结伴而行，情感与理性交融的生活体验。怀特海认为生活的艺术首先是活着，其次是以一种满意的方式活着。第三是在满意程度上获得增加❷。"活着就是去创造❸"，创造性是有机哲学的终极性范畴。所以生活中的新颖性不仅渴望冒险，渴望新奇，在"体验新颖性"驱使下不断与他者作用形成"创意的存在"，还要保持内心的安静，不随波逐流，以星球命运为责，不断完善自身。诚如马丁·海德格尔（Martin Heidegger）通过对人、大自然和技术本质的剖析，指出技术通过对人的宰治，使人丧失了人的本质，失去作为"此在"的意义，由此导致人的尊严、价值、自由等统统消亡。人要回归自己的本质，就需要冲破技术的宰治，回归自然，实现"诗意地栖居"，因为"诗意地栖居"体现出人与自然彼此促进的"共在"，"此在"只有实现与大自然、社会的交融发展，才能实现对自我、对自然的救赎，最终达至"诗意地栖居"❹。

（二）生物教科书编写的生活性维度

生物教科书的编写也要体现生活性维度。

第一，回归生活主题。生活观的养成自然不能脱离生活。在生物教科书设计的过程中，如何回归到生活主题是非常重要的论题。目前的生物教科书体系都是按照学科发展的逻辑体系遴选的核心基础知识编排的，在教学中更注重的是知识的掌握，这在一定程度上造成学生会解题但并不会理解生活中问题的现象。生物学回归生活主体的具体的方式还有待研究，如通过课题、体验等方式，但最终目标是要解决生物学与生活脱离的困境。任何一个学科的知识如果脱离了生活，那么它在新颖

---

❶ 陈奎德. 怀特海 [M]. 台北：东大图书公司，1994：19.
❷ 怀特海. 教育与科学——理性的功能 [M]. 黄铭，译. 郑州：大象出版社，2010：133.
❸ HARTSHORNE C. Whitehead's Philosophy [M]. Lincoln：University of Nebraska Press，1967：132.
❹ 崔恩帅. 习近平生态文明思想的世界意蕴 [J]. 人民论坛，2020（1）：86-87.

性上就已经失去了吸引学生的力量。这里需要强调的是，回归生活主题的生物学教科书要注重科学与美有机融合。当科学教育的重心在知识，那么主要的工具就是书本中知识分析与公式化的材料，就生物学而言，孩子可能熟背花朵的构造，但是却对于花毫无情感或心存好奇。科学教育的本质是什么？教科书的本质是什么？是呈现知识还是引起兴趣？是培养能力还是探索体验？怀特海在《科学与近代世界》中评析17世纪以来自然机械论的科学观时认为，自然界是枯燥乏味的，既没有声音也没有香气或颜色，只有资料不停地转，科学一直稳稳停留在物质、空间与时间中，导致罔顾有机体与环境的关系，以及对于环境本身内在价值的审美欣赏与领悟的习惯，并缺乏对物质环境的审美研究。例如，理解了太阳、大气层与地球运转的问题，却可能无法惊艳太阳西沉的余晖晚照，科学需要审美领悟的陶冶❶。艺术和科学的共同基础是人类的创造力。他们追求的目标都是真理的普遍性❷。科学教育不只是要教科学知识，更要培育实事求是的态度与创造力、挑战力、好奇心的科学精神。长久以来，科学教育往往成为与日常生活脱节的片段性知识。而这正是生物教科书要解决的问题。

第二，关注现在。现在是连接过去和将来的桥梁。长久以来，我们一直在为学生的将来做打算和预备，而怀特海认为最该关注的就是当下。在学生生活观的养成方面更是如此。如何让学生在生活中实现自己的价值观、生态观？唯一的途径就是现在就在生活中体现，现在就关注并养成学生的习惯，现在就引起学生的注意。这就要求生物教科书的设计关注现在。例如：在实验材料选择时关注不同季节、不同地域的材料差别，设计多样性的供选材料；尝试结合生活中的案例、热点问题以项目的形式展开教学；等等。可见，关注现在是生物学融合于生活的重要途径之一。

四、有机哲学价值取向的生物教科书要回归五彩缤纷的生活
（一）有机思维下的智慧生成

教育观即人们对教育认识的总和。怀特海的有机哲学理论在教育观上也尤具特色。其教育核心思想都在其著作《教育的目的》中有所阐述。概括地说，包括以下几个方面。第一，注重智慧生成。智慧的含义很多，在怀特海看来，智力教育的一个主要目的是传授知识，但智力教育还有另一个要素，比较模糊却更加伟大，因而也具有更重要的意义，古人称为"智慧"。你不掌握某些基本知识就不能聪明，但你可以很容易地获得知识却仍然没有智慧❸。知识是智慧的基础，但掌握知识却不等于掌握智慧，智慧更重要的是对知识的运用。在实践中我们追求智慧时往往犯了

---

❶ 陈伯璋，等. 课程美学 [M]. 台北：五南图书出版股份有限公司，2011：51.
❷ 李政道，柳怀祖. 李政道文录 [M]. 杭州：浙江文艺出版社，1999：136.
❸ 怀特海. 教育的目的 [M]. 庄莲平，王立中，译. 上海：上海文汇出版社，2012：115.

错误，只有运用知识才能发挥知识的力量，而不是知识本身。知识的重要意义在于它的应用，在于人们对它的积极的掌握，以及存在与智慧之中❶。简言之，真正的大智慧是平衡发展的结果。虽然知识的某种专业化是必要的，但是绝不能成为它的奴隶。只有平衡发展的智慧，才能增加个性的深度❷。第二，强调符合教育节奏。教育的节奏思想是怀特海教育观的重要组成部分。怀特海认为把握自由和纪律原则的节奏性是获得智慧教育的两个要素。智慧是掌握知识的方式❸，是可以获得的最本质的自由。智慧体现于遇到问题时知识的处理、选择，运用知识使我们的直觉经验更有价值。怀特海认为通往智慧的唯一的道路是在知识面前享有自由，但通往知识的唯一途径是在获取有条理的事实时保持纪律❹。自由能给生动活泼的思维习惯提供恰当的氛围，纪律应该满足对智慧的一种自然渴望，因为智慧可以使单纯的经验具有价值❺。在此基础上怀特海提出了其浪漫、精确、综合三重循环的教育节奏理论，这也为教科书编写提供了新的视角。

（二）教科书编写的教育性维度

教科书的教育性是不言而喻的，从有机哲学教育观的视角来看，生物教科书编写的教育性维度要考虑以下三个方面。

第一，教科书选题要少而精、透彻明了。教科书的首要工作是文化选择、取舍。文化是思想活动，是对美和高尚情感的接受。支离破碎的信息或知识与文化毫不相干❻。要使选题少而精就需重视精炼、重要、应用三个方面。精炼是指教科书选题要少而精，且教科书讲授内容要透彻。重要性要与学科内容和学生兴趣紧密相连，传授给孩子的那些主要观念应该是精练的和重要的，并使它们形成每种可能的结合。孩子应该内化这些观念，并马上理解这些观念在其实际生活环境中的应用。过去知识的唯一用途是装备我们以对付现在。我们追求的目标是，学生应该获取对抽象思维的通晓理解，应该认识它如何应用于特殊的具体环境，应该知道如何把一般方法应用于其逻辑研究❼，这也为教科书编写的应用型设计提供了新的思考。

第二，把握生物学科的浪漫、精确、综合的协同。怀特海的教育节奏理论强调浪漫、精确与综合的三重循环，这也对生物教科书的编写有所启示。小学阶段强调浪漫，在教科书设计过程中要增强学生体验、感受，获得对生物学的整体认识和兴趣；中学阶段是精确阶段，在浪漫的同时增加知识体系等内容；在大学阶段则是综

---

❶ 怀特海．教育的目的［M］．庄莲平，王立中，译．上海：上海文汇出版社，2012：46.
❷ 陈奎德．怀特海［M］．台北：东大图书公司，1994：146.
❸ 怀特海．教育的目的［M］．庄莲平，王立中，译．上海：上海文汇出版社，2012：43.
❹ 怀特海．教育的目的［M］．庄莲平，王立中，译．上海：上海文汇出版社，2012：44.
❺ 怀特海．教育的目的［M］．庄莲平，王立中，译．上海：上海文汇出版社，2012：46.
❻ 怀特海．教育的目的［M］．庄莲平，王立中，译．上海：上海文汇出版社，2012：2.
❼ 怀特海．教育与科学理性的功能［M］．黄铭，译．北京：大象出版社，2010：43.

合运用阶段，用怀特海的话说"站起来环顾四周"，这里就需要知识的综合运用或创造性的运用。在不同阶段中，浪漫、精确和综合又有着小循环，只有把握生物学科的浪漫、精确综合的协同才能更好地发挥教科书的教育价值。

　　第三，拒绝呆滞思想，体现过程性。呆滞思想是怀特海所批判的。为了避免学生形成呆滞思想，教科书编写要体现过程性。怀特海认为最真实地存在是现实实有，也称"经验之滴"，而经验的基础是情感性。情感的进入体现在它的摄入理论之中，在现实实有的生成过程之中。过程性是有机哲学的核心观点之一。所以，无论从生物学学科特质还是教育教学的理论出发，教科书的编写都要体现过程性。具体来说，一方面，教科书编写要强调学生的体验和感受，加强学生身体经验，这样才能将教科书的内容与学生的经验融合于现实世界当中，既避免了呆滞思想的形成，又加强了知识的利用，从而更有利于智慧的形成；另一方面，要强调教科书内容的过程性，任何知识的产生发展都经历了一个自然的和历史的过程，也经历了一个心理的和社会的过程，而不仅是一个结论，从这个视角看学科知识就是鲜活的历程，更具有生命力。

参考文献

著作类文献：

[1] 北京图书馆. 民国时期总数目（中小学教材卷）[M]. 北京：北京图书馆出版社，1995.

[2] 毕苑. 建造常识：教科书与近代中国文化转型 [M]. 福州：福建教育出版社，2010.

[3] 曹道平. 中学生物学教学论 [M]. 济南：山东教育出版社，2009.

[4] 曹文彪. 科学与人文：关于两种文化的社会学比较研究 [M]. 上海：学林出版社，2008.

[5] 曹运耕. 维新运动与两湖教育 [M]. 武汉：湖北教育出版社，2003.

[6] 陈桂生. 教育原理 [M]. 上海：华东师范大学出版社，2012.

[7] 陈奎德. 怀特海哲学演化概论 [M]. 上海：上海人民出版社，1988.

[8] 陈时见. 课程与教学理论和课程与教学改革 [M]. 桂林：广西师范大学出版社，1999.

[9] 陈侠. 课程论 [M]. 北京：人民教育出版社，1989.

[10] 陈学恂. 中国近代教育史教学参考资料 [M]. 北京：人民教育出版社，1986.

[11] 陈学恂. 中国近代教育文选 [M]. 北京：人民教育出版社，1983.

[12] 陈元晖. 中国近代教育史资料汇编：教育思想 [M]. 上海：上海教育出版社，2007.

[13] 陈元晖. 中国近代教育史资料汇编：普通教育 [M]. 上海：上海教育出版社，2007.

[14] 陈元晖. 中国近代教育史资料汇编：学制演变 [M]. 上海：上海教育出版社，2007.

[15] 陈自鹏. 中国中小学英语课程教材教法百年变革研究 [M]. 北京：光明日报出版社，2012.

[16] 陈伯璋. 意识形态与教育 [M]. 台北：师大书苑，1988.

[17] 陈伯璋. 课程研究与教育革新 [M]. 台北：师大书苑，1987.

[18] 陈伯璋. 教育思想与教育研究 [M]. 台北：师大书苑，1988.

[19] 陈伯璋. 潜在课程研究 [M]. 台北：五南图书出版公司，1985.

[20] 丁守和．中国近代启蒙思潮［M］．北京：社会科学文献出版社，1999．
[21] 樊洪业，王扬宗．西学东渐［M］．长沙：湖南科学技术出版社，2002．
[22] 方成智．艰难的规整——新中国十七年（1949—1966）中小学教科书研究［M］．长沙：湖南师范大学出版社，2010．
[23] 费正清，刘广京．剑桥晚清中国史（上册）［M］．中国社会科学院历史研究所编译室，译．北京：中国社会科学出版社，1985．
[24] 冯建军．教育基本理论研究20年（1990—2010）［M］．福州：福建教育出版社，2012．
[25] 冯平．现代西方价值哲学经典：经验主义路向［M］．北京：北京师范大学出版社，2009．
[26] 冯长根．博士学位随笔［M］．北京：中国科学技术出版社，2015．
[27] 高秉江．胡塞尔与西方主体主义哲学［M］．武汉：武汉大学出版社，2000．
[28] 高凌飚．基础教育教材评价：理论与工具［M］．北京：人民教育出版社，2002．
[29] 顾长声．传教士与近代中国［M］．上海：上海人民出版社，1981．
[30] 郭汉民．中国近代思想与思潮［M］．长沙：岳麓书社，2004．
[31] 郭晓明．课程知识与个体精神自由［M］．北京：教育科学出版社，2005．
[32] 侯万儒，米志平，唐柏林．现代生物学教学论［M］．成都：四川大学出版社，1998．
[33] 胡贻谷．谢庐隐先生传略［M］．上海：青年学会书报部，1917．
[34] 黄显华，霍秉坤．寻找课程理论和教科书设计的理论基础［M］．北京：人民教育出版社，2005．
[35] 黄友珍，叶冬青，赵宏．中国近代百年教育［M］．开封：河南大学出版社，2009．
[36] 黄政杰．课程评鉴［M］．台北：师大书苑，1987．
[37] 黄政杰．学校教育改革［M］．台北：师大书苑，1989．
[38]《中国教育事典》编委会．中国教育事典（初等教育卷）［M］．石家庄：河北教育出版社，1994．
[39] 姜朝晖．民国时期教育独立思潮研究［M］．北京：中国社会科学出版社，2008．
[40] 金观涛，刘青峰．观念史研究［M］．北京：法律出版社，2009．
[41] 课程教材研究所．20世纪中国中小学课程标准·教学大纲汇编［M］．北

京：人民教育出版社，2001.

[42] 李秉德．教育科学研究方法［M］．北京：人民教育出版社，2001.

[43] 李朝辉．教学论［M］．北京：清华大学出版社，2010.

[44] 李定仁，徐继存．课程论研究二十年［M］．北京：人民教育出版社，2004.

[45] 李方．课程与教学基本理论［M］．广州：广东高等教育出版社，2002.

[46] 李桂林，等．普通教育［M］．上海：上海教育出版社，1995.

[47] 林德宏．科技哲学十五讲［M］．北京：北京大学出版社，2004.

[48] 刘大椿．科学活动论互补方法论［M］．桂林：广西师范大学出版社，2002.

[49] 刘大椿，刘劲杨．科学技术哲学经典研读［M］．北京：中国人民大学出版社，2011.

[50] 刘登阁，周云芳．西学东渐与东学西渐［M］．北京：中国社会科学出版社，2000.

[51] 刘伟．教学利益论［M］．福州：福建教育出版社，2015.

[52] 刘英杰．中国教育大事典［M］．杭州：浙江教育出版社，1993.

[53] 刘玉梅．近代教师群体研究：以直隶为考察中心［M］．北京：人民出版社，2016.

[54] 卢嘉锡．中国科学技术史：生物学卷［M］．北京：科学出版社，2005.

[55] 刘景超．教科书美学［M］．广州：广东教育出版社，2019.

[56] 陆有铨．现代西方教育哲学［M］．北京：北京大学出版社，2012.

[57] 陆有铨．躁动的百年：20世纪的教育历程［M］．济南：山东教育出版社，1997.

[58] 罗桂环．中国近代生物学的发展［M］．北京：中国科学技术出版社，2014.

[59] 罗桂环．中国生物学史：近现代卷［M］．南宁：广西教育出版社，2018.

[60] 吕达．课程史论［M］．北京：人民教育出版社，1999.

[61] 吕顺长．清末中日教育文化交流之研究［M］．北京：商务印书馆，2012.

[62] 马勇．盗火者：严复传［M］．上海：东方出版社，2015.

[63] 裴娣娜．现代教学论（第二卷）［M］．北京：人民教育出版社，2005.

[64] 欧用生．课程发展模式探讨［M］．台北：复文图书出版社，1985.

[65] 欧用生．课程发展的基本原理［M］．台北：复文图书出版社，1999.

[66] 欧用生．初等教育的问题与改革［M］．台北：南宏图书有限公司，1987．

[67] 欧用生．课程研究方法论——课程研究的社会学分析［M］．高雄：复文图书出版社，1984．

[68] 钱曼倩，金林祥．中国近代学制比较研究［M］．广州：广东教育出版社，1996．

[69] 秦英君．科学乎 人文乎：中国近代以来文化取向之两难［M］．郑州：河南大学出版社，2005．

[70] 桑兵．晚清学堂学生与社会变迁［M］．桂林：广西师范大学出版社，2007．

[71] 施良方，崔允漷．教学理论：课堂教学的原理、策略与研究［M］．上海：华东师范大学出版社，1999．

[72] 施良方．课程理论：课程的基础、原理与问题［M］．北京：教育科学出版社，1996．

[73] 施良方．中学教育学［M］．福州：福建教育出版社，2013．

[74] 石鸥，吴小鸥．简明中国教科书史［M］．北京：知识产权出版社，2015．

[75] 石鸥．百年中国教科书图说（1897—1949）［M］．长沙：湖南教育出版社，2009．

[76] 石鸥．百年中国教科书图说（1949—2009）［M］．长沙：湖南教育出版社，2009．

[77] 石鸥．百年中国教科书忆［M］．北京：知识产权出版社，2015．

[78] 石鸥，吴小鸥．简明中国教科书史［M］．北京：知识产权出版社，2015．

[79] 石鸥．教科书评论2013［M］．北京：首都师范大学出版社，2014．

[80] 石鸥．教科书评论2015［M］．北京：首都师范大学出版社，2016．

[81] 石鸥．新中国中小学教科书图文史：自然常识 物理 化学 生物学［M］．广州：广东教育出版社，2015．

[82] 石鸥．教科书概论［M］．广州：广东教育出版社，2019．

[83] 石中英．教育哲学［M］．北京：北京师范大学出版社，2007．

[84] 史春风．商务印书馆与中国近代文化［M］．北京：北京大学出版社，2006．

[85] 舒新城．近代中国教育史料［M］．北京：中国人民大学出版社，2012．

[86] 舒新城．近代中国教育思想史［M］福州：福建教育出版社，2007．

[87] 孙宏安. 中国古代科学教育史略 [M]. 沈阳：辽宁教育出版社，1996.

[88] 孙培青. 中国教育史（修订版）[M]. 上海：华东师范大学出版社，2000.

[89] 孙正聿. 哲学通论 [M]. 上海：复旦大学出版社，2008.

[90] 覃兵，胡蓉. 近代中华书局理科教科书文本研究 [M]. 北京：光明日报出版社，2016.

[91] 田正平. 中国教育史研究：近代分卷 [M]. 上海：华东师范大学出版社，2009.

[92] 汪家熔. 民族魂——教科书变迁 [M]. 北京：商务印书馆，2008.

[93] 汪霞. 课程理论与课程改革 [M]. 合肥：安徽教育出版社，2007.

[94] 王本陆. 现代教学理论：探索与争鸣 [M]. 合肥：安徽教育出版社，2007.

[95] 王炳照. 简明中国教育史 [M]. 北京：北京师范大学出版社，1994.

[96] 曾天山. 教材论 [M]. 南昌：江西教育出版社，1997.

[97] 王攀峰. 教科书研究方法论 [M]. 广州：广东教育出版社，2019.

[98] 张燕华. 教科书语言学 [[M]. 广州：广东教育出版社，2019.

[99] 王策三. 教学论稿 [M]. 北京：人民教育出版社，2005.

[100] 王道俊. 教育学原理 [M]. 福州：福建教育出版社，1998.

[101] 王建军. 中国近代教科书发展研究 [M]. 广州：广东教育出版社，1996.

[102] 王伦信. 清末民国时期中学教育研究 [M]. 上海：华东师范大学出版社，2002.

[103] 王守恒. 教育科学研究方法基础 [M]. 合肥：安徽大学出版社，2002.

[104] 王思隽，李肃东. 贺麟评传 [M]. 南昌：百花洲文艺出版社，1995.

[105] 王伟. 再造文明：近代中小学教科书发展中的尝试与探险（1897—1936）[M]. 北京：中国书籍出版社，2016.

[106] 王文岚. 社会科课程中的公民教育研究 [M]. 北京：中国社会科学出版社，2006.

[107] 王小静. 清末民初修身思想研究：以修身教科书为中心的考察 [M]. 北京：人民出版社，2012.

[108] 王扬宗. 傅兰雅与近代中国科学启蒙 [M]. 北京：科学出版社，2000.

[109] 王有朋. 中国近代中小学教科书总目 [M]. 上海：上海辞书出版社，2010.

[110] 王玉樑. 21 世纪价值哲学：从自发到自觉 [M]. 北京：人民出版社，

2006.

[111] 王治河, 樊美君. 第二次启蒙 [M]. 北京: 北京大学出版社, 2011.

[112] 王治河. 扑朔迷离的游戏–后现代哲学思潮研究 [M]. 北京: 社会科学文献出版社, 1993.

[113] 魏书生. 教学工作漫谈 [M]. 桂林: 漓江出版社, 2010.

[114] 吴康宁. 课程社会学研究 [M]. 南京: 江苏教育出版社, 2004.

[115] 吴康宁. 课堂教学社会学 [M]. 南京: 南京师范大学出版社, 1999.

[116] 吴履平. 20世纪中国中小学课程标准·教学大纲汇编 生物卷 [M]. 北京: 人民教育出版社, 2001.

[117] 吴小鸥. 中国近代教科书的启蒙价值 [M]. 福州: 福建教育出版社, 2011.

[118] 吴永贵. 民国出版史 [M]. 福州: 福建人民出版社, 2011.

[119] 吴永军. 课程社会学 [M]. 南京: 南京师范大学出版社, 1999.

[120] 肖川. 义务教育课程标准（2011年版）解读 [M]. 武汉: 湖北教育出版社, 2012.

[121] 熊月之. 西学东渐与晚清社会 [M]. 上海: 上海人民出版社, 1994.

[122] 徐瑞. 世界著名教育思想家尼采 [M]. 北京: 北京师范大学出版社, 2012.

[123] 徐学福. 教学论 [M]. 北京: 人民教育出版社, 2013.

[124] 杨富斌, 麦克丹尼尔. 怀特海过程哲学研究 [M]. 北京: 中国人民大学出版社, 2018.

[125] 杨丽. 教学理论发展的另一种可能 [M]. 哈尔滨: 黑龙江教育出版社, 2015.

[126] 杨明全. 课程概论 [M]. 北京: 北京师范大学出版社, 2010.

[127] 杨小微. 教育研究方法 [M]. 北京: 人民教育出版社, 2005.

[128] 杨玉厚. 中国课程变革研究 [M]. 西安: 陕西人民教育出版社, 1993.

[129] 姚玉香. 教育理论本土创生研究: 基于中国百年教育理论发展史的省思 [M]. 沈阳: 辽宁人民出版社, 2015.

[130] 叶澜. 教育研究方法论初探 [M]. 上海: 上海教育出版社, 2014.

[131] 叶佩珉. 生物学课程教材改革探索 [M]. 北京: 人民教育出版社, 2002.

[132] 于海波. 科学课程发展的文化学研究 [M]. 长春: 东北师范大学出版社, 2008.

[133] 于伟. 现代性与教育 [M]. 北京: 北京师范大学出版社, 2006.

[134] 于野,李强. 马基雅维里：我就是教你"恶"[M]. 北京：新世界出版社, 2006.

[135] 余自强. 生物课程论[M]. 北京：教育科学出版社, 2006.

[136] 张楚廷. 课程与教学哲学[M]. 北京：人民教育出版社, 2003.

[137] 张汉光,周淑美. 生物学教学论[M]. 南宁：广西教育出版社, 2001.

[138] 张迎春,汪忠. 生物学教学论[M]. 西安：陕西师范大学出版社, 2003.

[139] 张仲民,章可. 近代中国的知识生产与文化政治：以教科书为中心[M]. 上海：复旦大学出版社, 2014.

[140] 赵惟熙. 西学书目答问[M]. 贵阳：贵阳学署, 1901.

[141] 赵锡鑫. 生物学教学论[M]. 北京：高等教育出版社, 1988.

[142] 赵长林. 科学课程知识观的重建–在人文与科学之间[M]. 北京：中国社会科学出版社, 2008.

[143] 郑金洲,瞿葆奎. 中国教育学百年[M]. 北京：教育科学出版社, 2002.

[144] 钟启泉. 课程论[M]. 北京：教育科学出版社, 2007.

[145] 钟启泉. 现代课程论（新版本）[M]. 上海：上海教育出版社, 2003.

[146] 周谷平. 近代西方教育理论在中国的传播[M]. 广州：广东教育出版社, 1996.

[147] 周其厚. 中华书局与近代文化[M]. 北京：中华书局, 2007.

[148] 朱义禄,张劲. 中国近现代政治思潮研究[M]. 上海：上海社会科学院出版社, 1998.

[149] 朱永新. 沟通与融合中国近现代教育思想史[M]. 北京：人民教育出版社, 2004.

[150] 朱有献,等. 教育行政机构及教育团体[M]. 上海：上海教育出版社, 1993.

[151] 左玉河. 从四部之学到七科之学：学术分科与近代中国知识系统之创建[M]. 上海：上海书店出版社, 2004.

[152] 弗莱雷. 被压迫者的教育学[M]. 顾建新,等译. 上海：华东师范大学出版社, 2014.

[153] 叔本华. 爱与生的苦恼[M]. 金玲,译. 北京：中国和平出版社, 1996.

[154] 卢梭. 爱弥儿[M]. 李平怄,译. 北京：商务印书馆, 1978.

[155] 柏拉图. 理想国[M]. 郭斌和,张竹明,译. 北京：商务印书馆,

1986.

[156] 史密斯. 全球化与后现代教育学 [M]. 郭洋生, 译. 北京: 教育科学出版社, 2000.

[157] 方成智. 教科书生态学 [M]. 广州: 广东教育出版社, 2019.

[158] 夸美纽斯. 大教学论 [M]. 傅任敢, 译. 北京: 教育科学出版社, 1999.

[159] 麦金太尔. 马尔库塞 [M]. 邵一诞, 译. 北京: 中国社会科学出版社, 1989.

[160] 塞耶. 牛顿自然哲学著作选 [M]. 上海外国自然科学哲学著作编译组, 译. 上海: 上海人民出版社, 1974.

[161] 阿普尔, 史密斯. 教科书政治学 [M]. 侯定凯, 译. 上海: 华东师范大学出版社, 2005.

[162] 艾尔曼. 科学在中国 (1550—1900) [M]. 原祖杰, 等译, 北京: 中国人民大学出版社, 2016.

[163] 英菲尔德. 物理学的进化 [M]. 周肇威, 译. 长沙: 湖南教育出版社, 2003.

[164] 巴格莱. 教育与新人 [M]. 袁桂林, 译. 北京: 人民教育出版社, 2005.

[165] 布鲁纳. 教学论 [M]. 姚梅林, 郭安, 译. 北京: 中国轻工业出版社, 2008.

[166] 格里芬. 后现代精神 [M]. 王成兵, 译. 北京: 中央编译出版社, 1998.

[167] 戴吉礼. 傅兰雅档案·第一卷 [M]. 弘侠, 译. 桂林: 广西师范大学出版社, 2010.

[168] 多尔. 课程愿景 [M]. 张文军, 等译. 北京: 教育科学出版社, 2004.

[169] 罗斯. 怀特海 [M]. 李超杰, 译. 北京: 中华书局, 2014.

[170] 费耶阿本德. 知识、科学与相对主义 [M]. 陈健, 译. 南京: 江苏人民出版社, 2001.

[171] 赫茵, 塞尔登. 审查历史: 日本、德国和美国的公民身份与记忆 [M]. 聂露, 译. 北京: 社会科学文献出版社, 2012.

[172] 豪·哈贝马斯 [M]. 陈志刚, 译. 北京: 中华书局, 2003.

[173] 梅斯勒. 过程—关系哲学 [M]. 周邦宪, 译. 贵州: 贵州人民出版社, 2009.

[174] 安德森. 布卢姆教育目标分类学 [M]. 蒋小平, 等译. 北京: 北京大学

出版社,2012.

[175] 安德森.布鲁姆交互与目标分类学修订版[M].蒋小平,等译.外语教学与研究出版社,2009.

[176] 阿普尔.官方知识:保守时代的民主教育[M].曲囡囡,刘明堂,译.上海:华东师范大学出版社,2004.

[177] 约翰逊.伽达默尔[M].何卫平,译.北京:中华书局,2002.

[178] 波斯纳.课程分析[M].仇光鹏,等译,上海:华东师范大学出版社,2007.

[179] 伯恩斯.知识与权力[M].杨志,译.北京:中国人民大学出版社,2015.

[180] 杜威.民主主义与教育[M].王承绪,译.北京:人民教育出版社,2001.

[181] 贾德.苏菲的世界[M].萧宝森,译.北京:作家出版社,2007.

[182] 实藤惠秀.中国人留学日本史(修订译本)[M].谭汝谦,林启彦,译.北京:北京大学出版社,2012.

[183] 田中裕.怀特海——有机哲学[M].包国光,译.石家庄:河北教育出版社,2011.

[184] 怀特海.思维方式[M].刘放桐,译.北京:商务印书馆,2010.

[185] 怀特海.观念的冒险[M].周邦宪,译.北京:北京联合出版社,2014.

[186] 怀特海.过程与实在[M].杨富斌,译.北京:中国人民大学出版社,2013.

[187] 怀特海.过程与实在[M].周邦宪,译.北京:北京联合出版社,2014.

[188] 怀特海.教育的目的[M].庄莲平,王立中,译.上海:文汇出版社,2012.

[189] 怀特海.教育的目的[M].徐汝舟,译.北京:三联书店,2002.

[190] 怀特海.科学与近代世界[M].何钦,译.北京:商务印书馆,1959.

[191] 怀特海.自然的概念[M].张桂全,译.南京:译林出版社,2011.

[192] 罗素.罗素论教育[M].杨汉麟,译.北京:人民教育出版社,2005.

[193] 怀特海.过程与实在:宇宙论研究[M].杨富斌,译.北京:中国城市出版社,2003.

[194] 李提摩太.亲历晚清四十五年:李提摩太在华回忆录[M].李宪堂,等译.天津:天津人民出版社,2011.

[195] 李约瑟. 中国科学技术史·第四卷 [M]. 刘巍, 译. 北京: 科学出版社, 1975.

[196] 赫胥黎. 科学与教育 [M]. 单中惠, 平波, 译. 北京: 人民教育出版社, 2005.

[197] 洛克. 教育漫话 [M]. 王承绪, 译. 北京: 人民教育出版社, 2006.

期刊、学位论文类：

[1] 毕苑. 博物与启蒙 [J]. 理论视野, 2016 (7): 67-70.

[2] 艾尼瓦尔·买买提. 普通高中维吾尔文生物教材用词研究 [D]. 乌鲁木齐: 新疆师范大学, 2013.

[3] 包磊. 人教版初高中生物教材教学衔接的研究 [D]. 福州: 福建师范大学, 2015.

[4] 蔡铁权, 何丹贤. 我国近代物理学和物理教育的兴起及早期发展 [J]. 全球教育展望, 2013, 42 (10): 109-118.

[5] 蔡晓杰. 人教版高中生物教材《必修1》中科学探究活动的研究 [D]. 西安: 陕西师范大学, 2015.

[6] 陈立萍. 遗传与进化模块与初中生物教材教学衔接研究 [D]. 呼和浩特: 内蒙古师范大学, 2014.

[7] 陈娜. 人文精神与现代意识的和谐抒写——论民国语文教材生命力之所在 [D]. 上海: 上海师范大学, 2013.

[8] 陈魏. 山科版初中生物教材的分析与评价 [D]. 济南: 山东师范大学, 2015.

[9] 陈文革, 吴建平. 科学教科书中的意识形态及其话语建构——以初中物理和化学教科书为例 [J]. 外语与外语教学, 2014 (5): 11-16; 35.

[10] 陈香妹. 生物教材模块化对课堂教学影响的研究 [D]. 桂林: 广西师范大学, 2015.

[11] 陈艳. 在初中生物教学中运用教材插图的案例研究 [D]. 南京: 南京师范大学, 2015.

[12] 程博. 建设性后现代主义教师观探索 [D]. 哈尔滨: 哈尔滨师范大学, 2015.

[13] 崔佳. 高中生物教材数学模型资源库: 挖掘·构建·利用 [D]. 石家庄: 河北师范大学, 2016.

[14] 邓磊, 廖伯琴. 基于国际比较的我国高中物理教科书评价指标体系的建构研究 [J]. 教育学报, 2010, 6 (3): 66-73.

[15] 丁通通.建设性后现代主义生态教育思想研究[D].哈尔滨:哈尔滨师范大学,2015.

[16] 丁文静.中美高中主流生物教材实验部分的比较研究[D].长春:东北师范大学,2012.

[17] 董立河.怀特海价值理论初探[J].天津社会科学,2003(6):50-55.

[18] 方成智.艰难的规整[D].长沙:湖南师范大学,2010.

[19] 付兴.人教版高中生物必修教材探究活动的分析研究[D].曲阜:曲阜师范大学,2016.

[20] 付修儒.论生成性课堂教学的构建[D].桂林:广西师范大学,2016.

[21] 高宏.2012版初中生物(七年级)三种教材的比较研究[D].哈尔滨:哈尔滨师范大学,2016.

[22] 高莉娅.高中生物教材"相关信息"栏目的透视、更新及运用策略[D].石家庄:河北师范大学,2016.

[23] 高明.中美高中生物教材STS教育比较研究[D].西安:陕西师范大学,2013.

[24] 葛爱琴.初中生对生物新教材使用现状的调查研究[D].赣州:赣南师范学院,2015.

[25] 葛宏云."求真"与"审美"——弗雷格美学思想初探[D].桂林:广西师范大学,2016.

[26] 耿蕊蕊.高中生物教材问题探讨栏目教学现状分析及策略优化[D].曲阜:曲阜师范大学,2016.

[27] 龚永生.高中生物教材名词术语的整理研究[D].呼和浩特:内蒙古师范大学,2016.

[28] 谷荣荣.高中生物教材中科学史的内容分析[D].开封:河南大学,2013.

[29] 关鑫.论怀特海的高等教育哲学思想[D].太原:山西大学,2012.

[30] 管雅静.大陆与台湾高中生物教材的比较研究[D].福州:福建师范大学,2016.

[31] 郭东青.高中生物教材插图资源的六大缺失、优化策略及案例呈现[D].石家庄:河北师范大学,2016.

[32] 郭桂周,易璇子,黄晓庆.我国中学物理教科书中环境教育内容的文本分析——以人教版初中物理教科书为例[J].环境教育,2018(8):43-46.

[33] 郭丽丽.人教版高中生物教材的内容问题探讨[D].济南:山东师范大

学, 2015.
[34] 郭明明. 人教版高中生物教材中有关生态学内容的教材分析研究 [D]. 呼和浩特: 内蒙古师范大学, 2015.
[35] 郭蕊. 怀特海价值理论对中小学学生评价的启示 [D]. 哈尔滨: 哈尔滨师范大学, 2012.
[36] 郭小璐. 人教版与苏教版高中生物《遗传与进化》模块教材的比较研究 [D]. 长春: 东北师范大学, 2016.
[37] 郭震. 变革时代中的科学启蒙——近代中国化学教科书的历史沿革 [J]. 科普研究, 2017, 12 (1): 86-94; 111-112.
[38] 韩双旭. 中美高中生物教材中同步网络教学资源的比较研究 [D]. 西安: 陕西师范大学, 2015.
[39] 韩燕. 方东美生命美学研究 [D]. 石家庄: 河北师范大学, 2016.
[40] 何静欣. 广州市初一生物教师对人教版新教材的适应性研究 [D]. 广州: 广州大学, 2013.
[41] 洪运. 基于iPad终端的电子生物教材的设计与开发 [D]. 天津: 天津师范大学, 2014.
[42] 黄杨埔. 中美高中生物教材的比较研究 [D]. 济南: 山东师范大学, 2015.
[43] 贾秋实. 论怀特海的教育目的及其启示 [D]. 哈尔滨: 哈尔滨师范大学, 2013.
[44] 蒋文飞. 幼小数学衔接课程现状及幼儿园应对策略研究 [D]. 杭州: 杭州师范大学, 2015.
[45] 金新喜. 刍议中学物理教科书中的举例说明题 [J]. 课程教学研究, 2018 (5): 28-31.
[46] 孔娴. 高中生物教材中传统文化的要素分析与教学对策研究 [D]. 曲阜: 曲阜师范大学, 2016.
[47] 雷熙. 清末民初女子教科书缘起及演变 [D]. 长沙: 湖南师范大学, 2012.
[48] 李红利. 论大学高科技产业化创新人才的培养 [D]. 武汉: 华中师范大学, 2015.
[49] 李建杰. 论怀特海过程神学之上帝观 [D]. 金华: 浙江师范大学, 2014.
[50] 李荣. 高中生物教材中动物学知识的拓展研究 [D]. 呼和浩特: 内蒙古师范大学, 2016.
[51] 李翔琪. 现行五种版本高中生物教材三维目标呈现研究 [D]. 开封: 河

南大学，2015.

[52] 李义义．中美澳科学教材中的 SSI 文本分析［D］．武汉：华中师范大学，2013.

[53] 李奕．建设性后现代主义视阈下的生态观思考［D］．重庆：西南大学，2013.

[54] 连悦．方东美宇宙观研究［D］．开封：河南大学，2016.

[55] 廖苗，吴彤．百年小学科学教科书中的科学观变迁［J］．科学技术哲学研究，2015，32（4）：88-98.

[56] 廖玛璠．中美高中生物教材遗传部分科学内容体系的比较研究［D］．长春：东北师范大学，2014.

[57] 林红香．上海、加州两地高中生物教材中实验板块的比较研究［D］．上海：上海师范大学，2016.

[58] 林晓霖．中美初中生物课程标准和教材的比较研究［D］．福州：福建师范大学，2015.

[59] 刘斌．清末中小学体育教科书的启蒙价值［J］．湖南师范大学教育科学学报，2012，11（6）：53-57.

[60] 刘倩茹．人教版高中生物教材"思考与讨论"的教学研究分析［D］．大连：辽宁师范大学，2015.

[61] 刘旭佳．苏珊·朗格艺术幻象理论探究［D］．沈阳：沈阳师范大学，2014.

[62] 刘洋洋．初中生物新教材图像系统特点及教学策略研究［D］．长沙：湖南师范大学，2015.

[63] 吕达．百年教科书地启蒙追寻——《复兴之路——百年中国教科书与社会变革》简评［J］．课程教学研究，2017（6）：94-95.

[64] 吕晓敏．过程心理学探析［D］．济南：山东师范大学，2013.

[65] 马聪．西方生态主义课程思想发展研究［D］．重庆：西南大学，2014.

[66] 买日叶木·卡地尔．维吾尔文初中生物教材生物词汇研究［D］．乌鲁木齐：新疆师范大学，2015.

[67] 孟令玉．中美高中生物教材生态学部分的比较研究［D］．哈尔滨：哈尔滨师范大学，2016.

[68] 潘何伟．教材插图观察与学生学习能力发展的关系研究［D］．西安：陕西师范大学，2014.

[69] 潘文君．中美高中生物课程标准与教材的比较研究［D］．重庆重庆师范大学，2013.

[70] 盘岚. 新课标下三种高中生物教材中实验的比较分析 [D]. 重庆: 重庆师范大学, 2016.

[71] 邱欢. 高中生物教材的心理发展维度评价指标体系的构建 [D]. 南京: 南京师范大学, 2014.

[72] 邱亚. 例谈高中生物教材中模糊性及其教学 [D]. 徐州: 江苏师范大学, 2016.

[73] 瞿骏. "民国范儿"的迷思——论清末民国教科书之"另一面" [J]. 学术月刊, 2014, 46 (9): 146-156.

[74] 盛萍. 生物教材设计论 [D]. 济南: 山东师范大学, 2015.

[75] 石鸥, 吴小鸥. 从有限渗入到广泛传播——清末民初中小学教科书的民主政治启蒙意义 [J]. 教育学报, 2010, 6 (1): 62-70.

[76] 石鸥, 吴小鸥. 清末民初教科书的科学启蒙 [J]. 高等教育研究, 2012, 33 (11): 85-90.

[77] 石鸥, 吴小鸥. 清末民初教科书的现代伦理精神启蒙 [J]. 伦理学研究, 2010 (5): 27-30; 71.

[78] 石鸥. 百年中国教科书的文化担当 [J]. 教育科学研究, 2017 (11): 93-96.

[79] 舒静. 高中生物教材中生命科学史的内容解析 [D]. 武汉: 华中师范大学, 2015.

[80] 宋桂红. 人教社高中生物新旧版教材中"细胞的生命历程"专题的比较分析 [D]. 呼和浩特: 内蒙古师范大学, 2013.

[81] 宋海霞. 初中生物教材中环境教育内容的比较研究 [D]. 呼和浩特: 内蒙古师范大学, 2016.

[82] 谭江. 智慧取向的学习力构成研究 [D]. 成都四川师范大学, 2016.

[83] 谭永平, 李金花. 新课改后中学生物公开课教与学的行为分析 [J]. 课程·教材·教法, 2013, 33 (4): 71-74, 54.

[84] 谭永平, 徐欢. 如何区分生态系统中信息传递的类型 [J]. 中学生物教学, 2016 (Z1): 141.

[85] 谭永平. 不可讲? 羞于讲? [N]. 中华读书报, 2013-04-24 (014).

[86] 谭永平. 中学生物教科书生态学内容百年变迁 [N]. 中华读书报, 2015-09-30 (014).

[87] 谭永平. 关于教科书编写的若干论点辨析——以新课改中生物教科书为例 [J]. 课程·教材·教法, 2010, 30 (5): 72-77.

[88] 谭永平. 批判性思维与中学生物教材教学 [J]. 中学生物教学, 2016

（13）：10-12.

[89] 谭永平．我国百年中学生物教科书中"人的生殖"变迁历程及其启示[J]．中学生物教学，2013（12）：45-47.

[90] 谭永平．我国中学生物教科书中生态学内容百年变迁及其启示[J]．中学生物学，2015，31（10）：59-61.

[91] 谭永平．再论科学的本质与中学生物教学[J]．中学生物教学，2017（13）：8-10.

[92] 谭永平．中国教育学会生物学教学专业委员会第五次代表大会暨第八届学术年会会议纪要[J]．中学生物教学，2002（12）：41-42.

[93] 谭永平．中学生物教科书的历史追溯与现实透视[J]．教育科学论坛，2008（4）：11-14.

[94] 陶丽．机体哲学视阈下的教学智慧价值研究[D]．金华：浙江师范大学，2013.

[95] 涂宽．美国高中主流理科教材《生物生命的动力》情境素材分析研究[D]．武汉：华中师范大学，2014.

[96] 万雪雪．人教版高中生物必修教材实验开展情况的调查及其修订建议的研究[D]．贵阳：贵州师范大学，2016.

[97] 王娇．进化论思想的有机转向及其价值研究[D]．锦州：渤海大学，2016.

[98] 王金刚．义务教育初中生物教材科学探究的比较研究[D]．武汉：华中师范大学，2013.

[99] 王培培．不同版本高中生物教材情感态度价值观目标呈现比较研究[D]．开封：河南大学，2016.

[100] 王妍．从符号与幻象的"变身"[D]．南京：南京师范大学，2015.

[101] 王洋．建设性后现代主义思潮研究[D]．天津：河北工业大学，2014.

[102] 王兆英．论怀特海艺术教育思想及其启示[D]．哈尔滨：哈尔滨师范大学，2012.

[103] 魏婕．从怀特海的思辨哲学看人与自然的关系[D]．西安：陕西师范大学，2013.

[104] 温晓雷．中美高中物理教科书科学方法呈现方式的比较研究[D]．西安：陕西师范大学，2013.

[105] 文莹．中美高中生物教材（人教版和培生版）比较研究[D]．天津：天津师范大学，2014.

[106] 乌达巴拉．初中生物教材中生命科学史课程资源开发研究[D]．呼和浩

特：内蒙古师范大学，2015.

[107] 吴小鸥，褚兴敏．中国现代教科书发展的"黄金二十年"[J]．宁波大学学报（教育科学版），2014，36（4）：16-22.

[108] 吴小鸥，李想．"蒙学科学全书"与20世纪初的科学启蒙[J]．教育学报，2012，8（5）：118-128.

[109] 吴小鸥，彭太军．小课本大启蒙——试析清末民初教科书的巨大影响力[J]．内蒙古师范大学学报（教育科学版），2011，24（10）：1-8.

[110] 吴小鸥，石鸥．烽火岁月中的启蒙——试析民国时期国立编译馆中小学教科书编审[J]．中国人民大学教育学刊，2012（3）：166-180.

[111] 吴小鸥，石玉．经典的理念与启蒙的思路——以中小学语文教科书中鲁迅作品为例[J]．湖南师范大学教育科学学报，2010，9（5）：12-16.

[112] 吴小鸥，徐加慧．"复兴教科书"的抗战救亡启蒙[J]．湖南师范大学教育科学学报，2015，14（4）：18-24.

[113] 吴小鸥，姚艳．民族脊梁：1933年"复兴教科书"的启蒙坚守[J]．华东师范大学学报（教育科学版），2015，33（4）：113-118.

[114] 吴小鸥．百年中国启蒙——中小学教科书的视角[J]．教育科学研究，2016（3）：25-31；37.

[115] 吴小鸥．汲汲以求于强国富民之道——清末民初教科书的现代商品经济启蒙[J]．宁波大学学报（教育科学版），2012，34（1）：16-21.

[116] 吴小鸥．近代中国教科书的启蒙功利主义[J]．宁波大学学报（教育科学版），2012，34（5）：23-29.

[117] 吴小鸥．民国时期中小学党化教科书及其启蒙规定性[J]．中国人民大学教育学刊，2013（4）：145-162.

[118] 吴小鸥．清末民初教科书的启蒙诉求[D]．长沙：湖南师范大学，2009.

[119] 吴小鸥．现代性：清末民初教科书的启蒙诉求[J]．华东师范大学学报（教育科学版），2010，28（4）：71-81.

[120] 吴修梅．18世纪到20世纪初西方技术教育思想研究[D]．南京：南京师范大学，2015.

[121] 吴卓琼．我国高中生物教材中STSE教育的缺失与对策[D]．济南：山东师范大学，2015.

[122] 西和热．初中生物教材中脊椎动物知识拓展研究[D]．呼和浩特：内蒙古师范大学，2016.

[123] 徐翠萍．义务教育生物课程标准教材（2001版与2012版）插图对比研究[D]．福州：福建师范大学，2016.

[124] 徐婕. 高中生物教材德育资源的分析与应用研究 [D]. 曲阜：曲阜师范大学，2016.

[125] 徐亚. 台湾翰林版《应用生物（全）》高中生物教材分析研究 [D]. 上海：上海师范大学，2016.

[126] 许艳召. 方东美生命哲学研究 [D]. 保定：河北大学，2015.

[127] 薛晶. 人教版与北师大版高中生物《稳态与环境》模块教材比较研究 [D]. 呼和浩特：内蒙古师范大学，2015.

[128] 闫伟伟. 人教版初中生物"教材"变"学材"的探索 [D]. 济南：山东师范大学，2016.

[129] 闫修蕾. 能力发展与技能形成的合理状态及价值追求 [D]. 西安：陕西师范大学，2015.

[130] 杨帆. 美国初、高中生物教材的衔接研究及其对我国生物教育的启示 [D]. 黄冈：黄冈师范学院，2014.

[131] 杨晓静. 沛西·能个性自由发展思想研究 [D]. 淮北：淮北师范大学，2016.

[132] 杨祎. 中美高中生物教材学科交叉渗透的比较初探 [D]. 南京：南京师范大学，2015.

[133] 印梅花. 怀特海的大学教育思想及对我国大学改革的启示 [D]. 哈尔滨：哈尔滨师范大学，2014.

[134] 于冰，于海波. 教科书的文化再生产——物理教科书插图的性别文化分析及反思 [J]. 当代教育与文化，2015，7（5）：79-83.

[135] 于冰. 中学物理教科书的意识形态研究 [D]. 长春：东北师范大学，2015.

[136] 于婷婷. 高中生物教材"二次开发"的研究 [D]. 哈尔滨：哈尔滨师范大学，2015.

[137] 于晓晴. 人教版高中生物教材科学探究栏目的应用研究 [D]. 曲阜：曲阜师范大学，2013.

[138] 俞昭君. 我国人教版高中生物教材与英国剑桥高中生物教材比较研究 [D]. 乌鲁木齐：新疆师范大学，2015.

[139] 袁卉. 中美生物教材中关于"分子与细胞"模块情境创设的比较研究及应用 [D]. 南京：南京师范大学，2015.

[140] 袁玲. 人教版初中生物教材插图教学与学生读图能力培养的研究 [D]. 昆明：云南师范大学，2014.

[141] 张陈阳. 以遗传学知识模块为例论中美高中生物教材的特色 [D]. 扬

州：扬州大学，2014.

[142] 张广琴. 中美小学主流科学教材对比分析 [J]. 开封教育学院学报，2015，35（12）：211-212.

[143] 张抗. 高三生物回归教材的复习策略探讨 [D]. 武汉：华中师范大学，2015.

[144] 张磊. 科学课程设计的认识论考察 [D]. 济南：山东师范大学，2013.

[145] 张林，特古斯. 民国时期大学教科书的"中国化"（1931—1937）——以物理教科书为中心 [J]. 自然辩证法研究，2016，32（12）：63-68.

[146] 张凌诗. 中美高中生物教材中关于职业生涯教育内容的比较研究 [D]. 武汉：华中师范大学，2015.

[147] 张沙. 中美高中生物教材作业系统的比较研究 [D]. 桂林：广西师范大学，2015.

[148] 张廷志. 情智教学在高中物理教学中的应用——评《普通高中课程标准实验教科书物理1必修》[J]. 中国教育学刊，2018（8）：132.

[149] 张文硕. BSCS（蓝皮本）与我国高中生物教材中探究活动的比较研究 [D]. 长春：东北师范大学，2014.

[150] 张小启. 新课改下初中与高中必修生物教材内容衔接的研究 [D]. 开封：河南大学，2015.

[151] 张颖. 新课程高中物理教科书呈现方式的研究 [J]. 课程·教材·教法，2011，31（5）：76-81.

[152] 赵健. 三个版本初中生物新教材中实验部分的比较研究 [D]. 呼和浩特：内蒙古师范大学，2016.

[153] 赵坤兰. 中、美、澳三国初中科学教材难度比较研究 [D]. 武汉：华中师范大学，2013.

[154] 赵闪. 中美高中生物教材习题难度比较研究 [D]. 上海：华东师范大学，2016.

[155] 赵长林. 明清西方物理学知识的传播和晚清物理教科书的发展 [J]. 课程教学研究，2017（6）：35-39.

[156] 郑家英. 方东美的自然观研究 [D]. 上海：华东师范大学，2015.

[157] 郑世德. 中美高中生物教材中科学思想的比较研究 [D]. 西安：陕西师范大学，2014.

[158] 郑婷婷. 初高中生物学科教材衔接的研究 [D]. 福州：福建师范大学，2014.

[159] 周安琪. 小课本展现社会大变革 [J]. 教育测量与评价，2018（6）：

63-64.

[160] 周磊. 基于高中生物教材的概念图资源库构建 [D]. 石家庄：河北师范大学，2015.

[161] 周星星. 民国中学物理教科书内容演变研究（1912—1937）[D]. 金华：浙江师范大学，2012.

[162] 朱凤翔. 方东美"生命哲学"的价值思想 [D]. 西安：西北政法大学，2015.

[163] 朱虹. 国内高中生物教科书与美国教材生态学实验部分的比较 [D]. 南京：南京师范大学，2014.

[164] 黄剑. 张元济执掌商务印书馆与清末教科书的出版 [J]. 学术研究，2020（7）：138-144.

[165] 吴小鸥. "教科书"考释 [J]. 华东师范大学学报（教育科学版），2020，38（5）：117-126.

[166] 王攀峰，薛笑娥. 设计实验：教科书研究的新路径 [J]. 教育科学研究，2020（4）：45-53.

[167] 王广超. 试论库恩的教科书理论 [J]. 自然辩证法通讯，2020，42（3）：85-92.

[168] 祝高波，吕立杰. 教师作为中介调解者：学生使用教科书效能的提升路径 [J]. 课程·教材·教法，2020，40（3）：104-110.

[169] 王禧婷，李如密. 教科书美学：教科书研究的新视野 [J]. 课程·教材·教法，2020，40（2）：58-63.

[170] 张增田. 超越经验与常识：教科书的教学性再认识 [J]. 课程·教材·教法，2020，40（1）：55-61.

[171] 石鸥，张美静. 新中国教科书多样化探索之路及未来展望 [J]. 教育科学，2020，36（4）：1-9.

[172] 王攀峰，薛笑娥. 设计实验：教科书研究的新路径 [J]. 教育科学研究，2020（4）：45-53.

[173] 王禧婷，李如密. 教科书美学：教科书研究的新视野 [J]. 课程·教材·教法，2020，40（2）：58-63.

[174] 李云龙. 国家意志与教材实现——新中国成立初期教科书编审路径及启示 [J]. 课程·教材·教法，2019，39（12）：82-88.

[175] 曾家延，崔允漷. 学生使用教科书研究：教材研究的新取向 [J]. 课程·教材·教法，2019，39（11）：67-74.

[176] 李倩，陈晓波. 我国基础教育教材研究现状及发展趋势 [J]. 课程·教

材・教法,2019,39(8):20-26.

[177] 石玉.如何评价教科书文本内容的真假与去留?——教科书文本类型学初探[J].教育科学研究,2019(7):71-76.

[178] 孙宽宁.我国课程知识研究70年的历程审思[J].课程·教材·教法,2019,39(6):21-30.

[179] 石鸥.中小学教科书70年忆与思[J].湖南师范大学教育科学学报,2019,18(2):1-7.

[180] 朱华,肖清清.中小学教科书70年改革的历程与经验[J].湖南师范大学教育科学学报,2019,18(2):8-14.

[181] 郭戈.我国统编教材的历史沿革和基本经验[J].课程·教材·教法,2019,39(5):4-14.

[182] 刘千秋,董小玉.新时代教科书编辑的文化选择路径:传承、优化、融合[J].中国编辑,2019(3):35-39.

[183] 丁浩然,刘学智.改革开放40年义务教育教材制度建设的回顾与展望[J].教育科学,2018,34(5):27-32.

[184] 石鸥,张学鹏.改革开放40年教科书建设再论[J].教育学报,2018,14(2):26-33.

[185] 赵长林,梁红梅.教科书设计如何实现"关键能力"培养目标[J].湖南师范大学教育科学学报,2018,17(1):49-54.

[186] 王嵘.百年高中代数教科书变迁的特点与启示[J].课程·教材·教法,2017,37(10):100-105.

[187] 包春莹.关于高中生物教科书图文整体设计的思考[J].课程·教材·教法,2017,37(10):110-114.

[188] 丁浩然,刘学智.改革开放40年义务教育教材制度建设的回顾与展望[J].教育科学,2018,34(5):27-32.

[189] 石鸥,张学鹏.改革开放40年教科书建设再论[J].教育学报,2018,14(2):26-33.

[190] 赵长林,梁红梅.教科书设计如何实现"关键能力"培养目标[J].湖南师范大学教育科学学报,2018,17(1):49-54.

[191] 王嵘.百年高中代数教科书变迁的特点与启示[J].课程·教材·教法,2017,37(10):100-105.

[192] 包春莹.关于高中生物教科书图文整体设计的思考[J].课程·教材·教法,2017,37(10):110-114.

外文文献：

[1] UKAH M O. Value Orientation——A New Emphasis for Teacher Education in Higher Education for the 1990s [J]. Behavior Modification, 1990: 16.

[2] LEONARD P. Understanding the Dimensions of School Culture: Value Orientations and Value Conflicts [J]. Journal of Educational Administration & Foundations, 1999, 13: 27-53.

[3] BAO J Q. A Multimedia Comparison of Value Orientations between Chinese and American Elementary Textbooks [M]. Waynesville: Association for the Advancement of Computing in Education (AACE), 1998.

[4] TOU L A. A study of work value orientations of Chinese-American and white-American students of the 7th and 8th grades in Catholic elementary schools [J]. Cheminform, 2013, 44 (43): 1-10.

[5] DANIEL B, LIEVEN V. Value Orientations of Elementary and Secondary Physical Education Teachers in Flanders [J]. Research Quarterly for Exercise and Sport, 2004, 75 (2): 156-164.

[6] JACOBS L, WET C D. Evaluation of the Vocational Education Orientation Programme (VEOP) at a University in South Africa [J]. International Review of Research in Open & Distance Learning, 2013, 14 (4): 68-89.

[7] PILAV S. A Study on the Aesthetic Value of Texts in Turkish Language Textbooks [J]. Journal of Education & Training Studies, 2016, 4 (12): 126-135.

[8] SALLABAS M E. Analysis of Narrative Texts in Secondary School Textbooks in Terms of Values Education [J]. Educational Research & Reviews, 2013, 8: 361-366.

[9] KIYONAGA K. A Comparative Study on the Difficulty of Sentences and Vocabulary of Junior High School Textbooks and Public Senior High School Entrance Examinations [J]. Annual Review of English Learning & Teaching, 2011: 51-61.

[10] ZHOU L, ITO H. A Comparative Study on English Textbooks at Senior High School in Japan and in China [J]. Bulletin of Nara University of Education Cultural & Social Science, 1999, 48: 59-74.

[11] ZHU X F, YE L J. Comparative Study of Calculus Mathematical Textbooks for Senior High School between China and Australia [J]. Journal of Mathematics Education, 2014, 23 (2): 25-27.

[12] MATSUO H. An Analysis of Japanese High School English Textbooks and University Entrance Examinations: A Comparison of Vocabulary [J]. Arele Annual Review of English Language Education in Japan, 2017, 11: 141-150.

[13] TSE S K, SHUM W C. A study on the classification of types of writing of Chinese language text-book writers [J]. Educational Research Journal, 1995, 10 (1): 67-72.

[14] LIANG Y C, WILLIAM W. Analysis of a Typical Chinese High School Biology Textbook Using the AAAS Textbook Standards [J]. Eurasia Journal of Mathematics Science & Technology Education, 2013, 9 (4): 329-336.

[15] ALDAHMASH A H, MANSOUR N S, ALSHAMRANI S M, et al. An Analysis of Activities in Saudi Arabian Middle School Science Textbooks and Workbooks for the Inclusion of Essential Features of Inquiry [J]. Research in Science Education, 2016, 46 (6): 879-900.

[16] ARDAN A S, ARDI M, HALA Y, et al. Needs Assessment to Development of Biology Textbook for High School Class X-Based the Local Wisdom of Timor [J]. International Education Studies, 2015, 8 (4): 52-59.

[17] ÇOBANOGLU E O, ŞAHiN B. Underlining the Problems in Biology Textbook for 10th Grades in High School Education Using the Suggestions of Practicing Teachers [J]. Journal of Turkish Science Education, 2009 (2): 75-91.

[18] LEBRUN J, LENOIR Y, LAFOREST M, et al. Past and Current Trends in the Analysis of Textbooks in a Quebec Context [J]. Curriculum Inquiry, 2002, 32 (1): 51-83.

[19] STOJANOVSKA M I, SOPTRAJANOV B T, PETTUSEVSKI V M. Addressing Misconceptions about the Particulate Nature of Matter among Secondary-School and High-School Students in the Republic of Macedonia [J]. Creative Education, 2012, 3 (5): 619-631.

[20] RADER G. The Vocabulary Burden of a Junior High-School Textbook in Biology [J]. Educational Research Bulletin, 1922, 1 (21): 223-231.

[21] YANG J P, NIAN M, MAIRIYEMU K D E. The statistical and Analysis of the Biological Vocabulary in Uyghur Junior High School Biology Teaching Material [J]. Computer Knowledge & Technology, 2015 (13): 155-157.

[22] ALINIYA F, HEIDARPOUR M. Representation Vocabulary in Iranian Junior High School English Textbook: A Survey Study among Iranian High School Teachers [J]. Modern Journal of Language Teaching Methods, 2016, 6

(3): 33.

[23] WANG Y, WANG Z. The Value Orientation of Higher Vocational Education Evaluation: A Textual Analysis of an Evaluation Program [J]. Chinese Education & Society, 2016, 49 (1-2): 60-71.

[24] POZZER L L, ROTH W M. Prevalence, function, and structure of photographs in high school biology textbooks [J]. Journal of Research in Science Teaching, 2003, 40 (10): 1089-1114.

[25] CHO H H, KAHLE J B, NORDLAND F H. An investigation of high school biology textbooks as sources of misconceptions and difficulties in genetics and some suggestions for teaching genetics [J]. Science Education, 1985, 69 (5): 707-719.

[26] DECKER T, SUMMERS G, BARROW L. The Treatment of Geological Time the History of Life on Earth: In High School Biology Textbooks [J]. American Biology Teacher, 2007, 69 (7): 401-405.

[27] EUGENE L. CHIAPPETTA, DAVID A. Fillman. Analysis of Five High School Biology Textbooks Used in the United States for Inclusion of the Nature of Science [J]. International Journal of Science Education, 007, 29 (15): 1847-1868.

[28] NINNES P. Representations of indigenous knowledges in secondary school science textbooks in Australia and Canada [J]. International Journal of Science Education, 2000, 22 (6): 603-617.

[29] WHITEHEAD A N. Essays in Science and Philosophy [M]. New York: Philosophical Library, 1947.

[30] WHITEHEAD A N. The Function of Reason [M]. Boston: Beacon Press, 1958.

[31] WHITEHEAD A N. Modes of Thought [M]. New York: Harper&Row, 1966.

[32] WHITEHEAD A N. he Adventures of Ideas [M]. New York: Free Press, 1961.

[33] WHITEHEAD A N. Process and Reality: An Essay in Cosmology [M]. New York: The Free Press, 1978.

[34] WhHITEHEAD A N. The Concept of Nature [M]. Cambridge: The University Press, 1971.

[35] WHITEHEAD A N. Symbolism: Its Meaning and Effect [M]. New York: Fordham University Press, 1985.

[36] WHITEHEAD A N. Science and the Modern world [M]. New York: Free Press, 1967.
[37] GRIFFIN D R. Spirituality and Society: Postmodern Visions [M]. New York: State University Press, 1992.
[38] GRIFFIN D R. Founders of Constructive Postmodern Philosophy [M]. New York: State University Press, 1993.
[39] GRIFFIN D R. Whiteheadian Education and Global Democracy Education for the Truth and the Common Good [A]. Conf. Paper International Conference on Process Thinking and Educational Reform in an Era of Globalization, 2003.

附 录

附录1 清末中学生物教科书出版概况

序号	教科书名称	出版年	原著	编译者	出版社
1	中学生理教科书	1902	（美）斯起尔	（清）何燏时译补	教科书译辑社
2	博物学教科书	1902		虞和寅编辑	理科书社
3	新撰博物教科书	1902	（日）堀正太郎与藤田经信合编	华文祺译	文明书局
4	初等植物学教科书	1902	（日）齐田功太郎，染骨德五郎撰	文明书局译	文明书局
5	博物学教科书	1902		（日）饭冢启著	益智学社
6	动植物生理学教科书	1903		廖世襄译述 商务印书馆校阅	商务印书馆
7	最新中学教科书植物学	1903		亚泉学馆编译	商务印书馆
8	生理学问答	1903		商务印书馆编译所编辑	商务印书馆
9	理化博物教科书	1903		新学会社编译	新学会社
10	新编植物学教科书	1903	（日）五岛著	作新社译	作新社
11	中学教科书新编动物学	1903		上海作新社编	作新社
12	动物教科书	1904		屈德泽编译	湖北译书官局
13	普通博物问答	1904		商务印书馆译辑	商务印书馆
14	最新中学教科书生理学	1904		谢洪赉译	商务印书馆
15	初等博物教科书	1904		侯鸿鉴译著	文明书局
16	最新动物学教科书	1904	（日）大森千藏著	戴麒译	文明书局
17	动物学教科书	1905	（日）丘浅治郎原著	（日）西师意译述 山西大学堂译书院编 许家惺校润	山西大学堂译书院
18	植物学教科书	1905	（日）大渡忠太郎著	（日）西师意译	山西大学译学院

续表

序号	教科书名称	出版年	原著	编译者	出版社
19	最新中学教科书动物学	1905	(美)白纳著	黄英译述，奚若校订	商务印书馆
20	中学动物学教科书	1905	(日)岩川友太郎等著	(清)钱承驹译编	文明书局
21	中学博物教科书动物学	1906		秦嗣宗编辑	科学会编译部
22	中等博物教科书	1906		谢骏德编撰 胡宗楸校阅	南洋官书局
23	普通教育动物学教科书	1906	(日)岩川友太郎等著	张修爵、王官寿辑译	普及书局
24	普用教育植物学教科书	1906		彭树滋编撰 张修爵校	普及书局
25	新编中学生理学教科书	1906	(日)坪井次郎著	井上善次郎阅 沈王桢译	清国留学生会馆
26	最新中学教科书生理学	1906	(美)史砥尔著	谢洪赉 原译	商务印书馆
27	女子理科教科植物篇	1906	(日)滨幸次郎、河野龄藏著	(清)姚昶绪、杨传福译补	时中书局
28	最新植物学教科书	1906	(日)藤井健次郎著	王季烈译	文明书局
29	中学植物学教科书	1906	(日)藤井健次郎著	华文祺译	文明书局
30	中学生理卫生教科书	1906	(日)吴秀兰著	华申祺、华文祺译	文明书局
31	新编博物学教科书	1906		作新社编译	作新社
32	动物学教科书	1907	(日)安东伊三次郎讲述	(日)金太仁作译	东亚公司
33	生理及卫生教科书	1907	(日)三宅秀讲述	宏文学院编辑 (日)金太仁作翻译	东亚公司
34	中等博物教科书 生理卫生学	1907		陈用光编	科学会编译部
35	生理卫生学（第3册）	1907		张相瑞著	科学书局
36	动物学教科书	1907	(日)箕作佳吉著	虞和寅译	理科书社
37	最新植物学教科书	1907	(日)大久保三郎、齐田功太郎、染谷德五郎合著	王葆真译	文明书局

续表

序号	教科书名称	出版年	原著	编译者	出版社
38	中学植物教科书	1907	（日）松村任三，齐田功太郎原著	（清）杜亚泉、杜就田译订；寿芝荪翻译	商务印书馆
39	新编生理学教科书	1907		天津学务公所图书课编辑	天津学务公所图书课编辑
40	最新初等动物教科书	1907	（日）矢岛喜源次著	（清）华文祺译补	文明书局
41	动物教科书	1907	（日）糟谷美一著	孙国光译著	文明书局
42	普通博物学教科书	1907		华文祺编	文明书局
43	最新初等植物教科书	1907	（日）矢岛喜源次著	华文祺补	文明书局
44	普通植物学教科书	1907		钱承驹辑译	文明书局
45	植物学	1908		叶基桢著	北京译学馆
46	动物学教科书	1908	（日）饭岛魁编	王国维译	江南总农会
47	新撰动物学教科书	1908	（日）五岛清太郎著	（清）许家庆、凌昌焕译述；杜亚泉、杜就田校订	商务印书馆
48	最新初等生理卫生教科书	1908	（日）失岛喜源次著	华文祺译	文明书局
49	理科纲要第二册动物学纲要	1908		钱承驹编辑	文明书局
50	中等教育生理学	1908		吴球籁编辑 庄景仲校阅	新学会社
51	博物学动物篇	1908		（清）前编书局编译	学部编译图书局
52	植物学教科书	1908		吴家煦编辑	中国图书公司
53	普通教育植物学教科书	1909		（清）彭树滋编撰 张修爵校	普及书局
54	动物学新教科书	1909	（日）箕作佳吉原著	王季烈译订 杜就田参订	商务印书馆
55	中学生理卫生教科书	1909	（日）吴秀三著	（清）华申祺、华文祺译	文明书局
56	普通生理卫生教科书	1909	（日）斋田功太郎著	丁福保泽编	文明书局

续表

序号	教科书名称	出版年	原著	编译者	出版社
57	普通教育植物学教科书	1910		曾彦编	科学会编译部
58	植物教科书	1911	（日）松村任三，（日）齐田功太郎撰		北洋官报局
59	动物学教科书	1911	（日）丘浅次郎原著	（日）西师意译述	广学会
60	普通教育生理卫生学	1911		岑彦编	科学会编译部
61	植物学［订正本］	1911		李天佐编辑	科学会编译部
62	中学植物新教科书	1911		（清）王明怀原译 严保诚改订	商务印书馆
63	实验植物学教科书	1911	（日）三好学原著	杜亚泉译述 陈学郢校订	商务印书馆
64	博物学大意	1911		杜就田编撰	商务印书馆

附录2　民国时期生物教科书编著者的学科背景/职业

序号	作者	总数	学科背景/职业	毕业院校
1	薛德焴	27	动物学家	辅延学堂
2	华汝成	23	植物学家	日本东京国立文理科大学
3	杜就田	22	篆刻家	
4	杜亚泉	16	科学家、思想家、教育家、哲学家	自学（曾中秀才）
5	贾祖璋	16	科普作家	浙江省第一师范学校
6	糜赞治	15		
7	凌昌焕	13	教育家，中华职业教育社、新南社社员	
8	周建人	12	社会活动家，生物学家	北京大学
9	华文祺	10	生物学家	
10	陈兼善	9	动物学家，鱼类学家，教育家	杭州省立第一师范
11	朱隆勋	9		
12	郑勉	9	植物分类学家	日本国立东京文理科大学
13	李约	8		

续表

序号	作者	总数	学科背景/职业	毕业院校
14	陆费执	8	生物学家	
15	曹非	8	生物学家	
16	程瀚章	8	生理学家、主编	苏州江苏公立医学专门学校
17	龚昂云	8	卫生学家、主编	
18	王志清	8	作家	东吴大学
19	陈雨苍	8	医学家、中国共产党早期活动家	湖北新军军医学堂
20	赵楷	8		
21	楼培启	8	生物学家	
22	吴家煦	7	教育家、生物学家	留学日本
23	胡先骕	7	植物学家、诗人	美国加利福尼亚大学、哈佛大学
24	宋崇义	7	教师、主编	
25	张起焕	7	教师、作家	北京师范大学
26	张国璘	7	校长、主编	
27	张珽	7	植物学家	日本东京高等师范博物部
28	朱庭茂	7	教师、主编	
29	王云五	6	出版家、编辑、学者	守真书馆、同文馆
30	王兼善	6	主编	爱丁堡大学
31	戴克敦	6	编辑	
32	彭世芳	6	植物学家	日本东京高等师范本科博物部
33	陈纶	6	教育家、收藏家	江苏两级师范优级博物科
34	顾寿白	6	医学家、文学家	长崎医科大学
35	钟衡臧	6		
36	徐克敏	6	高级工程师	清华大学
37	吴瑞庭	6		
38	费鸿年	6	生物学教育家、水产科学家、动物学家、	日本东京帝国大学
39	童致棱	6	主编	南京中央大学
40	黎国昌	6	动植物学家	留学法国
41	吴元涤	6	生物学家	
42	孙佐	5		
43	王采南	5		

续表

序号	作者	总数	学科背景/职业	毕业院校
44	吴子修	5		
45	胡哲齐	5	主编	
46	秉志	4	动物学家	京师大学堂
47	洪式闾	4	寄生虫学家	北京医学专门学校
48	嵇联晋	4	生物学家	武昌师范大学
49	徐琨	4		
50	马光斗	4		
51	顾钟骅	4	主编	
52	赖斗岩	4	医学家	
53	罗宗洛	4	植物生理学家	日本北海道帝国大学
54	王善彰	4		
55	周太玄	4	生物学家、翻译家和社会活动家	四川高等学堂、蒙彼利埃大学
56	顾树森	4	教育家	上海龙门师范学校
57	陈桢	3	中国动物学家、遗传学家、动物遗传学的创始人、动物行为学创始人之一，中国生物学史的奠基人之一	美国哥伦比亚大学
58	姚汉章	3		
59	陆费逵	3	初由母亲教读，后即自学经史	教育家、出版家。中华书局创办人
60	吴冰心	3		
61	龚礼贤	3		
62	王守成	3		
63	张念恃	3	主编	
64	陈映璜	3	教师	留学日本
65	陈烈光	3		
66	程克让	3	主编	
67	步毓森	3		
68	黄素封	3	化学家	金陵大学
69	李泳章	3	教师	北京师范大学
70	陈邦贤	3	现代医史学家	江苏省简易师范、上海中日医学校
71	王有琪	3	人体解剖学家	中央大学

续表

序号	作者	总数	学科背景/职业	毕业院校
72	禹海涵	3	主编	
73	俞宗振	3		
74	严保诚	2	主编	
75	钱承驹	2	主编	
76	徐善祥	2	主编、教授	上海圣约翰大学
77	马君武	2	教育家、文学家	早年就读于广西体用学堂，后留学日本法国
78	吴德亮	2	主编	
79	鲍鉴清	2	生物学家、出版家	北京医学专门学校
80	萧述宗	2		
81	王蕴如	2	美术家	
82	黄建勋	2		
83	李顺卿	2	植物学家	金陵大学
84	梁修仁	2		
85	张孟闻	2	动物学家	国立东南大学
86	褚乙然	2	主编	
87	谢循贯	2	生物学家	浙江温州中学
88	江栋成	2	主编	
89	张重行	2	主编	
90	黄松林	2		
91	朱彦俯	2	主编	
92	赵级晋	2	主编	
93	余德荪	2	主编	
94	牛惠生	2	医生	上海圣约翰大学
95	郭人骥	2	主编	浙江医药专科学校
96	沈啸秋	2	教师、主编	上海七宝农校
97	尤其伟	2	昆虫学家	国立东南大学
98	张和岑	2	植物学家	东吴大学
99	吴克刚	2	教育家	留学法国
100	周岑鹿	2	主编	

续表

序号	作者	总数	学科背景/职业	毕业院校
101	李凡	2		
102	蒋蓉生	2		
103	王友铭	2		
104	牟鸿彝	2		
105	单人骅	2	植物分类学家	中央大学
106	陈劳薪	1	主编	
107	秦嗣宗	1	动物学家、主编	
108	冯霁	1		
109	顾翰芳	1		
110	李天佐	1	植物学家、教育家	留学日本
111	陈士彻	1		
112	华申祺	1	生物学家	
113	王季烈	1	业余昆曲家、律谱专家	乡试中举，后考中进士
114	王明怀	1		
115	罗庆堂	1	生物学家	
116	陈敬	1	生物学家	湖南长沙湘雅医学院
117	丁文江	1	留学日本、英国	现代学者和地质学家
118	唐英	1		
119	许家庆	1	主编	
120	黄以仁	1	生物学家	
121	怀桂琛	1	主编	
122	潘文安	1	教育家	
123	王烈	1	地质教育家	京师大学堂
124	谢恩增	1	生物学家	
125	邵德馨	1		
126	郦福畴	1	主编	
127	顾复	1	水稻育种专家	东京早稻田大学
128	曹之彦	1	主编	
129	刘治廷	1	教师	汇文大学
130	庄畏仲	1	主编	

续表

序号	作者	总数	学科背景/职业	毕业院校
131	江问渔	1		江苏两级师范
132	朱文祺	1		
133	成士杰	1	生物学家	
134	王树鼎	1	戏剧作家、导演、活动家、主编	北京高等师范学校
135	魏春芝	1	主编	
136	经利彬	1	生物学家	留学法国
137	李唐宪	1	生物学家	
138	刘庆	1		
139	曾锡动	1	主编	
140	计泗华	1	主编	
141	黎德甫	1	主编	
142	刘怀鬻	1	主编	
143	周宗琦	1	教授	同济大学
144	韦琼莹	1	主编	
145	石振亚	1	教授	
146	张景钺	1	植物形态学家、教育家	清华学堂
147	杜其垚	1		
148	缪端生	1	生物学家、教育家	东京高等师范学校
149	于景让	1	生物学家	日本东京高等师范学校
150	黑延昌	1	博物馆人员	北京大学
151	华阜熙	1	主编	日本北里传染病研究所
152	李象元	1	水产专家、生物学家	北京大学农学院
153	杨国华	1		
154	潘锡九	1	生物教育家	浙江第一师范学校
155	沈泽民	1	作家、翻译家	浙江省立第三中学
156	周玉田	1	教师	
157	徐特立	1	革命家、教育家	长沙宁乡师范学校
158	陈震飞	1	主编	
159	陶履通	1	教师	
160	陈志方	1	外交活动家	广州第一中山大学医学院

续表

序号	作者	总数	学科背景/职业	毕业院校
161	胡广仁	1		
162	袁善征	1	主编	
163	荆桂森	1	主编	
164	黄以增	1		
165	杨国潘	1		
166	王继光	1		
167	苏德隆	1	流行病学家、医学教育家	上海医学院
168	刘宝善	1	植物学家、生药学家	南京国立高等师范
169	袁善微	1	教师、主编	
170	阎笏珊	1	主编	
171	张家俊	1		
172	胡步蟾	1	生物教员	武昌高等师范学校
173	罗士苇	1	植物学家	中山大学
174	方锡琛	1	主编	
175	顾昌栋	1	教师	南开大学
176	黄长才	1	主编	
177	谢汝聪	1	主编	
178	毛震伟	1	主编	
179	袁瞬达	1		
180	陶世洪	1	主编	
181	何定杰	1	遗传学家	武昌高等师范学堂
182	陈志潜	1	公共卫生学家	私立协和医学院
183	杨寅初	1		
184	牛鸿彝	1		
185	刘纪	1		
186	刘崇佑	1	议员、律师	日本早稻田大学
187	黄国华	1		
188	蒋纪周	1	主编	
189	陆新球	1	主编	
190	刘咸	1	人类学家、生物学家	南京东南大学

续表

序号	作者	总数	学科背景/职业	毕业院校
191	王善璋	1		
192	樊备三	1	植物老师	
193	丁福保	1	近代医学教育家	江阴南菁书院
194	王儒林	1		
195	顾文藻	1	主编	
196	寿芝荪	1	翻译	
197	朱浩然	1	藻类学家	中央大学
198	龚启昌	1	教育家	中央大学
199	陈鹤琴	1	现代教育家、儿童教育家	清华大学
200	陈选善	1	教育家	清华大学
201	王化民	1		
202	周晦庵	1	主编	
203	倪达书	1	原生动物学家，鱼病学家	中央大学
204	王家楫	1	原生动物学家	东南大学
205	马汝梅	1		
206	袁舜达	1	主编	
207	陈雨人	1		
208	林英	1	植物生态学家	广东文理学院
209	文彬如	1	动物学家	
210	黄似馨	1	主编	
211	徐志明	1		
212	邓仲眉	1	主编	

附录3　民国时期中学生物教科书出版概况

序号	教科书名称	出版年	原著	编译者	出版社
1	中等博物学教科书动物学	1912		（清）秦嗣宗编	科学会编译部
2	植物学讲义	1912		（清）严保诚、孔庆莱编纂	商务印书馆

续表

序号	教科书名称	出版年	原著	编译者	出版社
3	高中植物学	1912		河南省立第二高中编	编者刊［安阳］
4	中学动物学教科书	1912			不详
5	动物学教本	1912			不详
6	高中以上学校女生救护训练教本	1912		冯霁等编	不详
7	高中生物学讲义	1912		顾翰芳纂集	不详
8	最新生物学实验	1912			不详
9	中等博物教科植物学	1912		李天佐编	上海科学会编译部
10	标准课程高中简全生物学	1912		陈士彻编著	土山湾印书馆
11	中学生理卫生教科书	1912	（日）吴秀三著	华申祺、华文祺译	文明书局
12	中华中学动物学教科书	1912		华文祺编	中华书局
13	（订正）香港卫生教科书	1912		香港教育司	不详
14	最新博物示教	1912	（日）山崎忠兴原著	钱承驹辑译	文明书局
15	中学植物学教科书	1913	（日）藤井健次郎著	华文祺译	文明书局
16	生理卫生新教科书	1913	（日）三岛通良著	孙佐编译	商务印书馆
17	动物学新教科书	1913	（日）箕作佳吉原著	王季烈编译 杜就田校订	商务印书馆
18	中学新撰植物学教科书	1913		杜亚泉编纂	商务印书馆
19	新编植物学教科书（订正本）	1913		杜就田、孙佐编译 杜亚泉校订	商务印书馆
20	初级师范教科书学校卫生学	1913	（日）濑川昌耆著	商务印书馆译述	商务印书馆
21	中学植物学新教科书	1913		王明怀原译 严保诚改订	商务印书馆
22	共和国教科书植物学（增订本）	1913		杜亚泉编纂 王兼善、杜就田校订	商务印书馆
23	民国新教科书植物学	1913		王兼善编	商务印书馆
24	中学生理学教科书	1913	（日）坪井次郎著	杜亚泉、杜就田编译	商务印书馆
25	生理卫生学	1913	（美）吕特奇·约翰著	罗庆堂译述	科学会编译部

续表

序号	教科书名称	出版年	原著	编译者	出版社
26	中华中学生理教科书	1913		华文祺编，戴克敦、姚汉章、陆费逵阅	中华书局
27	中华中学动物学教科书	1913		华文祺编，戴克敦、姚汉章、陆费逵阅	中华书局
28	中华中学植物教科书	1913		彭世芳编，戴克敦、姚汉章、陆费逵阅	中华书局
29	女子生理教科书	1914	（日）滨幸次郎、河野龄藏著	陈敬译	群益书社
30	民国新教科书动物学	1914		丁文江编纂	商务印书馆
31	共和国教科书生理学	1914		杜亚泉、凌昌焕编纂	商务印书馆
32	中学动物学教科书	1914		杜就田、孙佐编译 杜亚泉校订	商务印书馆
33	最新动物学教科书	1914	（日）丘浅次郎著	唐英译	科学会编译部
34	中学动物学教科书〔修正本〕	1914	（日）岩川友太郎、小幡勇治、安东伊三次郎原著	钱承驹译编	文明书局
35	中华中学动物学教科书	1915		（清）华文祺编，戴克敦等阅	中华书局
36	（增订）最新中学教科书植物学	1915	（美）甘惠德	杜亚泉校订	商务印书馆
37	实用教科书生理卫生学	1915		吴冰心编纂，凌昌焕校订	商务印书馆
38	共和国教科书动物学	1915		徐善祥、杜亚泉、杜就田编纂	商务印书馆
39	新制植物学教本	1916		（清）吴家煦、彭世芳编辑	中华书局
40	共和国教科书生理学	1916		（清）杜亚泉、凌昌焕编纂	商务印书馆
41	中华中学生理教科书	1916		（清）华文祺编，戴克敦等阅	中华书局

续表

序号	教科书名称	出版年	原著	编译者	出版社
42	中学新撰动物学教科书	1916		凌昌焕、许家庆编译，杜亚泉、杜就田校订	商务印书馆
43	民国新教科书生理及卫生学	1916		王兼善编	商务印书馆
44	新制生理学教本	1917		顾林森编辑，吴家煦校阅	商务印书馆
45	新制生理学教本	1917		顾树森编辑，吴家煦校阅	中华书局
46	新制动物学教本	1917		吴家煦、吴德亮编辑	中华书局
47	三好学植物讲义	1918		（清）黄以仁编纂，凌昌焕校订	商务印书馆
48	实用教科书生理卫生学	1918		（清）吴冰心编纂，凌昌焕校订	商务印书馆
49	实用主义植物学教科书	1918	（德）司瑞尔	（清）马君武编译	商务印书馆
50	中华中学植物教科书	1918		（清）彭世芳编，戴克敦等阅	中华书局
51	新体博物讲义	1918		李约编纂，陈纶、凌昌焕校订	商务印书馆
52	实用主义动物学教科书	1918		马君武著	科学会译部出版商务印书馆发行
53	新制植物学教本	1919		（清）吴家煦、彭世芳编辑	中华书局
54	共和国教科书动物学	1920		（清）徐善祥等编纂	商务印书馆
55	生理卫生新教科书[修订本]	1920	（日）三岛渔良原著	孙佐编译、杜亚泉、杜就田校订	商务印书馆
56	博物学实验教程	1920		怀桂琛编纂	商务印书馆
57	共和国教科书植物学	1921		（清）杜亚泉编，王兼善、杜就田校	商务印书馆
58	中学动物学教科书	1921		杜就田、孙佐编译，杜亚泉校订	商务印书馆

续表

序号	教科书名称	出版年	原著	编译者	出版社
59	新制动物学教本	1921		吴家煦、吴德亮编辑	中华书局
60	新制生理学教本	1921		顾树森编辑，吴家煦校阅	中华书局
61	实用教科书生理卫生学	1921		吴冰心编纂	商务印书馆
62	博物示教	1921		杜就田编译	商务印书馆
63	中学生理学教科书	1922	（日）坪井次郎著	（清）杜亚泉、杜就田编译	商务印书馆
64	民国新教科书生理及卫生学	1922		王兼善编纂	商务印书馆
65	实用教科书植物学	1923		彭世芳编辑，龚礼贤、杜就田校订	商务印书馆
66	现代初中教科书植物学	1923		凌昌焕编纂，胡先骕校订	商务印书馆
67	现代初中教科书动物学	1923		杜就田编辑，秉志校订	商务印书馆
68	新著公民须知：卫生篇	1923		顾树森，潘文安编	商务印书馆
69	现代初中教科书生理卫生学	1923		顾寿白编纂	商务印书馆
70	新中学教科书植物学	1923		宋崇义编，钟衡臧、余宗振参订，王烈阅	中华书局
71	新中学动物学	1923		宋崇义编，钟衡臧、俞宗振参订，陆费执阅	中华书局
72	新中学教科书生理卫生学	1923		宋崇义编，钟衡臧、糜赞治参订，谢恩增阅	中华书局
73	初级中学植物学	1924		李约编	文化学社 求知学社
74	医学常识	1924		洪式闾，鲍鉴清编辑	商务印书馆
75	公民生物学	1924		王守成编辑	商务印书馆
76	动物学	1924		天津南开中学编	编者刊
77	初级中学动物学	1924		李约编	求知学社；北平文化社

续表

序号	教科书名称	出版年	原著	编译者	出版社
78	现代初中教科书植物学	1925		凌昌焕编辑，胡先骕校订	商务印书馆
79	新撰初级中学教科书动物学	1925		陈兼善编辑	商务印书馆
80	实用农业教授书（第1册）	1925		郭仁风	伊文思图书有限公司
81	新中学初级生物学	1925		陆费执、张念恃编，胡先骕校	中华书局
82	民国新教科书植物学	1926		王兼善编	商务印书馆
83	新学制高级中学教科书公民生物学	1926		王守成编辑	商务印书馆
84	新中学教科书高级生物学	1926		陆费执、酆福畴编	中华书局
85	现代初中教科书植物学	1926		凌昌焕编	商务印书馆
86	新学制高级中学教科书医学常识	1926		洪式间、鲍鉴清编辑	商务印书馆
87	江苏师范讲义第11编生理	1926		江苏师范生编辑	江苏宁属学务处
88	新撰初级中学教科书生理卫生学	1926		顾寿白编	商务印书馆
89	新撰初级中学教科书植物学	1926		杜就田编辑	商务印书馆
90	新师范教科书农业概要（1~6册）	1926		顾复编，陆费执校	中华书局
91	新中学生理卫生学（P755）	1926		张起焕编，陈映璜校	中华书局
92	新撰初级中学教科书植物学	1927		杜就田编辑	商务印书馆
93	新撰初中或师范学校教科书实验植物学（实验植物学）	1927		曹之彦编辑，刘治廷校阅	中华印刷局

续表

序号	教科书名称	出版年	原著	编译者	出版社
94	现代初中教科书动物学	1927		杜就田编辑	商务印书馆
95	初中实用生理卫生学（上、下册）	1928		曹非编辑，陈烈光等参订	长沙分丰馆
96	现代初中教科书动物学	1929		杜就田编辑 秉志校订	商务印书馆
97	新时代民众学校卫生课本	1929		凌昌焕编 程瀚章校订	商务印书馆
98	新中学教科书初级生理卫生学	1929		张起焕编，陈映璜校	中华书局
99	新中学教科书生理卫生学	1929		宋崇义编，钟衡臧、糜赞治参订	中华书局
100	现代初中教科书生理卫生学	1929		顾寿白编辑	商务印书馆
101	自然分类普通植物检索表	1929		彭世芳著	中华书局
102	新中华语体生理卫生教科书	1930		糜赞治编，华文祺校	新国民图书社
103	实验动物学	1930		嵇联晋编辑，薛德焴校阅	北新书局
104	初中生理卫生学	1930		庄畏仲、龚昂云编著，薛德焴校订	世界书局
105	初中植物学	1930		徐克敏编辑，龚昂云校订	世界书局
106	初中动物学	1930		王采南、龚昂云编辑、江问渔校订	世界书局
107	新撰初级中学教科书生理卫生学	1931		顾寿白编	商务印书馆
108	新中华生理卫生	1931		糜赞治编，朱文祺校	新国民图书社
109	新中学生物学	1931		陆费执、张念恃编，胡先骕校	中华书局

续表

序号	教科书名称	出版年	原著	编译者	出版社
110	初级中学植物学	1931		张国璘编	百城书局
111	初级中学动物学	1931		萧述宗编辑	百城书局
112	初级中学生理卫生学	1931		朱隆勋、张起焕编	文化学社
113	初中师范教科书动物学	1931		朱隆勋、张起焕著	文化学社
114	新撰初级中学教科书动物学	1931		陈兼善编辑	商务印书馆
115	初中植物学	1931		徐克敏编辑	世界书局
116	新中学动物学	1931		宋崇义编	中华书局
117	新中学生理卫生学	1931		张起焕编	中华书局
118	开明植物学教本	1931		王蕴如编，周建人校	开明书店
119	复兴高级中学教科书生物学	1931		陈桢编著 王云五主编	商务印书馆
120	采集动物标本须知	1931		陈劳薪编译	商务印书馆
121	初中动物学指导书	1931		王采南编辑	世界书局
122	生物学实验	1931		吴瑞庭	中华科学教育改进社
123	生理卫生	1932		成士杰著	百城书局
124	生物学	1932		王树鼎编著	百城书局
125	开明植物学教本	1932		王蕴如编，周建人校	开明书店
126	新撰初级中学教科书动物学	1932		陈兼善编辑	商务印书馆
127	初级中学教科书生理卫生学	1932		张国璘编辑	师大附中理科丛刊社
128	初级中学动物学	1932		李约编	文化学社
129	初级中学生理卫生学	1932		李约编	文化学社
130	新中华生物学	1932		费鸿年编	新国民图书社
131	新中学教科书初级生理卫生学	1932		张起焕编著，陈映璜校	中华书局
132	初中教科书生理卫生学	1932		魏春芝编，经利彬校	著者书店
133	高中生物学选	1932		李唐宪选辑	河南安阳县印刷局

续表

序号	教科书名称	出版年	原著	编译者	出版社
134	初中师范教科书植物学	1932		朱隆勋、张超焕编著	文化学社
135	初级中学北新植物学	1932		吴子修、王志清编辑	北新书局
136	新撰初级中学教科书植物学	1932		杜就田编辑	商务印书馆
137	复兴初级中学教科书植物学上册	1932		童致棱编著	商务印书馆
138	新中华生理卫生语体	1932		糜赞治编	新国民图书社
139	新中学生物学	1932		陆费执、张念恃编	中华书局
140	植物学	1932		凌昌焕编著	大东书局
141	植物回答：考试准备	1932		刘庆著	东方文学社
142	开明生理卫生学教本	1932		顾寿白编	开明书局
143	最新高中生物学	1932		曹非编，曾锡动、黄建动参订，张珽校阅	六合公司
144	人体生理卫生学	1932		朱庭茂编	南京书店
145	初中生理卫生学指导书	1932		计泗华编辑	世界书局
146	生物学	1932		吴元涤编	世界书局
147	初中植物学指导书	1932		黎德甫编著	世界书局
148	新中华生物学	1932		陈兼善编	新国民图书社
149	健康教育	1932		薛德焮著	新亚书店
150	初中生理卫生	1932		薛德焮编	新亚书店
151	高中植物学	1932		河南安阳县印刷局（印）	河南安阳县印刷局
152	生物学提要	1933		朱庭茂编	南京书店
153	初级中学北新动物学	1933		嵇联晋编辑	北新书局
154	初中卫生学（上、中、下册）	1933		刘怀蠹编，周宗琦校	北新书局
155	新生活初中教科书植物	1933		韦琼莹编辑，李顺卿校订	大东书局
156	初中卫生教本	1933		程瀚章编著	大东书局
157	初中植物学教本	1933		凌昌焕编著	大东书局

续表

序号	教科书名称	出版年	原著	编译者	出版社
158	建设时代初中动物学	1933		梁修仁著	建设图书馆
159	开明生理卫生学教本	1933		顾寿白编	开明书店
160	复兴初级中学教科书动物学	1933		周建人编著，王云五主编	商务印书馆
161	龚氏初中卫生	1933		龚昂云编著，洪式闾校订	世界书局
162	洪氏初中生理卫生学	1933		洪式闾编著	世界书局
163	初级中学生理卫生学	1933		朱隆勋、张起焕编	文化学社
164	初中动物学	1933		薛德焴编	新亚书店
165	初中动物（上、下册）	1933		陈纶编，华文祺校	中华书局
166	初中植物	1933		华汝成编，华文祺校	中华书局
167	新中学动物学	1933		宋崇义编，钟衡臧等参订	中华书局
168	新中学植物学	1933		宋崇义编，钟衡臧、俞宗振参订，陆费执阅	中华书局
169	动物学（教授稿本）	1933			不详
170	新建设时代初中动物学	1933		梁修仁著	建设图书馆
171	初中师范新标准植物学	1933		李约编	文化学社
172	新标准初中卫生学（1~2册）	1933		朱隆勋著	文化学社
173	初中师范新标准动物学	1933		李约编	文化学社
174	北新生理卫生	1933		薛德焴编	北新书局
175	初中动物学	1933		王采南编辑	世界书局
176	初中动物学教本	1933		王志清编著，吴子修校订	大东书局
177	高中生物学科教学进度表	1933		江苏省教育厅编	江苏［编者刊］
178	初中植物科教学进度表	1933		江苏省教育厅编	江苏［编者刊］
179	植物学（初级中学用）	1933		石振亚编，张景钺校	立达书局
180	动物标本制作新法	1933		杜其垚编纂	商务印书馆

续表

序号	教科书名称	出版年	原著	编译者	出版社
181	复兴初级中学教科书卫生学	1933		程瀚章编著	商务印书馆
182	复兴教科书植物学	1933		童致棱编著,胡先骕校阅	商务印书馆
183	复兴高级教科书生物学	1933		陈桢编著	商务印书馆
184	新标准初级中学卫生学	1933		张国璘编	师大附中理科丛刊社
185	新标准初级中学植物学	1933		张国璘编	师大附中理科丛刊社
186	王氏初中动物学	1933		王采南编著,胡哲齐校订	世界书局
187	徐氏初中动物学	1933		徐琨、马光斗、华汝成编著,龚昂云校订	世界书局
188	徐氏初中植物学	1933		徐克敏编著,胡哲齐校订	世界书局
189	新编初中动物学	1933		黎国昌编著	天香书屋
190	新编初中植物学	1933		黎国昌编	天香书屋
191	新亚教本初中卫生（1~3册）	1933		薛德焴编	新亚书店
192	初中动物学	1933		缪端生、于景让合编,薛德焴校阅	新亚书店
193	最新高中生物学	1933		曹非编、曾锡勋、黄建动参订	六合公司
194	高中生物学实习指导	1933		黑延昌编	知识书局
195	中国初中教科书动物学（上、下册）	1933		张孟闻、秉志同编	中国科学图书仪器公司
196	最新生物学	1933		吴瑞庭编,费鸿年校阅	中华科学教育改进社
197	新中华生物学	1933		陈兼善编	中华书局

续表

序号	教科书名称	出版年	原著	编译者	出版社
198	初中卫生	1933		郑勉、顾钟骅、华阜熙编,华汝成校	中华书局
199	高中生物学实验教程	1933		程克让编著	中山书局
200	高级中学生物学实验教本	1934		李象元,杨国华合编	仁安书局
201	复兴初级中学教科书农业(1~6册)	1934		褚乙然等编著	商务印书馆
202	初级中学北新植物学	1934		吴子修、王志清编辑	北新书局
203	王氏初中动物学	1934		王采南编著,胡哲齐校订	世界书局
204	教育生物学	1934		潘锡九编著	世界书局
205	生物学	1934		吴元涤编	世界书局
206	徐氏初中植物学	1934		徐克敏编著,胡哲齐校订	世界书局
207	新标准初中卫生学	1934		朱隆勋编著	文化学社
208	生物常识	1934		沈泽民编	不详
209	初中实用动物学	1934		步毓森著	不详
210	新标准初中植物学	1934		张国璘编著,胡先骕、李顺卿校订	百城书局
211	新标准初中动物学	1934		萧述宗编	百城书局
212	新标准初级中学卫生学	1934		朱隆勋编	北平师大附中理科丛刊社
213	初中植物学	1934		吴子修、王志清、周玉田合编	北新书局
214	初中动物学	1934		嵇联晋编	北新书局
215	复兴初级中学教科书植物学(下册)	1934		童致棱原编	商务印书馆
216	新亚教本初中卫生(第一册)	1934		薛德焴编著	新亚书店
217	初中卫生(第二册、第三册)	1934		郑勉等编	中华书局

续表

序号	教科书名称	出版年	原著	编译者	出版社
218	农业常识（上、下册）	1934		徐特立编	教育人民委员部编审局（印）
219	新标准初中教本动物学（上、下册）	1934		周建人著，杜亚泉校	开明书店
220	初中教本最新植物学（上册）	1934		谢循贯、吴瑞庭编	科学教育改进社
221	高级中学教科书生物学实验法	1934		龚礼贤、陈震飞编	商务印书馆
222	复兴高级中学教科书生物学实验	1934		江栋成编著	商务印书馆
223	复兴高级中学教科书卫生学	1934		程瀚章编辑	商务印书馆
224	新标准初级中学卫生学	1934		朱隆勋编	师大附中理科丛刊社
225	徐氏初中动物学（下册）	1934		徐琨等编著，龚昂云校订	世界书局
226	马氏初中植物学	1934		马光斗、徐琨、华汝成编著，龚昂云校订	世界书局
227	徐杜两氏初中植物学［修正本］	1934		徐克敏、杜就田编著 胡哲齐、龚昂云校订	世界书局
228	新编初中动物学	1934		黎国昌编著，陶履通校订	天香书屋
229	初中卫生学	1934		黎国昌著	天香书屋
230	新标准初中卫生学	1934		朱隆勋编著	文化学社
231	生理卫生教材	1934		稽联晋等编，薛德焴增订	新亚书店
232	初中实用植物学	1934		曹非编，张珽校订，陈烈光等参订	长沙分丰馆
233	最新生物学	1934		吴瑞庭编，费鸿年校	中华科学教育改进社

205

续表

序号	教科书名称	出版年	原著	编译者	出版社
234	最新动物学	1934		费鸿年编	中华科学教育改进社
235	最新卫生学	1934		张重行编著	中华科学教育改进社
236	最新植物学	1934		谢循贯编	中华科学教育改进社
237	动物学纲要	1934		费鸿年编	中华书局
238	高中生物学	1934		陈兼善编	中华书局
239	看护教科书（1~3册）	1934		陈志方、胡广仁编	中央军委总卫生部（发行）
240	初级中学校生物教科书	1934		（伪）文教部著	著者刊
241	复兴初级中学教科书动物学教员准备书（上、下册）	1935		袁善征编，王云五主编	商务印书馆
242	简易师范学校及简易乡村学校动物学（上、下册）	1935		缪端生编著，薛德焴校订	正中书局
243	初中植物参考书	1935		华汝成编，糜赞治校	中华书局
244	新标准初中动物学	1935		荆桂森编	师大附中理科丛刊社
245	初高级中学动植物生物学设备标准	1935		教育部颁行	商务印书馆
246	复兴高级中学教科书卫生学	1935		程瀚章编著	商务印书馆
247	新课程标准世界中学教本马氏初中植物学（上、下册）	1935		马光斗等编著	世界书局
248	新生活初中教科书植物	1935		黄以增编	大东书局
249	卫生学	1935		程瀚章编辑	大东书局

续表

序号	教科书名称	出版年	原著	编译者	出版社
250	动物	1935		黄松林著	大东书局
251	初中农业（劳作教本）（下册）	1935		杨国藩编	大华书局
252	现代生物学	1935		朱庭茂编	兼声编译出版合作社
253	开明新编初中博物教本	1935		贾祖璋编	开明书店
254	植物学	1935		周建人、王继光著	开明书店
255	师范学校教科书卫生	1935		赖斗岩、苏德隆编	商务印书馆
256	生物学（上、下册）	1935		周建人编	商务印书馆
257	简易师范学校教科书植物学（上、下册）	1935		周建人编	商务印书馆
258	生物学	1935		刘宝善编	商务印书馆
259	复兴初级中学教科书植物学教员准备书（上、下册）	1935		袁善微著，王云五主编	商务印书馆
260	动物学	1935		赵级晋编著	商务印书馆
261	植物学	1935		胡哲齐编	商务印书馆
262	高中生物提要	1935		张国璘编	师大附中理科丛刊社
263	吴氏高中生物学	1935		吴元涤编	世界书局
264	初中卫生学	1935		黎国昌著	天香书屋
265	初中生理卫生	1935		黎国昌著	天香书屋
266	高中生物辑要	1935		步毓森、阎笏珊编辑	新民学会
267	初中生物学辑要	1935		步毓森编辑	新民学会
268	高中生物学实验教程	1935		张家俊编	新亚书店
269	高级中学军事看护学（下册）	1935		余德荪编，薛德焴校订	正中书局
270	动物学（上、下册）	1935		薛德焴编著	正中书局
271	生物学	1935		胡步蟾编著，薛德焴校订	正中书局

续表

序号	教科书名称	出版年	原著	编译者	出版社
272	植物学（上、下册）	1935		童致棱、罗士苇编著，罗宗洛校订	正中书局
273	初级中学卫生（1~3册）	1935		陈雨苍编著，薛德焴校	正中书局
274	初级中学动物学（上、下册）	1935		薛德焴编著	正中书局
275	生物学问题详解	1935		顾钟骅编著	正中书局
276	初中植物学	1935		王守成、方锡琛编著	正中书局
277	高中卫生	1935		陈雨苍编	正中书局
278	高中生物学	1935		郑勉编著，薛德焴校订	正中书局
279	师范生物学	1935		吴瑞庭编，陈兼善校	中华科学教育改进社
280	最新生理卫生	1935		张重行编	中华科学教育改进社
281	初中标准教本动物学	1935		张家骏编辑，吴元涤校订	中学生书局
282	初中标准教本植物学	1935		张家骏编辑，吴元涤校订	中学生书局
283	博物学纲要：植物、动物、卫生	1935		吴瑞庭编	中华科学教育改进社
284	初中卫生参考书	1936		江栋成、徐志敏编，华汝成校	中华书局
285	生理卫生教科书	1936		（伪）满洲帝国教育会编著	编者刊
286	普通生物学实验指导	1936		顾昌栋编	编者刊
287	新标准初级中学生理卫生学	1936		张国璘编	师大附中理科丛刊社
288	新课程标准世界中学教本徐杜两氏初中植物学	1936		徐克敏、杜就田编著	世界书局
289	初级中学植物学（上、下册）	1936		黄长才编著	新亚书店

续表

序号	教科书名称	出版年	原著	编译者	出版社
290	新亚教本初中卫生第二册	1936		薛德焴编著	新亚书店
291	高级中学军事看护下册	1936		余德荪编	正中书局
292	初中动物（上、下册）	1936		陈纶编	中华书局
293	初中植物（上、下册）	1936		华汝成编	中华书局
294	动植物试题总解	1936		谢汝聪编著	东方书店
295	动物学	1936		王善彰编	光明书局
296	植物学	1936		王善彰编	光明书局
297	生物学补习	1936		弘达中学编	巨魁堂装订讲义书局
298	初中动物学教本（上、下册）	1936		贾祖璋编	开明书店
299	卫生学	1936		毛震伟编	商务印书馆
300	复兴初级中学教科书生理卫生学	1936		程瀚章编著	商务印书馆
301	初中新生理卫生	1936		袁瞬达编著	世界书局
302	高中生物学复习指导	1936		王志清编	现代教育研究社
303	初中生物复习指导书	1936		陶世洪编	新生书局
304	初中实用动物学	1936		曹非编、何定杰校订，陈烈光等参订	分丰馆
305	生物学问题详解	1936		顾钟骅编著	正中书局
306	建国教科书初级中学生理卫生学	1936		陈雨苍编著，薛德焴校订	正中书局
307	高中教本最新生物学	1936		吴瑞婷编、费鸿年校	中华科学教育改进社
308	卫生	1936		华汝成、陈志潜编	中华书局
309	新编初中生理卫生（P758）	1936		华汝成编，糜赞治校	中华书局
310	高中生物学复习指导	1937		王志清编	现代教育研究社
311	中等学校生物学教学法	1937		杨寅初编著，薛德焴校订	正中书局

续表

序号	教科书名称	出版年	原著	编译者	出版社
312	初中生理卫生学	1937		牛鸿彝编	北新书局
313	修正课程标准初中植物学	1937		李约编	北平文化学社
314	建国教科书初级中学生理卫生学	1937		陈雨苍编著	正中书局
315	初中动物学教本	1937		贾祖璋编	开明书店
316	初中植物学教本	1937		贾祖璋著	开明书店
317	初中生理卫生教本	1937		黄素封著,牛惠生校订	开明书店
318	复兴初级中学教科书植物学（上、下册）	1937		童致棱原编、周建人改编,胡先骕校订,王云五主编	商务印书馆
319	动物学	1937		周建人、刘纪编	商务印书馆
320	复兴初级中学教科书动物学	1937		周建人编著	商务印书馆
321	复兴初级中学教科书生理卫生学	1937		程瀚章编著	商务印书馆
322	植物学	1937		马光斗编	商务印书馆
323	初中新植物学（上、下册）新课程标准世界中学教本初中新植物学	1937		李泳章编著	世界书局
324	高中新生物学	1937		赵楷,楼培启编著	世界书局
325	生物学提要	1937		朱庭茂编著	震旦书店
326	高中生物学（P732）	1937		郑勉编著,薛德焴校订	正中书局
327	高中军事看护（上、下册）	1937		郭人骥编	中华书局
328	农业及实习（第1、2册）	1937		陆费执、刘崇佑编	中华书局
329	初中植物（上、下册）	1937		华汝城编,糜赞治校	中华书局
330	初中动物学	1937		陈纶、华汝成编,朱彦俯校	中华书局

续表

序号	教科书名称	出版年	原著	编译者	出版社
331	初中植物参考书	1937		华汝成编，糜赞治校	中华书局
332	高中生物学	1937		陈兼善，华汝成编	中华书局
333	初中动物学（上、下册）	1938		（伪）教育部编审会著	著者自刊
334	生理卫生学（教授稿本）	1938			不详
335	初中生理卫生	1938		（伪）教育部编审会著	著者刊
336	动物学	1938		赵级晋编	商务印书馆
337	动物植物	1938		沈啸秋编	商务印书馆
338	初中植物上册	1938		华汝成编	中华书局
339	生物常识	1938		黄国华编著	教育部播音教育委员会［发行者］
340	动物	1938		尤其伟编	商务印书馆
341	复兴初级中学教科书植物学（下册）	1938		童致棱原编，周建人改编	商务印书馆
342	植物	1938		褚乙然编	商务印书馆
343	初中新动物学（上、下册）	1938		赵楷、楼培启编著	世界书局
344	初中公民生理卫生自修指导	1938		蒋纪周编	世界书局
345	最新高中生物学实验	1938		程克让编著	文怡书局
346	动植物学纲要	1938		陆新球编著，刘咸校阅	中国科学图书仪器公司
347	高中生物学（P733）	1939		（伪）教育总署编审会著	编者刊
348	初中生理卫生	1939		（伪）教育总署编审会著	著者刊
349	动物	1939		尤其伟编	商务印书馆

续表

序号	教科书名称	出版年	原著	编译者	出版社
350	修正标准初中教本动物学上册下册	1939		王善彰编著	上海书店
351	新课程标准世界中学教本徐氏初中动物学下册	1939		徐琨等编著	世界书局
352	高中军事看护下册	1939		郭人骥编	中华书局
353	高中生物学测验	1939		张和岑、王志清编	商务印书馆
354	初中动植物学测验	1939		张和岑、王志清编	商务印书馆
355	动物·植物	1939		沈啸秋编著	上海世界书局
356	植物学	1939		王善璋编著，樊备三校订	上海书店
357	高中新生物学	1939		赵楷、楼培启编著	世界书局
358	初中动物学	1939		薛德焴编著	正中书局
359	动物（上、下册）	1939		陈纶、华汝成校	中华书局
360	植物学（上、下册）	1939		华汝成编	中华书局
361	初中动物学参考书	1939		糜赞治编，华汝成校	中华书局
362	高中生物学的要题与复习	1939		龚礼贤编	中华书局
363	初中植物学参考书	1939		糜赞治编，华汝成校	中华书局
364	初中生理卫生［修正本］	1940		（伪）教育总署编审会著	著者刊
365	新编初中生理卫生（上、下册）	1940		华汝成编	中华书局
366	初中生理卫生	1940		（伪）教育部编审委员会编纂	华中印书局
367	动物学	1940		王善彰编著	上海书店
368	国定教科书初中动物（上、下册）	1940		（伪）教育部编审委员会编纂	新亚印书馆；（伪）国民政府教育部
369	丁译生理卫生教科书	1940	（日）高桥吉本、山内繁雄原著	丁福保译述	医学书局
370	高中生物学实验指导	1940		王儒林编	中华书局

续表

序号	教科书名称	出版年	原著	编译者	出版社
371	最新高中生物学实验	1941		程克让编著	东吴大学生物学系
372	高中生物学	1941		教育总署编审会著	教育总署编审会
373	初中植物国定教科书初中植物	1941		（伪）教育部编审委员会编纂	（伪）国民政府教育部
374	初中植物学	1941		（伪）教育总署编审会著	教育总署编审会
375	初中植物学	1941		华汝成编著，糜赞治校	著者刊
376	初中动物学	1941		（伪）教育总署编审会著	教育总署编审会
377	国定教科书初中动物下	1941		教育部编审委员会编纂	华中印书局
378	初中动物学教本	1941		贾祖璋编	香港开明书店
379	建国教科书初中动物学	1941		薛德焴编著	正中书局
380	新中国教科书初级中学植物学（上、下册）	1942		张珽编著	正中书局
381	国定教科书初中植物下	1942		教育部编审委员会编纂	华中印书局
382	国定教科书初中动物上	1942		教育部编审委员会编纂	华中印书局
383	高中生物	1942		顾文藻著	交通书局
384	投考大学全书：生物学之部	1942		吴克刚编辑	
385	新中国教科书初级中学动物学（上、下册）	1943		薛德焴编著	正中书局
386	国定教科书初中植物上	1943		教育部编审委员会编纂	华中印书局
387	建国教科书初级中学动物学（下册）	1943		薛德焴编著	正中书局
388	初中植物复习指导	1944		周岑鹿编	现代教育研究社
389	新编初中动物学	1944		（伪）教育总署编审会著	著者刊
390	中学植物教科书	1944	（日）松村任三、齐田功太郎著	寿芝荪译，杜就田译订	商务印书馆
391	初级中学生理卫生学	1944		陈雨苍编著	正中书局

续表

序号	教科书名称	出版年	原著	编译者	出版社
392	高级中学生物学	1944		郑勉编著	正中书局
393	新编初中生理卫生	1945		（伪）教育总署编审会著	著者自刊
394	初中植物学	1945		李凡编	艺文书社
395	建国教科书初级中学动物学（上册）	1945		薛德焴编著	正中书局
396	开明新编初中博物教本	1945		贾祖璋编	开明书店
397	高中生物学	1945		朱庭茂编	龙门联合书局
398	新中国教科书初级中学生理卫生学	1945		陈雨苍编著	正中书局
399	生物学	1945		郑勉著	正中书局
400	新中国教科书初级中学植物学	1945		张珽编著	正中书局
401	建国教科书初级中学植物学（上、下册）	1945		张珽编	正中书局
402	初中动物学教本	1946		贾祖璋编	开明书店
403	复兴初级中学教科书动物学	1946		周建人编著	商务印书馆
404	新中国教科书高级中学生物学	1946		郑勉编著	正中书局
405	动物表解	1946		蒋蓉生编纂，王友铭校阅	不详
406	初中生理卫生学（下册）	1946		牟鸿彝编	北新书局
407	高中新生物学（下册）	1946		赵楷、楼培启编著	世界书局
408	新修正标准初中动物（上册）	1946		黄松林编著	大东书局
409	新修正标准初中植物（上、下册）	1946		朱浩然编著，龚启昌校订	大东书局
410	新修正标准初中生理卫生	1946		陈邦贤等编著	大东书局

续表

序号	教科书名称	出版年	原著	编译者	出版社
411	高中生物学	1946		朱庭茂编	龙门联合书局
412	生理卫生更新初级中学教科书生理卫生	1946		赖斗岩、王有琪编纂	商务印书馆
413	中等学校生物学教法与教材	1946		四川省立教育科学馆主编，禹海涵编著，周太玄校订	商务印书馆
414	初中动物复习指导	1946		周岑鹿编	现代教育研究社
415	初中动物学	1946		李凡编	艺文书社
416	新中国教科书初级中学动物学	1946		薛德焴编著	正中书局
417	初中植物（上、下册）	1946		华汝城编，糜赞治校	中华书局
418	（师生必备）动物表解	1946		蒋蓉生编纂，王友铭校阅	
419	生物的进化	1947		陈鹤琴、陈选善主编，王化民编辑	世界书局
420	新中国教科书初级中学植物学（上、下册）	1947		张珽编著	正中书局
421	新中国教科书初中生理卫生学	1947		陈雨苍编著	正中书局
422	新编初中生理卫生	1947		华汝成编，糜赞治校	中华书局
423	高中生物学	1947		周晦庵著	北新书局
424	初中植物学（下册）	1947		吴子修等合编	北新书局
425	初中动物学（下册）	1947		嵇联晋编	北新书局
426	新修正标准初中生理卫生（下册）	1947		陈邦贤等编著	大东书局
427	开明新编初中博物教本第一册植物第三册地质矿学	1947		贾祖璋编	开明书店
428	初中植物学教本（上册）	1947		贾祖璋编	开明书店
429	生物学简编	1947		贾祖璋编	开明书店
430	初中生理卫生学教本	1947		黄素封编	开明书店

续表

序号	教科书名称	出版年	原著	编译者	出版社
431	复兴高级中学教科书生物学	1947		王云五主编，陈桢编著	商务印书馆
432	中等学校生物教学法与教材	1947		四川省立教育科学馆主编，禹海涵编著	商务印书馆
433	初中新动物学（上、下册）	1947		赵楷、楼培启编著	世界书局
434	高中新生物学（上册）	1947		赵楷、楼培启编著	世界书局
435	新课程标准世界中学教本高中新生物学（下册）	1947		赵楷、楼培启编著	世界书局
436	新中国教科书高级中学生物学（下册）	1947		郑勉编著	正中书局
437	生物学问题详解	1947		顾钟骙编著	正中书局
438	动植物学纲要	1947			中国科学图书仪器公司
439	高中生物学（上、下册）	1947		陈兼善、华汝成编	中华书局
440	高级中学生物学实验教程	1947		禹海涵编著，周太玄校阅	商务印书馆
441	初中新植物学（上、下册）	1947		李泳章编著	世界书局
442	新中国教科书初级中学动物学	1947		薛德焴编著	正中书局
443	初中动物学	1947		陈纶、华汝成编，朱彦俯校	正中书局
444	初级中学动物（上、下册）	1947		国立编译馆主编，倪达书编辑，沈麓元唐冠芳绘图，王家辑校阅	中华书局、正中书局、商务印书馆、大中国图书局
445	初级中学植物（上、下册）	1947		国立编译馆主编，单人骅编辑，王家楫、罗宗洛校阅，唐冠芳绘图	中华书局、正中书局、世界书局
446	初中博物纲要	1947		贾祖璋编	开明书店
447	开明新编高级生物学	1948		贾祖璋编	开明书店
448	简易师范教科书生理及卫生（1~3册）	1948		赖斗岩、王有琪编，马汝梅校订	商务印书馆

续表

序号	教科书名称	出版年	原著	编译者	出版社
449	初中生理卫生学教本	1948		黄素封著，牛惠生校订	开明书店
450	吴氏高中生物学	1948		吴之涤编	世界书局
451	初中植物学	1948		华汝成编著，糜赞治校	中华印书馆
452	初中生理卫生学（上、下册）	1948		牟鸿彝编	北新书局
453	新修正标准初中生理卫生（上册）	1948		陈邦贤等编著	大东书局
454	初中实用植物学（上、下册）	1948		曹非编	分丰馆
455	初中实用动物学（上、下册）	1948		曹非编	分丰馆
456	初中实用生理卫生学（上、下册）	1948		曹非编	分丰馆
457	初中植物学教本（下册）	1948		贾祖璋编	开明书店
458	初中动物学教本（下册）	1948		贾祖璋编	开明书店
459	初中博物纲要	1948		贾祖璋编	开明书店
460	高中生物学	1948		朱庭茂编	龙门联合书局
461	初级中学动物（上、下册）	1948		国立编译馆主编，仉达书编辑	商务印书馆
462	更新初级中学教科书生理卫生（上册）	1948		赖斗岩、王有琪编	商务印书馆
463	初级中学植物下册	1948		国立编译馆主编，单人骅编辑	世界书局
464	初中新植物学（上、下册）	1948		李泳章编著	世界书局
465	初中新动物学（上、下册）	1948		赵楷、楼培启编著	世界书局
466	初中新生理卫生（上、下册）	1948		袁舜达编著	世界书局
467	新中国教科书初级中学植物学（上册）	1948		张珽编著	正中书局

续表

序号	教科书名称	出版年	原著	编译者	出版社
468	新中国教科书初级中学动物学（上册）	1948		薛德焴编著	正中书局
469	新中国教科书高级中学生物学（上册）	1948		郑勉编著	正中书局
470	新中国教科书初级中学生理卫生学	1948		陈雨苍编著	正中书局
471	中国初中教科书动物学（上、下册）	1948		张孟闻、秉志合编	中国科学图书仪器公司
472	高中生物复习指南	1948		吴克刚编	春明书店
473	生理卫生	1948		（哈尔滨）东北书店	东北书店
474	生理卫生	1948		陈雨人编著	东北新华书店
475	高中生物学纲要	1948		贾祖璋著	开明书局
476	复兴初级中学教科书博物（1~3册）	1948		周太玄等编著，罗宗洛等校订	商务印书馆
477	实用生理卫生	1948		林英、文彬如编著	新华书店
478	博物复习	1948		黄似馨编著	正中书局
479	生理卫生常识	1948		徐志明编	中华书局
480	博物	1948		周太玄、邓仲眉编著，罗宗洛校订	商务印书馆

附录4　民国时期教科书作者及其出版教科书的统计

序号	作者	总数	编著、编纂、编辑	译、编译	校订、校、阅	改订、参订
1	薛德焴	27	15		12	
2	华汝成	23	19		4	
3	杜就田	22	9	5	8	
4	杜亚泉	16	6	2	8	
5	贾祖璋	16	16			

续表

序号	作者	总数	编著、编纂、编辑	译、编译	校订、校、阅	改订、参订
6	糜赞治	15	5		8	2
7	凌昌焕	13	8	1	4	
8	周建人	12	10		2	
9	华文祺	10	5	2	3	
10	陈兼善	9	8		1	
11	朱隆勋	9	9			
12	郑勉	9	9			
13	李约	8	8			
14	陆费执	8	5		3	
15	曹非	8	8			
16	程瀚章	8	7		1	
17	龚昂云	8	3		5	
18	王志清	8	8			
19	陈雨苍	8	8			
20	赵楷	8	8			
21	楼培启	8	8			
22	吴家煦	7	4		3	
23	胡先骕	7			7	
24	宋崇义	7	7			
25	张起焕	7	7			
26	张国璘	7	7			
27	张珽	7	5		2	
28	朱庭茂	7	7			
29	王云五	6	6			
30	王兼善	6	4		2	
31	戴克敦	6			6	
32	彭世芳	6	6			
33	陈纶	6	5		1	
34	顾寿白	6	6			
35	钟衡臧	6				6

续表

序号	作者	总数	编著、编纂、编辑	译、编译	校订、校阅	改订、参订
36	徐克敏	6	6			
37	吴瑞庭	6	6			
38	费鸿年	6	3		3	
39	童致棱	6	6			
40	黎国昌	6	6			
41	吴元涤	6	4		2	
42	孙佐	5		5		
43	王采南	5	5			
44	吴子修	5	4		1	
45	胡哲齐	5			5	
46	秉志	4	2		2	
47	洪式闾	4	3		1	
48	嵇联晋	4	4			
49	徐琨	4	4			
50	马光斗	4	4			
51	顾钟骅	4				
52	赖斗岩	4	4			
53	罗宗洛	4			4	
54	王善彰	4	4			
55	周太玄	4	2		2	
56	顾树森	4	4			
57	陈桢	3	3			
58	姚汉章	3			3	
59	陆费逵	3			3	
60	吴冰心	3	3			
61	龚礼贤	3	2		1	
62	王守成	3	3			
63	张念恃	3	3			
64	陈映璜	3			3	
65	陈烈光	3				3

续表

序号	作者	总数	编著、编纂、编辑	译、编译	校订、校、阅	改订、参订
66	程克让	3	3			
67	步毓森	3	3			
68	黄素封	3	3			
69	李泳章	3	3			
70	陈邦贤	3	3			
71	王有琪	3	3			
72	禹海涵	3	3			
73	俞宗振	3				3
74	严保诚	2	1			1
75	钱承驹	2		2		
76	徐善祥	2	2			
77	马君武	2	1	1		
78	吴德亮	2	2			
79	鲍鉴清	2	2			
80	萧述宗	2	2			
81	王蕴如	2	2			
82	黄建动	2				2
83	李顺卿	2			2	
84	梁修仁	2	2			
85	张孟闻	2	2			
86	褚乙然	2	2			
87	谢循贯	2				
88	江栋成	2	2			
89	张重行	2	2			
90	黄松林	2	2			
91	朱彦俯	2			2	
92	赵级晋	2	2			
93	余德荪	2	2			
94	牛惠生	2			2	
95	郭人骥	2	2			

续表

序号	作者	总数	编著、编纂、编辑	译、编译	校订、校、阅	改订、参订
96	沈啸秋	2	2			
97	尤其伟	2	2			
98	张和岑	2	2			
99	吴克刚	2	2			
100	周岑鹿	2	2			
101	李凡	2	2			
102	蒋蓉生	2	2			
103	王友铭	2			2	
104	牟鸿彝	2	2			
105	单人骅	2	2			
106	陈劳薪	1		1		
107	秦嗣宗	1	1			
108	冯霁	1	1			
109	顾翰芳	1	1			
110	李天佐	1	1			
111	陈士彻	1	1			
112	华申祺	1		1		
113	王季烈	1		1		
114	王明怀	1		1		
115	罗庆堂	1		1		
116	陈敬	1		1		
117	丁文江	1	1			
118	唐英	1		1		
119	许家庆	1		1		
120	黄以仁	1	1			
121	怀桂琛	1	1			
122	潘文安	1	1			
123	王烈	1			1	
124	谢恩增	1			1	
125	邵德馨	1		1		

续表

序号	作者	总数	编著、编纂、编辑	译、编译	校订、校、阅	改订、参订
126	郦福畴	1	1			
127	顾复	1	1			
128	曹之彦	1	1			
129	刘治廷	1			1	
130	庄畏仲	1	1			
131	江问渔	1	1			
132	朱文祺	1			1	
133	成士杰	1	1			
134	王树鼎	1	1			
135	魏春芝	1	1			
136	经利彬	1			1	
137	李唐宪	1	1			
138	刘庆	1	1			
139	曾锡动	1				1
140	计泗华	1	1			
141	黎德甫	1	1			
142	刘怀鬻	1	1			
143	周宗琦	1			1	
144	韦琼莹	1	1			
145	石振亚	1	1			
146	张景钺	1			1	
147	杜其垚	1	1			
148	缪端生	1	1			
149	于景让	1	1			
150	黑延昌	1	1			
151	华阜熙	1	1			
152	李象元	1	1			
153	杨国华	1	1			
154	潘锡九	1	1			
155	沈泽民	1	1			

续表

序号	作者	总数	编著、编纂、编辑	译、编译	校订、校、阅	改订、参订
156	周玉田	1	1			
157	徐特立	1	1			
158	陈震飞	1	1			
159	陶履通	1			1	
160	陈志方	1	1			
161	胡广仁	1	1			
162	袁善征	1	1			
163	荆桂森	1	1			
164	黄以增	1	1			
165	杨国藩	1	1			
166	王继光	1	1			
167	苏德隆	1	1			
168	刘宝善	1	1			
169	袁善微	1	1			
170	阎笏珊	1	1			
171	张家俊	1	1			
172	胡步蟾	1	1			
173	罗士苇	1	1			
174	方锡琛	1	1			
175	顾昌栋	1	1			
176	黄长才	1	1			
177	谢汝聪	1	1			
178	毛震伟	1	1			
179	袁瞬达	1	1			
180	陶世洪	1	1			
181	何定杰	1			1	
182	陈志潜	1	1			
183	杨寅初	1	1			
184	牛鸿彝	1	1			
185	刘纪	1	1			

续表

序号	作者	总数	编著、编纂、编辑	译、编译	校订、校、阅	改订、参订
186	刘崇佑	1	1			
187	黄国华	1	1			
188	蒋纪周	1	1			
189	陆新球	1	1			
190	刘咸	1			1	
191	王善璋	1	1			
192	樊备三	1			1	
193	丁福保	1		1		
194	王儒林	1	1			
195	顾文藻	1	1			
196	寿芝荪	1		1		
197	朱浩然	1	1			
198	龚启昌	1			1	
199	陈鹤琴	1	1			
200	陈选善	1	1			
201	王化民	1	1			
202	周晦庵	1	1			
203	倪达书	1	1			
204	王家辑	1			1	
205	马汝梅	1			1	
206	仇达书	1	1			
207	袁舜达	1	1			
208	陈雨人	1	1			
209	林英	1	1			
210	文彬如	1	1			
211	黄似馨	1	1			
212	徐志明	1	1			
213	邓仲眉	1	1			

附录5 1949年以来人教版生物教科书知识内容框架梳理

版本	教科书名称	内容
中华人民共和国初期	初级中学植物学课本	本书是根据苏联十年制中学的教科书编译的。经两次修订版后，上册内容变动不大，包括野生植物和栽培植物、植物的细胞构造、种子和它的萌发、根、叶、茎、植物的繁殖7章。下册第一次修订版中的八、九两部分（米丘林学说的基础、李森科的工作），在第二次修订版时合并为一部分（自然的改造）。其余三部分：主要的栽培植物、植物的基本分类和总结，内容基本没有变动。课文中配有较多插图，便于学生识别各种植物。每篇课文后面编有习题
	初级中学动物学课本	全书除"绪论"和"结论"外，包括8章：原生动物；海绵动物；腔肠动物；蠕形动物；棘皮动物；软体动物；节肢动物；脊椎动物。每章后面附有练习题和观察题
	初级中学生理卫生课本	本书原由新华书店1949年3月出版，后经中央人民政府出版总署编审局等几经修订，供初中一年级学生使用。修订后的课本，内容包括：绪论、运动、消化、呼吸、循环、排泄、神经与感觉、生殖、人的死亡、传染病、公共卫生11章
第一套	初级中学课本植物学	本书是根据东北人民政府教育部编译，周建人、濮源澄校订的《初中植物学课本改编的，大部分内容取材于原课本。自1953年至1956年，进行过多次修订并供使用
	初级中学课本动物学	本书大部分内容取材于东北人民政府教育部编译的初中动物学课本。课本上册的内容包括：绪论、动物的特征和生活条件、原生动物、海绵动物、腔肠动物、蠕形动物、棘皮动物、软体动物和节肢动物，共九个部分；课本的下册包括：脊椎动物——鱼类、两栖类、爬行类、鸟类、哺乳类、农业动物和结论，共七个部分
	初级中学课本生理卫生学	上、下册内容包括：人体的基本结构和功能、骨骼和肌肉系统、血液循环系统、呼吸器官、消化器官、新陈代谢和营养、排泄器官、皮肤、内分泌腺、神经系统和人体的发育等
	高级中学课本达尔文主义基础	本书的大部分内容取材于东北人民政府教育部编译的达尔文主义基础课本。编译本的原书是苏联十年制学校达尔文主义基础教科书。上册的内容包括：达尔文学说产生的历史背景，达尔文学说的内容，它对各种生物科学的影响。下册的内容包括：米丘林学说的建立和发展、生命的本质、起源和进化，人类的起源

续表

版本	教科书名称	内容
第二套	初级中学课本植物学	1953年，根据教育部1952年颁发的《中学生物教学大纲（草案）》，对本书进行修订。1955年，根据教育部1954年颁发的《精简中学生物教学大纲（草案）和课本的指示》进行修订。与原版相比，内容有所精简，标题有所改动。1956年，又根据《关于1956—1957学年度使用中学生物学教学大纲（修订草案）植物学部分和植物学课本的说明》的规定，补充了植物是活的生物一章，其他11章是：自然界的植物、植物体的细胞结构、种子和它的萌发、根、叶、茎、植物的繁殖、栽培植物的栽培条件、栽培植物、米丘林培育果树新品种的方法、植物的基本群
	初级中学动物学课本	1953年将原版、下册合并全一册。自1953年至1956年，课文内容与1952年原版基本相同。1955年以后的版本为方宗熙、李次卿合编。
	初级中学课本人体解剖生理学	本书以东北人民政府教育部编译的人体解剖生理学课本为蓝本编成。全书除绪论和附录外，共有11章：人体是一个统一的整体；骨骼和肌肉系统；血液循环器官；呼吸器官；消化器官；新陈代谢；排泄器官；皮肤；内分泌腺；神经系统；人体的发育
	初级中学课本卫生常识	本书是根据教育部1953年7月颁发的《中学教学计划（修订草案）》的规定编写的。全书内容包括：我们的身体；骨骼；肌肉；消化；呼吸；血液循环器官；排泄器官；皮肤；感觉器官；神经系统；身体各器官的相互关系；传染病。共12章
	高级中学课本达尔文主义基础	1953年修订本，在内容方面注重结合中国实际，删去了只适合苏联的内容。根据教育部1954年颁发的《精简中学生物教学大纲（草案）和课本的指示》，1955年版课本的内容有所精简
	高级中学课本人体解剖生理学	绪论、第一章人体是一个统一的整体。第二章骨骼和肌肉系统；第三章血循环器官；第四章呼吸器官；第五章消化器官；第六章新陈代谢；第七章排泄器官；第八章皮肤；第九章内分泌腺；第十章神经系统
第三套	初级中学课本植物学	本书根据1956年《中学生物学教学大纲（修订草案）》，贯彻人民教育出版社1954年确定的中小学教材编写方针编写而成。内容包括：绪论；我国常见的植物；植物体的结构；种子；根；叶；茎；植物的繁殖；植物的生活；作物栽培通论；米丘林培育果树新品种的方法；植物的分类等章节。1958年和1960年两次对本书修订，将上、下册合并为一册
	初级中学课本动物学	本书根据1956年《中学生物学教学大纲（修订草案）》，贯彻人民教育出版社1954年确定的中小学教材编写方针编写而成。内容包括：绪论；原生动物门；腔肠动物门；扁形动物门；线形动物门；环节动物门；软体动物门；节肢动物门；鱼纲；两栖纲；爬行纲；鸟纲；哺乳纲；结论14章。每章课文后有不同形式的作业与问题，供学生理解、巩固所学内容

续表

版本	教科书名称	内容
第三套	初级中学课本生理卫生	本书根据教育部1958年3月颁发的《关于1958—1959学年度中学教学计划的通知》的规定编写。课本内容减少了原来在高中人体解剖生理学课本中讲的解剖学知识和偏深的生理学知识,增加了预防传染病、环境卫生和劳动卫生等卫生保健知识,还增加了巴甫洛夫高级神经活动的内容
	高级中学课本生物学	本书包括原达尔文主义基础课本中遗传和进化的内容,只讲米丘林学派,并且适当扩大和加深了有关生物形态和生理的基础知识。上册的内容包括:绪论;细胞;组织和器官;新陈代谢作用;感应性五个部分。下册的内容包括:生物的繁殖;遗传;生命的起源和进化;生物进化学说;动植物新品种的创造;向大自然做斗争六个部分。在1960年版本中,增加了"农业八字宪法""发展畜牧业""动植物的综合利用"等内容
第四套	中学课本生物学	1959年,全国开展学制改革实验,要求中小学要适当缩短年限,适当提高程度,这套课本就是为了适应当时的学制改革而编写的。第一、第二、第三册生物学课本的内容包括五编:1. 生物体是由细胞构成的;2. 植物;3. 动物;4. 生物的基本特征和自然界物质的循环;5. 生物界的发生和发展。这套课本的特点是:内容简练,但涉及的范围较全面。这时的教材编辑方针特别提出:在编辑自然科学教材方面,还要贯彻百家争鸣的方针。因此,在第三册生物学课本中的遗传育种部分,根据百家争鸣的方针,同时讲了摩尔根学派和米丘林学派的遗传学说,这是一个明显的进步。
	初级中学课本生理卫生全一册	本书与以前的生理卫生课本相比,各部分内容都作了不同程度的精简。除绪论外,全书分为6章:人体概述;运动,包括骨骼和肌肉;新陈代谢,包括血液循环、呼吸、消化和排泄;人体活动的调节,包括体液调节和神经调节;人的发育;保护健康增强体质,包括劳动同健康的关系、集体卫生和国防卫生
第五套	初级中学课本(1963年新编)植物学全一册	本书根据教育部1083年颁发的《全日制中小学教学计划(草案)》和《全日制中学生物教学大纲(草案)》的规定,以及人民教育出版社确定的编写指导思想编写而成。内容包括:绪论;植物体的构造;种子;根;叶;茎;花相果实;植物体的构造和生理的小结;栽培植物和造林;植物的类群和结语。课本的最后部分是实验指导,每个实验指导包括目的要求、材料用具、方法步骤等内容
	初级中学课本(1964年新编)动物学全一册	本书根据教育部1963年颁发的《全日制中小学教学计划(草案)》和《全日制中学生物教学大纲(草案)》的规定,以及人民教育出版社确定的编写指导思想编写而成,内容包括:绪论;原生动物门;腔肠动物门;扁形动物门;环节动物门;软体动物门;节肢动物门;昆虫纲;甲壳纲;蛛形纲;多足纲;节肢动物的特征和起源;脊索动物门;鱼纲;两栖纲;爬行纲;鸟纲;哺乳纲;结语。课本的最后部分是实验指导,每个实验指导包括目的要求、材料用具、方法步骤等内容

续表

版本	教科书名称	内容
第五套	初级中学课本（1964年新编）生理卫生全一册	本书根据教育部1963年颁发的《全日制中小学教学计划（草案）》和《全日制中学生物教学大纲（草案）》的规定，以及人民教育出版社确定的编写指导思想编写而成。内容包括：绪论；人体概述；运动；循环；呼吸；消化；新陈代谢；排泄；内分泌；神经系统的结构、生理和卫生；生殖和发育；保护健康增强体质。课本的最后部分是实验指导，每个实验指导包括目的要求、材料用具、方法步骤等内容
	农业基础课	许多省、市、自治区开设了农业基础课，由各地自编农业基础课教材，主要讲授"三大作物（稻、麦、棉）一头猪"
第六套	全日制十年制学校初中课本（试用本）生物全一册	绪论；第一章 生物体的基本构造；第二章 生物的构造和功能；第三章 生物的多样性；第四章 生物和环境的关系
	全日制十年制学校高中课本（试用本）生物全一册	前言 第一章 生命的物质基础和结构基础；第二章 生命的基本特征；第三章 关于生命起源的研究；第四章 生物科学研究的现代成就和展望
	全日制十年制学校初中课本（试用本）生理卫生全一册	绪论；第一章 人体概述；第二章 运动系统；第三章 循环系统；第四章 呼吸系统；第五章 消化系统；第六章 新陈代谢；第七章 排泄系统；第八章 内分泌系统；第九章 神经系统和感觉器官；第十章 生殖系统；第十一章 青春期生理卫生；第十二章 爱国卫生运动
第七套	初级中学课本（试用本）植物学全一册	绪论 第一编 绿色开花植物 第一章 植物体的基本结构；第二章 种子；第三章 根；第四章 叶；第五章 茎；第六章 花和果实；第七章 绿色开花植物的分类。 第二编 植物的类群 第一章 藻类植物；第二章 菌类植物；第三章 地衣植物；第四章 苔藓植物；第五章 蕨类植物；第六章 种子植物；第七章 植物的进化。 第三编 植物群落 第一章 植物群落的组成和结构；第二章 我国植物群落的地理分布；第三章 我国珍贵的植物资源；第四章 植物资源的保护

续表

版本	教科书名称	内容
第七套	初级中学课本（试用本）动物学全一册	绪论；第一章 原生动物门；第二章 腔肠动物门；第三章 扁形动物门；第四章 线形动物门；第五章 环节动物门；第六章 软体动物门；第七章 节肢动物门；第八章 棘皮动物门；第九章 脊索动物门；第十章 动物的进化；第十一章 我国动物地理分布
	初级中学课本（试用本）生理卫生全一册	绪论；第一章 人体概述；第二章 皮肤；第三章 运动系统；第四章 循环系统；第五章 呼吸系统；第六章 消化系统；第七章 新陈代谢；第八章 泌尿系统；第九章 内分泌系统；第十章 神经系统；第十一章 生殖和发育；第十二章 传染病
	高级中学课本生物全一册	绪论；第一章 细胞；第二章 生物的新陈代谢；第三章 生物的生殖和发育；第四章 生命活动的调节；第五章 遗传和变异；第六章 生命地起源和生物的进化
第八套	高级中学课本（试用）生物（甲种本）全一册	绪论；第一章 细胞；第二章 生物的新陈代谢；第三章 生物的生殖和发育；第四章 生命活动的调节；第五章 遗传和变异；第六章 命地起源和生物的进化
	高级中学课本（试用）生物（乙种本）全一册	第一章：细胞；第二章 生物的新陈代谢；第三章 生物的生殖和发育；第四章 生命活动的调节；第五章 遗传和变异；第六章 生命地起源和生物的进化；第七章 生物与环境
第九套	九年义务教育三年制初级中学教科书生物第一册（上）	探索生物的奥秘 第一部分 植物 第一章 植物体的基本结构；第二章 种子的萌发；第三章 水分和无机盐的吸收；第四章 有机物地制造；第五章 有机物的分解利用和水分的能火；第六章 营养物质的运输；第七章 开花结果和营养繁殖；第八章 植物体是一个整体；第九章 植物的主要类群。 第二部分 细菌，真菌，病毒 第一章 细菌；第二章 真菌；第三章 病毒
	九年义务教育三年制初级中学教科书生物第一册（下）	第三部分 动物 第一章 原生动物门；第二章 腔肠动物门；第三章 扁形动物门；第四章 线形动物门；第五章 环节动物；第六章 软体动物门；第七章 节肢动物门；第八章 鱼纲；第九章 两栖纲；第十一章 鸟纲；第十二章 哺乳纲；第十三章 动物的行为

续表

版本	教科书名称	内容
第九套	九年义务教育三年制初级中学教科书生物第二册	第四部分　人体生理卫生 第一章　人的身体；第二章　皮肤；第三章　运动；第四章　体内物质的运输；第五章　消化和吸收；第六章　呼吸；第七章　排泄；第八章　新陈代谢；第九章　神经调节；第十章　激素调节；第十一章　生殖和发育；第十二章　免疫；第十三章　传染病。 第五部分　生物的遗传、进化和生态 第一章　生物的遗传和变异；第二章　生物的进化；第三章　生物与环境
	九年义务教育三年制初级中学教科书·生物第一册（上）	探索生物的奥秘　课外读　浅谈克隆羊和转基因动物 第一部分　生物体的结构 第一章　生物体是由细胞构成的；第二章　细胞怎样构成生物体。 第二部分　形形色色的植物 第一章　种子植物；第二章　孢子植物。 第三部分　被子植物的生活 第一章　种子的萌发；第二章　水分和无机盐的吸收；第三章　有机物的制造；第四章　；第五章　营养物质的运输；第六章　开花结果和营养繁殖
	九年义务教育三年制初级中学教科书·生物第一册（下）	第四部分　动物 第一章　原生动物；第二章　腔肠动物；第三章　扁形动物和线形动物；第四章　环节动物；第五章　软体动物；第六章　节肢动物；第七章　鱼类；第八章　两栖类；第九章　爬行类；第十章　鸟类；第十一章　哺乳类；第十二章　动物的行为。 第五部分　细菌，真菌，病毒 第一章　细菌；第二章　真菌；第三章　病毒
	九年义务教育三年制初级中学教科书·生物第二册	第六部分　人体生理卫生 第一章　人的身体；第二章　皮肤；第三章　运动；第四章　体内物质的运输；第五章　消化和吸收；第六章　呼吸；第七章　排泄；第八章　新陈代谢；第九章　神经调节；第十章　激素调节；第十一章　生殖和发育；第十二章　免疫；第十三章　传染病。 第七部分　生物的遗传、进化和生态 第一章　生物的遗传和变异；第二章　生物的进化；第三章　生物与环境

续表

版本	教科书名称	内容
第十套	高级中学课本 生物（全一册）（必修）	绪论；第一章 细胞；第二章 生物的新陈代谢；第三章 生物的生殖的发育；第四章 生命活动的调节；第五章 遗传和变异；第六章 生命地起源和生物的进化；第七章 生物与环境
	高级中学课本 生物（全一册）（选修）	绪论 第一单元 生命的物质基础和结构基础；第二单元 生物的新陈代谢；第三单元 生物的生殖和发育；第四单元 生物的遗传和变异；第五单元 生命活动的调节；第六单元 生物与环境
第十一套	全日制普通高级中学教科书（试验本）生物（必修）	绪论；第一章 生命的物质基础；第二章 生命的基本单位——细胞；第三章 生物的新陈代谢；第四章 生命活动的调节；第五章 生物的生殖和发育；第六章 遗传和变异；第七章 生物的进化；第八章 生物与环境；第九章 生态环境的保护
	全日制普通高级中学教科书（试验本）生物（选修）	绪论；第一章 人体生命活动的调节及营养和免疫；第二章 光合作用和生物固氮；第三章 遗传与基因工程；第四章 细胞与细胞工程；第五章 微生物与发酵工程；第六章 生态环境及其保护

附录6 1949年以来人教版生物教科书梳理表

序号	教科书名称	作者	出版年
1	初级中学植物学课本（上、下册）	东北人民政府教育部编译；周建人，濮源澄校订	1950
2	初级中学动物学课本（上、下册）	周建人，李沧，于观文主编	1950、1951
3	初级中学生理卫生课本（全一册）	林英，文彬如编；中央人民政府出版总署编审局修订	1951
4	初级中学生理卫生课本（修订本）	林英，文彬如编；中央人民政府出版总署编审局修订	1950
5	初级中学植物学课本下册	东北人民政府教育部编译；方宗熙等改编	1951
6	初级中学课本植物学	方宗熙编；李沧助编	1952

续表

序号	教科书名称	作者	出版年
7	初级中学课本动物学	方宗熙编；李沧助编	1952—1953
8	初级中学课本动物学 全一册	方宗熙编	1953
9	初级中学课本生理卫生学（上、下册）	方宗熙，李沧助编	1952
10	初级中学课本人体解剖生理学（全一册）	方宗熙，李沧助编	1953
11	初级中学课本卫生常识（全一册）	人民教育出版社编	1954
12	初级中学课本植物学（上、下册）	徐晋铭，李培实编	1957
13	初级中学课本动物学	郑实夫，叶佩珉编	1958
14	初级课本生理卫生（上、下册）	人民教育出版社编辑	1958
15	九年一贯制试用课本（全日制）生物学	北京师范大学生物系普通教育改革小组编	1960
16	九年一贯制试用课本（全日制）生理卫生	北京师范大学生物系普通教育改革小组编	1960
17	中学课本生物学（一、二、三）	人民教育出版社编	1961
18	初级中学课本生理卫生（全一册）	人民教育出版社编	1961
19	初级中学课本（1963年新编）植物学（全一册）	人民教育出版社生物编辑组编	1963
20	初级中学课本（1964）动物学（全一册）	人民教育出版社生物编辑组编	1964
21	初级中学课本（1964）生理卫生（全一册	人民教育出版社生物编辑组编	1964
22	全日制十年制学校初中课本（试用本）生物（全一册）	人民教育出版社生物编辑组编	1978
23	全日制十年制学校初中课本（试用本）生理卫生（全一册）	人民教育出版社生物编辑组编	1978
24	初级中学课本（试用本）植物学（全一册）	李沧等编	1982
25	初级中学课本（试用本）动物学（全一册）	人民教育出版社中学生物编辑室编	1982
26	初级中学课本（试用本）动物学（全一册）	叶佩珉，段云芬编	1983
27	初级中学课本（试用本）动物学（全一册）	任树德，孙传贤编	1983

续表

序号	教科书名称	作者	出版年
28	义务教育三年制初级中学教科书（实验本）生物（第一册上下，第二册）	人民教育出版社生物自然室编著	1989
29	义务教育四年制初级中学教科书（实验本）生物（3册）	人民教育出版社生物自然室编著	1990
30	九年义务教育三年制初级中学教科书生物（第一册上下，第二册）	人民教育出版社生物自然室编著	1992
31	九年义务教育四年制初级中学教科书生物（3册）	人民教育出版社生物自然室编著	1992
32	高中		
33	高级中学课本达尔文主义基础（上、下册）	方宗熙编；李沧助编	1952
34	高级中学课本达尔文主义基础	方宗熙编；李沧助编	1953
35	高级中学课本人体解剖生理学	方宗熙，任树德编；人民教育出版社编	1953
36	高级中学课本生物学（上、下册）	人民教育出版社编	1960
37	全日制十年制学校高中课本（试用本）生物	中小学通用教材生物编写组编	1978
38	高级中学课本生物（全一册）	人民教育出版社中学生物编辑室编	1982
39	高级中学课本（试用）生物甲种本（全一册）	人民教育出版社生物室编	1985
40	高级中学课本（试用）生物乙种本（全一册）	人民教育出版社生物室编	1985
41	高级中学课本全一册（必修）	人民教育出版社生物自然室	1990
42	高级中学课本全一册（选修）	人民教育出版社生物自然室	1991
43	全日制普通高级生物教科书（试验本）生物（必修）（上、下册）	人民教育出版社生物自然室编著	1997
44	全日制普通高级生物教科书（试验本）生物（选修）（全一册）	人民教育出版社生物自然室编著	1998
45	普通高中课程标准实验教科书（三册必修、三册选修）	人民教育出版社	2001

附录7　义务教育初中《生物》教科书出版概况

教材类型	名称	版本	册数	审查年	编写单位
分科体系	生物	人教版	3	1992	人民教育出版社生物自然社
	生物	人教版	3	1992	人民教育出版社生物自然社
	生物	北师大版	3	1992	北京师大教材编写组
	生物	内地版	3	1992	南京师大教材编写组
	生物	河北版	3	1995	河北省教材编写组
	人体与卫生	发达地区版	1	1992	上海市教材编写组
小综合（学科内）体系	生物	沿海版	4	1991	广东省教材编写组
	生物	江苏版	4	1998	江苏省教材编写组
	生物	河南版	4	1997	河南省教材编写组
	生物	发达地区版	2	1991	上海市教材编写组
	生物	北京版	4	—	北京市教材编写组
大综合（学科间）体系	自然科学	浙江版	6	1996	浙江省教材编写组
	理科	上海教研版	6	—	上海省教委教研室
	理科	上海师大版	6	—	上海师大教材编写组

附录8　教科书文本汇总表

序号	书名	编译者	出版社	出版年份
1	博物学教科书	繁启中	益智学社	1902
2	生理学教科书	廖氏囊	商务印书馆	1903
3	最新中学教科书植物学	亚泉学馆	上海商务印书馆	1903
4	普通植物学教科书	亚泉学馆	亚泉学馆	1903
5	中学教科书新编动物学	作新社	编者自刊	1903
6	新编植物学教科书	作新社	作新社	1903
7	最新理科教科书（第一册至第四册）	谢洪赉	商务印书馆	1904
8	普通教育学植物学教科书	彭树滋	普及书局	1906

续表

序号	书名	编译者	出版社	出版年份
9	新编博物学教科书	作新社	作新社	1906
10	普通博物学教科书	华文祺	文明书局	1907
11	最新初等动物教科书	华文祺	上海文明书局	1907
12	蒙学动物教科书	华循	文明书局	1907
13	最新中学教科书动物学	（美）白纳	商务印书馆	1907
14	普通植物学教科书	钱承驹	上海文明书局	1907
15	最新植物学教科书	王葆真	森田活版所	1907
16	最新中学教科书生理学	谢洪赉	商务印书馆	1907
17	博物学教科书	虞和寅	上海理科书社	1907
18	最新博物示教	钱承驹	文明书局	1910
19	动物新论	（日）箕作佳吉	上海商务印书馆	1912
20	初中混合自然科	陈桀夫	商务印书馆	1912
21	共和国教科书植物学	杜亚泉	商务印书馆	1912
22	中等博物教科植物学	李天佐	科学会编译部	1912
23	新撰植物学教科书	杜亚泉	商务印书馆	1913
24	实验之植物学教科书	杜亚泉	商务印书馆	1913
25	新编植物学教科书	杜亚泉、杜就田	商务印书馆	1913
26	共和国教科书新理科（第一册至第六册）	凌昌焕、杜亚泉	商务印书馆	1913
27	动物学新教科书	王季烈	商务印书馆	1913
28	中学植物学新教科书	王明怀原译、严保诚改订	商务印书馆	1913
29	普通教育学动物学教科书	曾颜	科学会译部	1914
30	民国新教科书动物学	丁文江	上海商务印书馆	1914
31	普通教科书 动物学	徐善详	商务印书馆	1915
32	共和国教科书动物学	徐善祥、杜亚泉、杜就田	商务印书馆	1915
33	动物学新教科书	王季烈	上海商务印书馆	1919
34	现代初中教科书植物学	凌昌焕	上海商务印书馆	1923
35	实用教科书植物学	彭世芳	商务印书馆	1923

续表

序号	书名	编译者	出版社	出版年份
36	新学制公民生物学上卷	王守成	商务书局	1924
37	新中学教科书初级生物学	陆费执、张念恃	上海中华书局	1925
38	新学制自然科学教授书（第一册至第八册）	凌昌焕	商务印书馆	1926
39	新中学教科书高级生物学	陆费执	中华书局	1926
40	新中学教科书高级生物学	陆费执	中华书局	1926
41	新中学教科书动物学	宋崇义	中华书局	1926
42	公民生物学（下册）	王守成	商务印书馆	1928
43	初中自然科学第一册	郭任远	商务印书馆	1929
44	新中华自然科学（第一册至第三册）	华文祺、华汝成	上海中华书局	1931
45	新中华生物学	陈兼善	上海中华书局	1932
46	高中及专科学校用生物学	吴元涤	世界书局	1932
47	复兴高级中学教科书生物学（修订版）	陈桢	商务书局	1933
48	复兴高级中学教科书生物学修正本	陈桢	商务印书馆	1933
49	复兴教科书卫生学第一册	程瀚章	商务印书馆	1933
50	复兴教科书卫生学第二册	程瀚章	商务印书馆	1933
51	复兴教科书卫生学第三册	程瀚章	商务印书馆	1933
52	新学制初级中学教科书第一册	杜亚泉	商务印书馆	1933
53	新学制初级中学教科书第二册	杜亚泉	商务印书馆	1933
54	新学制初级中学教科书第三册	杜亚泉	商务印书馆	1933
55	新学制初级中学教科书第四册	杜亚泉	商务印书馆	1933
56	龚氏初中卫生第一册	龚昂云	世界书局	1933
57	龚氏初中卫生第二册	龚昂云	世界书局	1933
58	龚氏初中卫生第三册	龚昂云	世界书局	1933
59	最经济的实验教材	吉厚符	上海儿童书局	1933
60	复兴自然教学法 第7册	凌昌焕	商务印书馆	1933
61	生物学	吴元涤	世界书局上海	1933
62	卫生课本第一册	杨斌如	世界书局	1933
63	卫生课本第二册	杨斌如	世界书局	1933

续表

序号	书名	编译者	出版社	出版年份
64	卫生课本（第三册）	杨斌如	世界书局	1933
65	初中动物学（下册）	嵇联	北新书局	1934
66	王氏初中动物学（初级中学学生用）	王采南	世界书局	1934
67	复兴初级中学教科书动物学（上册）	周建人	商务印书馆	1934
68	植物学	韦琼莹、李顺卿	大东书局	1935
69	复兴初级中学教科书动物学（下册）	周建人	商务印书馆	1935
70	初中动物上册	陈纶、华文祺	上海中华书局	1936
71	吴氏高中生物学	吴元涤	世界书局	1936
72	高中新生物学	陈兼善、华汝成	上海中华书局	1937
73	初中动物（下册）	陈纶、华汝城	上海中华书局	1937
74	初中动物（下册）	陈纶、华汝城	中华书局	1937
75	复兴初级中学教科书植物学（上册）	王云五	商务印书馆	1937
76	复兴初级中学教科书植物学（下册）	王云五	商务印书馆	1937
77	初级中学植物学（上册）	张珽	正中书局	1942
78	初级中学植物学（下册）	张珽	正中书局	1942
79	初中植物学（下册）	华汝城	中华书局	1945
80	初中植物学教本（上册）	贾祖章	开明书局	1946
81	高中新生物学	赵楷、楼陪启	世界书局	1946
82	开明新编高级生物学	贾祖璋	开明书店	1948
83	中国初中教科书动物学（上册）	张孟闻、秉志	中国科学图书仪器公司	1948
84	中国初中教科书动物学（下册）	张孟闻、秉志	中国科学图书仪器公司	1948
85	初中临时教材动物（上册）	贾祖璋	东北书店	1949
86	初中临时教材动物（下册）	贾祖璋	东北书店	1949
87	动物学课本	新华书店	新华书店	1949
88	初中动物学课本（下册）	贾祖璋	开明书局	1950
89	动物学	东北人民政府教育部	新华书店东北总分店	1951
90	植物学	东北人民政府教育部	新华书店东北分店	1951
91	植物学（上册）	方宗熙	人民教育出版社	1952
92	动物学（上册）	方宗熙	人民教育出版社	1952

续表

序号	书名	编译者	出版社	出版年份
93	高级中学课本达尔文基础 上册三年级教材	方宗熙	人民教育出版社	1952
94	动物学	方宗熙	人民教育出版社	1952
95	初级中学课本动物学	方宗熙、李次卿	人民教育出版社	1952
96	植物学一年级教材	方宗熙、徐晋铭	人民教育出版社	1952
97	植物学	方宗熙、徐晋铭、李沧	人民教育出版社	1952
98	人体解剖生理学一年级教材	方宗熙	人民教育出版社	1953
99	高级中学课本达尔文基础 高三	方宗熙	人民教育出版社	1954
100	植物学	方宗熙	人民教育出版社	1954
101	卫生	人民教育出版社	人民教育出版社	1955
102	卫生常识一年级教材	人民教育出版社	人民教育出版社	1956
103	植物学上册一年级教材	许晋铭、李培实	人民教育出版社	1957
104	植物学	福建教师进修学院	福建人民教育出版社	1958
105	动物学启蒙	郑实夫、叶佩珉	人民教育出版社	1958
106	植物学（初稿）第一册一年级教材	北京市东城区教育局	中华书局	1959
107	动物学上册	浙江省中小学教材编辑委员会	浙江人民出版社	1959
108	生物学一年级	北京师范大学生物系普通教育改革小组	人民教育出版社	1960
109	生物学上册一年级教材	北京师范学院	北京出版社	1960
110	生物学下册一年级教材	北京市教育局中小学教材编审处	北京出版社	1960
111	生物学基础试用本	华东师范大学上海教育出版社	人民教育出版社	1960
112	上海高级中学生物学（上册）	上海市教育厅	上海教育出版社	1960
113	上海高级中学生物学（下册）	上海市教育厅	上海教育出版社	1960
114	动物学与生物学基础知识	北京教育局中小学教育编审处	北京出版社	1961
115	生理卫生一年级	北京市教育局中小学教材编审处	北京出版社	1961

续表

序号	书名	编译者	出版社	出版年份
116	生物学第二册	人民教育出版社	人民教育出版社	1961
117	动物学第一册	人民教育出版社编辑处	人民教育出版社	1961
118	生理卫生二年级	北京市教育局中小学教材编审处	北京出版社	1962
119	生理卫生三年级	北京市教育局中小学教材编审处	北京出版社	1962
120	共和国教科书生理学	杜亚泉、凌昌焕	商务印书馆	1964
121	生物学教学大纲	中华人民共和国教育部	人民教育出版社	1964
122	生理卫生	人民教育出版社生物编辑部	人民教育出版社	1966
123	生物全一册	中小学通用教材生物编辑室	人民教育出版社	1978
124	生物学（下册）	北京教育学院生物教研室	北京出版社	1981
125	生物学	段芸芳	人民教育出版社	1981
126	生物学（上册）	北京教育学院生物教研室	北京出版社	1982
127	植物学全一册	李沧、段芸芳、刘真	人民教育出版社	1982
128	生物全一册	人民教育出版社中学生物编辑室	人民教育出版社	1982
129	生理卫生全一册	任树德、孙传贤	人民教育出版社	1983
130	生物全一册甲种本	人民教育出版社	人民教育出版社	1985
131	生物乙种本	人民教育出版社	人民教育出版社	1985
132	动物学	叶佩珉、段芸芳	人民教育出版社	1989
133	高二生物全一册	人民教育出版社生物自然室	人民教育出版社	1990
134	生物初中二年级	人民教育出版社生物自然室	人民教育出版社	1992
135	生物初中二年级	人民教育出版社	人民教育出版社	1995
136	生物第一册下初中二年级	人民教育出版社生物自然室	人民教育出版社	1995

续表

序号	书名	编译者	出版社	出版年份
137	生物学　七年级下册	课程教材研究所	人民教育出版社	2001
138	生物学　八年级上册	课程教材研究所	人民教育出版社	2001
139	生物第一册（下）七年级	人民教育出版社	人民教育出版社	2001
140	生物第一册（上）七年级	人民教育出版社	人民教育出版社	2001
141	生物第二册　八年级	人民教育出版社	人民教育出版社	2001
142	生物学　八年级上册	朱正威、赵占良	人民教育出版社	2001
143	生物学　八年级下册	课程教材研究所	人民教育出版社	2002
144	生物学　七年级下册	刘恩山	北京师范大学出版社	2002
145	生物学　八年级下册	朱正威、赵占良	人民教育出版社	2002
146	生物必修二　遗传与进化	朱正威、赵占良	人民教育出版社	2007
147	生物必修三　稳态与环境	朱正威、赵占良	人民教育出版社	2007
148	生物选修一　生物技术实践	朱正威、赵占良	人民教育出版社	2007
149	生物选修二　生物科学与社会	朱正威、赵占良	人民教育出版社	2007
150	生物选修三　现代生物技术专题	朱正威、赵占良	人民教育出版社	2007
151	生物必修一　分子与细胞	朱正威、赵占良	人民教育出版社	2007
152	生物学　七年级下册	朱正威、赵占良	人民教育出版社	2012
153	生物学　七年级上册	朱正威、赵占良	人民教育出版社	2012
154	生物学　八年级上册	朱正威、赵占良	人民教育出版社	2013
155	生物学　八年级下册	朱正威、赵占良	人民教育出版社	2013